U0512217

本书编写组

主　　编：何立峰

副 主 编：胡祖才

主编单位：国家发展和改革委员会

编　　委：陈亚军　吴越涛　周　南　史育龙
　　　　　刘春雨　陈迪宇

编写人员：叶　欠　王　政　胡亚昆　张金萍
　　　　　闫浩楠　黄　跃　蔡翼飞　李轶璠
　　　　　王志文　段彦玮　吴　坊　陈　曦
　　　　　张铠麟　王大伟　杨朝峰　沙　金
　　　　　孙会峰

National Report on
New Urbanization（2019）

国家新型城镇化报告
（2019）

国家发展和改革委员会◎编

何立峰◎主编

胡祖才◎副主编

人民出版社

序　言

　　2019年是新中国成立70周年,是全面建成小康社会关键之年。各地区、各部门深入贯彻落实习近平总书记关于推进新型城镇化建设的重要指示精神和党中央、国务院有关决策部署,统一思想、强化协同、创新探索、狠抓落实,加力推进以促进人的城镇化为核心、提高质量为导向的新型城镇化战略,努力完成推进新型城镇化工作部际联席会议第六次会议审议通过的《2019年新型城镇化建设重点任务》。2019年,新型城镇化建设蹄疾步稳地向纵深推进,1亿非户籍人口在城市落户的行动中取得决定性进展,城镇化领域改革红利和政策效应加快显现,为高质量发展提供了重要支撑。

　　第一,农业转移人口市民化进程加快推进。户籍制度改革更具普惠性,2019年年底户籍人口城镇化率和常住人口城镇化率分别提高到44.38%和60.6%,各类城市持续放宽对普通劳动者的落户限制。未落户常住人口享有更多城镇基本公共服务,累计发放居住证超过1亿张,居住证附着的基本公共服务和办事便利项目进一步增加,在幼有所育、学有所教、劳有所得、病有所医、老有所养、住有所居、弱有所扶上不断取得新进展。"人地钱挂钩"配套政策稳步实施,中央财政下达市民化奖励资金300亿元,各地区吸纳农业转移人口落户数量成为制订2019年全国土地利用计划、安排各地区新增建设用地计划指标的重要依据。

　　第二,城镇化空间格局逐步调整优化。中心城市和城市群承载能力进一步增强,京津冀协同发展、粤港澳大湾区建设、长三角区域一体化发展、长江经济带发展、黄河流域生态保护和高质量发展战略加快推进,成渝城市群发展成为西部综合实力和发展活力最强的地区;都市圈建设有序推开,中心城市集聚程度进一步提高。城市规模结构持续调整优化,新生中小城市培育有序开展,其中,浙江省苍南县龙港镇撤镇设立县级市;黑龙江省伊春市15个市辖区整合为4区4县。特色小镇规范发展机制逐步建立,在各类特色小镇创建名单中淘汰整改了错用概念或质量不高的897个"问题小镇",2019年全国特色小镇现场会在浙江省召开,推广了来自16个精品特色小镇的"第一轮全国特色小镇典型经验"。

第三,城市可持续发展能力稳步提高。城市经济转型升级步伐稳健,创新驱动发展战略实施成效显著,全国高技术产业增加值同比增长8.8%,对城市产业转型升级提供了有力支撑。城市综合承载力持续提升,城市轨道交通运营里程新增900公里左右,城镇老旧小区和棚户区改造力度加大,城市排水防涝设施和黑臭水体整治进展较大,地级及以上城市黑臭水体消除比例提高到86.7%。城市品质不断提升,绿色城市建设扎实推进,"2+26"城市全部纳入中央财政支持北方地区冬季清洁取暖试点范围;新型智慧城市建设再上台阶,在自然资源、城管、交通、水利、环保等领域的数据融通和示范应用不断加强;人文城市建设逐步深化,特色文化和旅游产业发展提速。

第四,重塑新型城乡关系迈出关键一步。《中共中央 国务院关于建立健全城乡融合发展体制机制和政策体系的意见》印发实施,对调整城乡关系作出整体部署,明确了城乡融合发展体制机制改革的总体方向和重点任务,夯实了推进乡村振兴战略和农业农村现代化的制度保障。《中共中央 国务院关于保持土地承包关系稳定并长久不变的意见》印发实施,明确规定第二轮土地承包到期后再延长30年。《中华人民共和国土地管理法》修正案经第十三届全国人大常委会第十二次会议审议通过,明确提出全面推进农村集体经营性建设用地入市等规定和改革措施。11个国家城乡融合发展试验区建设正式启动,重点围绕建立城乡有序流动的人口迁徙制度、建立农村集体经营性建设用地入市制度、搭建城乡产业协同发展平台等试验任务,探索实践、先行先试。

过去一年取得的成效,是以习近平同志为核心的党中央坚强领导的结果,是习近平新时代中国特色社会主义思想科学指引的结果,是各地区、各有关部门认真贯彻落实、勇于担当、协同推进的结果。这些成就为下一步大力推进新型城镇化建设和城乡融合发展,奠定了坚实基础。

与此同时,我们也要清醒地看到,当前城镇化领域还有部分中长期问题没有得到根本解决,一些新情况、新问题也有所显现。农业转移人口市民化质量有待提高,部分地区名义上落户城镇的人口未能同等享有城镇基本公共服务。部分中小城市经济发展乏力,人口持续减少、发展遇到瓶颈,特别是边境地区和东北地区的中小城市。部分城市治理水平亟待提升,存在不少"慢性病""急性病",环境污染、交通拥堵、停车难等问题十分突出,在面临重大传染病、火灾、坍塌等公共安全突发事件时应对不当。新型城镇化建设和城乡融合发展缺乏稳定的资金来源,仍以城市政府自有财政资金和发行政府债券融资投入为主,对基金和保险投资等市场化手段运用较少,对民间资本不敢用、不会用,难以满足发展需要。特别是,新冠肺炎疫情暴露出新型城镇化建设中存在的薄弱环节,亟须吸取教训、举一反三,加快补齐短板和弱项。

2020年是全面建成小康社会和"十三五"规划收官之年,也是为"十四五"发展打好基础的关键之年。要以习近平新时代中国特色社会主义思想为指导,全面贯彻落实党的十九大和十九届二中、三中、四中全会精神,坚持稳中求进工作总基调,坚持新发展理念,加快实施以促进人的城镇化为核心、提高质量为导向的新型城镇化战略,提高农业转移人口市民化质量,增强中心城市和城市群综合承载、资源优化配置能力,推进县城新型城镇化建设,促进大中小城市和小城镇协调发展,提升城市治理水平,推进城乡融合发展,实现1亿非户籍人口在城市落户目标和《国家新型城镇化规划(2014—2020年)》圆满收官,为全面建成小康社会提供有力支撑。

第一,着力提升农业转移人口市民化质量。现在有2亿多在城镇常住的非户籍人口,如果不使这部分人稳定下来,不仅潜在消费和投资需求难以释放,也影响产业链稳定,还可能积累社会矛盾风险。一方面,要分类放开放宽城市落户条件,做到"两取消一放宽",即城区常住人口300万人以下的城市落户限制全面取消,城区常住人口300万人以上的城市对重点人群的落户限制基本取消、对其他人群的落户限制大幅放宽。另一方面,对暂未落户的常住人口,要以居住证为载体提供城镇基本公共服务及办事便利,重点解决好农民工关心的子女教育、医疗、住房、社保、就业等民生问题。同时,要着眼破解"两个积极性不高"的问题,加大"人地钱挂钩"配套政策实施力度,并研究探索进城落户农民农村"三权"维护和自愿有偿退出机制。

第二,着力优化完善城镇化空间格局。我国经济发展的空间结构正在发生深刻变化,中心城市和城市群正在成为承载经济发展的主要空间。必须顺应经济规律和城镇化发展规律,逐步构建以城市群为主体、大中小城市和小城镇协调发展的城镇化空间格局。一方面,要增强中心城市和城市群等经济发展优势区域的人口经济承载能力,加快发展重点城市群,编制成渝地区双城经济圈建设规划纲要,推动都市圈同城化建设,优化发展直辖市、省会城市、计划单列市、重要节点城市等中心城市,使其成为高质量发展的动力源。另一方面,要完善中小城市、县城、小城镇等城镇体系的节点和末端,加快推进县城新型城镇化建设,抓紧补上新冠肺炎疫情发生后暴露出来的短板弱项,增强县城综合承载能力和治理能力;有序培育新生中小城市,分类推进边境地区、大型搬迁安置区等特殊类型地区新型城镇化建设,规范发展特色小镇。

第三,着力提升城市综合承载能力。城市是人口集聚、产业发展和创新活动的主要载体。要着眼于增强人口经济承载和资源优化配置等核心功能,健全城市可持续发展体制机制,提升城市发展质量。一方面,要增强城市"硬能力",补齐公共卫生短板、整治环境卫生死角,改革疾病预防控制体系,强化重要物资储备;改善城市公用设施,健全路网系统、市政管网、排水防涝设施和停车场等;加快推进城市更新,改造老旧小区、老旧街区、老旧厂区和城中村。另一方面,要提升城市"软实力",改革城市治理方式,推动城市政府向服务型转变、治理方式向精细化转型、配套资源向社区街道下沉;改革建设用地计划管理方式,推动建设用地资源向中心城市和重点城市群倾斜,分步实现城乡建设用地指标使用更多由省级政府负责;改革城市投融资机制,在防范化解地方政府债务风险、合理处置存量债务的前提下,完善与新型城镇化建设相匹配的投融资工具。

第四，着力健全城乡融合发展体制机制。新型城镇化建设和乡村振兴犹如车之两轮、鸟之双翼。要以城乡融合发展体制机制和政策体系为制度保障，统筹谋划推进新型城镇化建设和乡村振兴。一方面，要为充分发挥市场在资源配置中的决定性作用扫清障碍，坚决破除妨碍城乡要素双向自由流动和平等交换的体制机制壁垒，促进各类要素更多向乡村流动，在乡村形成人才、土地、资金、产业、信息汇聚的良性循环，为乡村振兴注入新动能。另一方面，要更好发挥政府作用，在市场不能有效配置资源、需要政府支持引导的公共领域深耕细作，加快推动基本公共服务向乡村延伸、社会事业向乡村覆盖，加快实现城乡基础设施统一规划、统一建设、统一管护，促进城乡公共资源合理配置。

新型城镇化建设和城乡融合发展是一项系统工程，事关全局和长远，任务艰巨、责任重大。我们要紧密团结在以习近平同志为核心的党中央周围，切实增强"四个意识"，坚定"四个自信"，坚决做到"两个维护"，增强责任感、使命感、紧迫感，高质量推进新型城镇化建设和城乡融合发展工作。一是强化分工协作。国家发展改革委将继续依托城镇化工作暨城乡融合发展工作部际联席会议制度，加强统筹协调和跟踪督导；各有关部门将细化制定具体措施，调动本系统力量扎实推进。二是压实地方责任。省级发展改革委要牵头会同省级其他有关部门，结合实际做好组织调度和任务分解；市县级政府要将各项任务落实到事，确保任务落地生效。三是推动典型引路。国家新型城镇化综合试点工作即将收官，国家城乡融合发展试验区工作刚刚开局。国家发展改革委将提炼推广经实践证明行之有效的好做法、好经验，发挥试点示范和标杆效应。

2016年以来，我们逐年组织编制《国家新型城镇化报告（2015）》《国家新型城镇化报告（2016）》《国家新型城镇化报告（2017）》《国家新型城镇化报告（2018）》。今年，我们再次编写了《国家新型城镇化报告（2019）》，既对2019年的新型城镇化建设工作进行了总结，也分析了新问题、提出了新任务；既有全国面上情况的梳理，也有部分地区典型案例的提炼，力求做到立足历史、前瞻未来、数据翔实、视角多维。我们希望《国家新型城镇化报告(2019)》,能够成为社会各界沟通交流的平台和深化研究的文献基础,也欢迎各位有识之士积极参与,提供各方意见和各国经验,共同为我国新型城镇化建设和城乡融合发展工作贡献力量!

胡祖才

国家发展和改革委员会副主任

2020 年 4 月

目　　录

总论 2019年新型城镇化建设进展分析

国家发展改革委发展战略和规划司

2019年是新中国成立70周年。各地区、各部门深入贯彻落实习近平总书记有关重要指示精神和党中央、国务院有关决策部署,落实推进新型城镇化工作部际联席会议第六次会议审议通过的《2019年新型城镇化建设重点任务》,强化协同、狠抓落实,推动新型城镇化建设取得新进展、新成效。

一、2019年工作进展和成效

新型城镇化建设蹄疾步稳地向纵深推进,1亿非户籍人口在城市落户的行动上取得决定性进展,城镇化领域改革红利和政策效应加快显现,为高质量发展提供了重要支撑。

(一)农业转移人口市民化进程加快,户籍和常住人口城镇化率均提高1个百分点以上

一是户籍制度改革更具普惠性。户籍制度改革红利加快向普通劳动者覆盖,人力资源配置更为优化。中西部地区和东北地区除部分省会城市外,其他城市的落户限制已基本取消;东部地区中小城市落户门槛基本取消。一些此前落户门槛较高的大城市、特大城市持续放宽对普通劳动者的落户限制,如东莞市取消积分落户制,改为最低年限准入制;南京市取消年度积分落户人数限制。除个别超大城市外,具有一定学历和技能的人口基本实

现"零门槛"落户。2019年年底,户籍人口城镇化率和常住人口城镇化率分别提高到44.38%和60.60%。

二是居住证制度和"人地钱挂钩"配套政策稳步实施。《居住证暂行条例》有效实施,截至2019年年底共发放居住证超过1亿张,居住证附着的基本公共服务和办事便利项目进一步增加。2019年中央财政下达奖励资金300亿元,支持提高农业转移人口基本公共服务保障水平。各地区吸纳农业转移人口落户数量成为制订2019年全国土地利用计划、安排各地区新增建设用地计划指标的重要依据。

三是未落户常住人口享有更多城镇基本公共服务。2019年,义务教育阶段随迁子女享受公办学校或政府购买民办学校学位的比例提高到87.5%,22.4万名随迁子女在流入地参加高考。随迁子女在流入地接受中等职业教育免学费等国家资助政策稳步实施,各类补贴性职业技能培训规模不断扩大。统一的城乡居民基本医保制度全面建立,87%的居民能够在15分钟内到达最近医疗点,跨省异地就医定点医疗机构数量同比增长79%。基础养老金标准正常调整,首次下达中央预算内投资资金14亿元用于开展普惠养老城企联动专项行动。加快完善住房保障体系,截至2019年年底,850多万名外来务工人员享受公租房保障。

（二）城市群和都市圈建设稳步推进,大中小城市和小城镇协调发展的城镇化空间格局逐步优化

一是中心城市和城市群承载能力进一步增强。京津冀协同发展、粤港澳大湾区建设、长三角区域一体化发展加快推进,成渝城市群发展成为西部综合实力和发展活力最强的地区。其他城市群建设稳步推进,滇中、山西中部城市群发展规划印发实施,陕西、山西、甘肃三省建立关中平原城市群规划实施联席会议制度,长江中游城市群省会城市合作取得积极进展,中原城市群跨省城际公交开通,哈长城市群推动哈长主轴6市建设一体化发展示范区。都市圈建设有序推进,《国家发展改革委关于培育发展现代化都市圈的指导意见》经国务院同意后印发实施,南京市、杭州市、福州市等地区启动编制都市圈发展规划,西安市与西咸新区户籍、社保、车牌照等实现同城化管理。中心城市集聚程度进一步提高,西安市、郑州市全域常住人口突

破千万,合肥市、长沙市等城市经济增长较快。

二是城市规模结构持续调整优化。新生中小城市有序培育,经党中央、国务院批准,浙江省苍南县龙港镇撤镇设立县级市,并实行"大部制、扁平化、低成本、高效率"的新型设市模式;全国有10个县撤县设市,并新设立县级胡杨河市。城市市辖区稳步调整,其中7个城市市辖区得到调整优化,黑龙江省伊春市15个市辖区整合为4区4县。乡镇行政区划有序调整,各省(自治区、直辖市)因地制宜制定设镇设街道标准,四川省以精简数量、提高质量为目标全面推进乡镇行政区划调整工作。

三是特色小镇规范发展机制不断完善。规范纠偏工作有序推进,在各类特色小镇创建名单中推动淘汰和整改了错用概念或质量不高的897个"问题小镇"。典型引路工作逐步推进,召开2019年全国特色小镇现场会,推广"第一轮全国特色小镇典型经验"。各地区特色小镇建设质量稳步提升,涌现出一批产业特而强、功能聚而合、形态小而美、机制新而活的精品特色小镇。

(三) 城市经济质量和综合承载力稳步提高,可持续发展能力不断增强

一是城市经济转型升级步伐稳健。创新驱动发展战略实施成效显著,城市作为全国产业发展载体和创新高地的作用日益增强。《2019年全球创新指数》显示,我国排在世界第14位,位居中等收入经济体第1名。全国高技术产业增加值同比增长8.8%,长三角、珠三角、京津冀等地区初步形成人工智能发展核心区,为城市产业转型升级提供了有力支撑。

二是城市综合承载能力持续提升。2019年,新增城市轨道交通运营里程达900公里左右。信息基础设施水平不断提升,光网城市全面建成,光纤用户占比提高到92.5%。老旧小区和棚户区改造力度加大,利用中央补助资金支持改造老旧小区1.9万个、352万户,棚户区改造开工建设316万套。城市排水防涝设施和黑臭水体整治进展较大,地级及以上城市消除黑臭水体2513个,消除比例提高到86.7%。商业步行街改造初见成效,推动北京王府井等11条步行街开展改造提升试点,街区面貌、营商环境、经济活力得到明显提升。

三是城市品质提升取得明显成效。绿色城市建设扎实推进,推广 58 个"生态修复城市修补"试点城市经验,京津冀及周边地区、汾渭平原地区散煤治理有序开展,"2+26"个城市全部纳入中央财政支持北方地区冬季清洁取暖试点范围,新增清洁取暖面积超过 15 亿平方米。新型智慧城市建设再上新台阶,在 80 个城市开展"互联网+政务服务"信息惠民试点,新启动 7个智慧城市时空大数据平台建设试点,自然资源、城管、交通、水利、环保等领域的数据融通和示范应用不断加强。人文城市建设逐步深入,特色文化和旅游产业发展提速,闽南、徽州、齐鲁等 7 个国家级文化生态保护区得以公布。

(四)城乡融合发展体制机制和政策体系顶层设计完成,重塑新型城乡关系迈出关键一步

一是完成顶层设计。《中共中央 国务院关于建立健全城乡融合发展体制机制和政策体系的意见》印发实施,对调整城乡关系作出整体部署,明确了城乡融合发展体制机制改革的总体方向和重点任务,夯实了推进乡村振兴战略和农业农村现代化的制度保障。推动新型城镇化工作部际联席会议制度调整为城镇化工作暨城乡融合发展工作部际联席会议制度,改组成员单位,并召开第一次会议,印发实施分工方案和 12 项近期工作要点。

二是取得重点突破。《中共中央 国务院关于保持土地承包关系稳定并长久不变的意见》印发实施,明确规定第二轮土地承包到期后再延长 30年。《中华人民共和国土地管理法》修正案经第十三届全国人大常委会第十二次会议审议通过,明确提出全面推进农村集体经营性建设用地入市等规定和改革措施。

三是开展试点引路。国家发展改革委等 18 个部门联合印发《关于开展国家城乡融合发展试验区工作的通知》,推动 11 个地区启动试验区工作,重点围绕建立城乡有序流动的人口迁徙制度、建立农村集体经营性建设用地入市制度、搭建城乡产业协同发展平台等试验任务,探索实践、先行先试。举办"健全城乡融合发展体制机制"干部培训班,对试验区所在地的县级政府负责同志进行面对面指导和培训。

二、存在的主要问题

城镇化和城乡融合发展领域还有部分中长期问题没有从根本上解决，一些新情况、新问题也有所显现。

（一）农业转移人口市民化质量有待提高

部分地区市民化质量不高，名义上落户城镇的人口未能同等享有城镇基本公共服务。原因在于：一是"人地钱挂钩"等配套政策的激励保障力度还不够大，部分城市的基本公共服务等公共资源支撑供给不足；二是部分农民因城乡属性调整及城中村改造等转为城镇户籍，但未改变生产生活方式、未享有城镇基本公共服务。

（二）部分中小城市经济发展乏力、人口流失

据调查，几十个中小城市，特别是边境地区和东北地区的中小城市，其城区人口持续减少、发展遇到瓶颈。原因是多方面的：一是一些中小城市规模经济和范围经济效应不强，一些中小城市传统产业比例高、转型困难；二是当前公共资源是按城市行政等级和户籍人口配置的，与大城市相比，中小城市教育医疗等公共服务的总量短缺、质量偏低，对人口的吸引力不足；三是从全球城镇化发展历程来看，人口向大城市集聚也是普遍趋势。

（三）城市治理水平亟待提升

一些城市存在不少"慢性病""急性病"，环境污染、交通拥堵、停车难等问题十分突出，长期得不到解决；在面临重大传染病、火灾、坍塌等公共安全突发事件时应对不当，甚至影响社会稳定。究其原因：一是这些城市的基础设施、公共服务和治理能力存在不少短板、漏洞，不适应城镇化快速发展、人口快速集聚的需要；二是这些城市的发展方式比较粗放，在推进经济发展时缺乏对环境治理和社会治理的前瞻谋划。

（四）新型城镇化建设和城乡融合发展缺乏稳定资金来源

新型城镇化建设和城乡融合发展的资金需求量大、面广，众多项目公益性强、回报率低，需要政、银、企等多方合作，予以成本合理、期限匹配的资金投入。当前投融资体制机制尚不完善，仍然以当地政府自有财政资金和发

行政府债券融资投入为主,对基金和保险投资等市场化手段运用较少,对民间资本不敢用、不会用,存量固定资产盘活步伐也比较缓慢,难以满足发展需要。

特别是,新冠肺炎疫情暴露出新型城镇化建设存在的薄弱环节,亟须吸取教训、举一反三,加快补齐短板和弱项。

三、2020 年政策举措

以习近平新时代中国特色社会主义思想为指导,全面贯彻党的十九大和十九届二中、三中、四中全会精神,坚持稳中求进工作总基调,坚持新发展理念,加快实施以促进人的城镇化为核心、提高质量为导向的新型城镇化战略,提高农业转移人口市民化质量,增强中心城市和城市群综合承载、资源优化配置能力,推进县城新型城镇化建设,促进大中小市和小城镇协调发展,提升城市治理水平,推进城乡融合发展,实现 1 亿非户籍人口在城市落户的目标和国家新型城镇化规划圆满收官,为全面建成小康社会提供有力支撑。

（一）提高农业转移人口市民化质量

以深化改革户籍制度和基本公共服务提供机制为路径,打破阻碍劳动力自由流动的不合理壁垒,促进人力资源优化配置。

一是督促城区常住人口 300 万人以下的城市全面取消落户限制。督促 Ⅱ 型大城市和中小城市(含设区市和县级市)坚决贯彻《中共中央办公厅国务院办公厅关于促进劳动力和人才社会性流动体制机制改革的意见》,全面取消落户限制,进一步促进劳动力和人才社会性流动。

二是推动城区常住人口 300 万人以上的城市基本取消重点人群落户限制。督促除个别超大城市外的其他超大特大城市和 Ⅰ 型大城市坚持存量优先原则,取消进城就业生活 5 年以上和举家迁徙的农业转移人口、在城镇稳定就业生活的新生代农民工、农村学生升学和参军进城的人口等重点人群落户限制。推动 Ⅰ 型大城市探索进城常住的建档立卡农村贫困人口应落尽落。鼓励有条件的 Ⅰ 型大城市全面取消落户限制、超大特大城市取消郊区新区落户限制。

三是促进农业转移人口等非户籍人口在城市便捷落户。鼓励各城市政府简化户籍迁移手续,加强落户政策宣传,开通线上申请审核系统,大幅提高落户便利性。推动超大特大城市和Ⅰ型大城市改进积分落户政策,确保社保缴纳年限和居住年限分数占主要比例。

四是推动城镇基本公共服务覆盖未落户常住人口。要出台国家基本公共服务标准,提高居住证发证量和含金量,推动未落户常住人口逐步享有与户籍人口同等的城镇基本公共服务。运用信息化手段建设便捷高效的公共服务平台,加快养老保险全国统筹进度,完善基本医疗保险跨省异地就医医疗费用直接结算制度,做好社会保险关系转移接续,方便人口流动。增加学位供给,健全以居住证为主要依据的随迁子女入学、入园政策,使其在流入地享有普惠性学前教育。以解决新市民住房问题为主要出发点,完善住房保障体系。

五是大力提升农业转移人口就业能力。深入实施新生代农民工职业技能提升计划,加强对新生代农民工等农业转移人口的职业技能培训。支持企业特别是规模以上企业或吸纳农民工较多的企业开展岗前培训、新型学徒制培训和岗位技能提升培训,并按规定给予培训补贴。

六是加大“人地钱挂钩”配套政策的激励力度。提高城市政府吸纳农业转移人口落户积极性,加大农业转移人口市民化奖励资金支持力度,加大新增建设用地计划指标与吸纳落户数量挂钩力度。维护进城落户农民土地承包权、宅基地使用权、集体收益分配权,不得强行要求其转让上述权益或将此作为落户前置条件;按照依法自愿有偿原则,探索其转让上述权益的具体办法。探索利用大数据技术建立各城市城区常住人口等的常态化统计机制,为政策制定提供支撑。

(二)优化城镇化空间格局

完善和落实主体功能区战略,发挥各地区比较优势,增强经济发展优势区域承载能力,构建大中小城市和小城镇协调发展的城镇化空间格局,形成高质量发展的动力系统。

一是加快发展重点城市群。加快实施京津冀协同发展、粤港澳大湾区建设、长三角区域一体化发展、长江经济带发展、黄河流域生态保护和高质量发展战略。全面实施城市群发展规划,推动哈长、长江中游、中原、北部湾等城市群建设取得阶段性进展,支持关中平原城市群规划实施联席会议制度落地生效,推动兰州—西宁、呼包鄂榆等城市群健全一体化发展工作机制,促进天山北坡、滇中等边疆城市群及山东半岛、黔中等省内城市群发展。

二是编制成渝地区双城经济圈建设规划纲要。加快推进规划编制实施,促进重庆市、四川省通力协作,加大成渝地区发展统筹力度,发挥中心城市带动作用,加强交通、产业、环保、民生政策对接,加快培育形成新动力源。

三是大力推进都市圈同城化建设。深入实施《国家发展改革委关于培育发展现代化都市圈的指导意见》,建立中心城市牵头的协调推进机制,支持南京市、西安市、福州市等都市圈编制实施发展规划。以轨道交通为重点健全都市圈交通基础设施,有序规划建设城际铁路和市域(郊)铁路,推进中心城市轨道交通向周边城镇合理延伸,实施"断头路"畅通工程和"瓶颈路"拓宽工程。支持重点都市圈编制多层次轨道交通规划。

四是提升中心城市能级和核心竞争力。优化发展直辖市、省会城市、计划单列市、重要节点城市等中心城市,强化用地等要素保障,优化重大生产力布局。完善部分中心城市市辖区规模结构和管辖范围,解决发展空间严重不足问题。

五是推进县城新型城镇化建设。聚焦县城及县级市城区等存在的发展短板,明确发展目标和建设任务,加大要素保障力度和政策扶持力度,推进环境卫生设施提级扩能、市政公用设施提挡升级、公共服务设施提标扩面、产业配套设施提质增效。

六是规范发展特色小镇和特色小城镇。强化底线约束,严格节约集约利用土地、严守生态保护红线、严防地方政府债务风险、严控"房地产化"倾向,进一步深化淘汰整改。强化政策激励,加强用地和财政建设性资金保障,鼓励省级政府通过下达新增建设用地计划指标、设立省级专项资金等方式择优支持,在有条件的区域培育一批示范性的精品特色小镇和特色小城镇。强化正面引导,制定特色小镇发展导则,挖掘推广第二轮全国特色小镇典型经验。

七是推进边境地区新型城镇化建设。在边境地区推进潜力型城镇以产聚人、战略支点型城镇以城聚产,打造以内陆邻近的大中城市为辐射源、以边境县级市及地级市市辖区为枢纽、以边境口岸和小城镇为节点、以边境特色小镇为散点的边境一线城镇廊带。实施守边固边工程,大力改善边境一线城镇基础设施和公共服务条件,加快建设沿边抵边公路。

八是推进大型搬迁安置区新型城镇化建设。顺应大型搬迁安置区转向新型城镇化建设新阶段的发展要求,加快推进搬迁人口市民化进程,强化产业就业支撑,帮助搬迁人口尽快解决稳定发展问题,适应新环境、融入新社区。

九是优化行政区划设置。按程序推进具备条件的非县级政府驻地特大镇设市,有序推进"县改市""县改区""市改区",稳妥调减收缩型城市市辖区,审慎研究调整收缩型县(市)。全面完成各省(自治区、直辖市)设镇设街道标准制定工作,合理推进"乡改镇""乡(镇)改街道"和乡镇撤并。

(三) 提升城市综合承载能力

着眼于增强人口经济承载和资源优化配置等核心功能,健全城市可持续发展体制机制,提升城市发展质量。

一是补齐城市公共卫生短板。改革完善疾病预防控制体系,健全公共卫生重大风险研判、评估、决策、防控协同机制,完善重大疫情预警、救治和应急处置机制,强化重要物资储备,推动城市群、都市圈内城市建立联防联控机制。整治城市环境卫生死角,建立严格检疫、定点屠宰、冷鲜上市的畜禽产品供应体系,健全污水收集处理和生活垃圾分类处理设施。

二是改善城市公用设施。健全城市路网系统,完善公交专用道、非机动车和行人交通系统、行人过街设施。完善市政管网和排水防涝设施。健全停车场、智能快件箱、社区菜市场等便民设施。扩大普惠性养老、幼儿园和托育服务供给。实施全民健康保障工程、全民健身提升工程、5G智慧广电服务工程。

三是实施新型智慧城市行动。完善城市数字化管理平台和感知系统,打通社区末端、织密数据网格,整合卫生健康、公共安全、应急管理、交通运输等领域信息系统和数据资源,深化政务服务"一网通办"、城市运行"一网统管",支撑城市健康高效运行和突发事件快速智能响应。

四是加快推进城市更新。改造一批老旧小区,完善基础设施和公共服务配套,引导发展社区便民服务。改造一批老旧厂区,通过活化利用工业遗产和发展工业旅游等方式,将"工业锈带"改造为"生活秀带"、双创空间、新型产业空间和文化旅游场地。改造一批老旧街区,引导商业步行街、文化街、古城古街打造市民消费升级载体,因地制宜发展新型文旅商业消费聚集区。改造一批城中村,探索在政府引导下工商资本与农民集体合作共赢模式。开展城市更新改造试点,提升城市品质和人居环境质量。

五是改革建设用地计划管理方式。推动建设用地资源向中心城市和重点城市群倾斜。鼓励盘活低效存量建设用地,控制人均城市建设用地面积。修改《中华人民共和国土地管理法实施条例》并完善配套制度,分步实现城乡建设用地指标使用更多由省级政府负责,将由国务院行使的农用地转为建设用地审批权以及永久基本农田、永久基本农田以外的耕地超过35公顷、其他土地超过70公顷的土地征收审批权,授权省级政府或委托试点地区的省级政府实施。探索建立全国性的建设用地、补充耕地指标跨区域交易机制。

六是改革城市投融资机制。在防范化解地方政府债务风险、合理处置存量债务的前提下,完善与新型城镇化建设相匹配的投融资工具。支持符合条件的企业发行企业债券,用于新型城镇化建设项目、城乡融合典型项目、特色小镇和特色小城镇建设项目等。鼓励开发性、政策性金融机构按照市场化原则和职能定位,对投资运营上述项目的企业进行综合授信,加大中长期贷款投放规模和力度。

七是改进城市治理方式。推动城市政府向服务型转变、治理方式向精细化转型、配套资源向街道社区下沉。加强和创新社区治理,引导社会组织、社会工作者和志愿者等积极参与,大幅提高城市社区综合服务设施覆盖率。提高国土空间规划水平,顺应城市发展逻辑和文化传承,落实适用、经济、绿色、美观的新时期建筑方针,加强建筑设计和城市风貌管理,提高城市绿色建筑占新建建筑的比重。

（四）加快推进城乡融合发展

突出以城带乡、以工促农，健全城乡融合发展体制机制，促进城乡生产要素双向自由流动和公共资源合理配置。

一是加快推进国家城乡融合发展试验区改革探索。指导试验区分别制定实施方案。推动试验区在健全城乡人口迁徙制度、完善农村产权抵押担保权能、搭建城乡产业协同发展平台等方面先行先试，加快探索行之有效的改革发展路径。

二是全面推开农村集体经营性建设用地直接入市。出台农村集体经营性建设用地入市指导意见。允许农民集体妥善处理产权和补偿关系后，依法收回农民自愿退出的闲置宅基地、废弃的集体公益性建设用地使用权，按照国土空间规划确定的经营性用途入市。启动新一轮农村宅基地制度改革试点。

三是加快引导工商资本入乡发展。开展工商资本入乡发展试点。发挥中央预算内投资和国家城乡融合发展基金的作用，支持引导工商资本和金融资本入乡发展。培育一批城乡融合典型项目，形成承载城乡要素跨界配置的有效载体，在长江流域开展生态产品价值实现机制试点。允许符合条件的入乡就业创业人员在原籍地或就业创业地落户并依法享有相关权益。

四是促进城乡公共设施联动发展。推进实施城乡统筹的污水垃圾收集处理、城乡联结的冷链物流、城乡农贸市场一体化改造、城乡道路客运一体化发展、城乡公共文化设施一体化布局、市政供水供气供热向城郊村延伸、乡村旅游路产业路等城乡联动建设项目，加快发展城乡教育联合体和县域医共体。

第一篇

市 民 化 篇

第一章　农业转移人口市民化
年度进展分析

国家发展改革委发展战略和规划司

　　党中央、国务院高度重视农业转移人口市民化工作,将其作为新型城镇化战略的首要任务,提出到 2020 年实现 1 亿农业转移人口和其他常住人口在城镇落户的目标。习近平总书记多次就推动农业转移人口市民化作出重要指示,并在 2018 年年底的中央经济工作会议上强调,要抓好已经在城镇就业的农业转移人口的落户工作。李克强总理在 2019 年《政府工作报告》中要求,提高新型城镇化质量,加快农业转移人口市民化。韩正副总理也在全国户籍制度改革推进电视电话会议上对深化户籍制度改革、提升市民化质量提出具体要求。为深入贯彻党中央、国务院决策部署,2019 年国家发展改革委会同公安部等有关部门,突出重点、强调质量、狠抓落实,推动农业转移人口市民化工作取得积极进展。

一、主要工作措施

（一）谋划部署年度任务

　　国家发展改革委等部门制定实施《2019 年新型城镇化建设重点任务》,把推动 1 亿非户籍人口落户列为新型城镇化建设的首要任务,明确年度工作和责任单位。召开推进新型城镇化工作部际联席会议第六次会议、推进新型城镇化年度重点工作电视电话会议,分别对各有关部门和各地区全面落实 1 亿非户籍人口落户年度工作提出具体要求。

（二）建立专项工作机制

国家发展改革委会同 11 个部门和单位建立推动 1 亿非户籍人口在城市落户双月调度机制，定期召开联络员会议，监测分析各部门牵头负责领域的工作进展和主要问题，持续梳理更新重点、难点问题清单，推动各有关部门研究提出针对性举措。

（三）加强重点领域政策指导

围绕非户籍人口特别是农业转移人口市民化过程中面临的突出问题，国家发展改革委、公安部等部门提出确保重点群体便捷落户、提升农业转移人口就业能力、优化"人地钱挂钩"操作细则、增强教师编制灵活性等举措，对有关部门及各地区推动政策落地进行具体指导。

（四）探索大数据统计方式

城市城区常住人口是划分城市规模、制定和评判城市落户政策的重要依据。针对缺乏相应统计指标的问题，国家发展改革委组织统计局、自然资源部等部门及三大电信运营商、腾讯等企业，探索运用大数据测算城市城区常住人口，为评估城市落户政策提供基础数据支撑。

（五）推动地方经验交流

国家发展改革委组织在广东省东莞市召开督促落实 1 亿非户籍人口在城市落户的现场推进会，观摩学习东莞、晋江、武汉、重庆等地在放宽放开落户、职业技能培训、保障农业转移人口住房和随迁子女入学等方面的好经验，公安部、财政部、自然资源部、农业农村部等部门对重点政策予以解读，推动各地区深化认识、开拓思路、加大工作力度。

二、取得的进展和成效

2019 年，各地区进一步提高对推动 1 亿非户籍人口落户工作重大意义的思想认识，进一步放宽存量农业转移人口落户通道，切实提高农业转移人口市民化质量。《中华人民共和国 2019 年国民经济和社会发展统计公报》

显示,2019 年户籍人口城镇化率达到 44.38%,比 2018 年提高 1.01 个百分点,有 1000 多万农业转移人口落户城镇;根据公安部预测,到 2020 年年底,1 亿非户籍人口在城市落户目标可以顺利实现。

（一）重点群体落户门槛普遍降低

2019 年,海南省和宁波市、广州市、南京市、西安市、石家庄市等大城市出台新的落户政策,针对普通劳动者进一步放开、放宽落户条件。目前,中西部地区和东北地区除部分省会城市外,基本取消城市落户限制,在重庆市的外来人口就业居住均满 3 年就可落户,中职、技校毕业生可在西安市、郑州市直接落户;东部地区中小城市基本不设落户门槛,大城市落户政策持续放宽,东莞市取消积分落户制、改为最低年限准入制,南京市取消积分落户年度指标限制;除个别超大城市外,具有一定学历和技能人口的落户壁垒基本被打破。

（二）"人地钱挂钩"配套政策落地生效

2019 年,国家下达中央财政市民化奖励资金 300 亿元,对吸纳农业转移人口较多城市的基础设施建设投资进行补助。农业转移人口落户数量已成为安排城镇新增建设用地规模的重要依据。山东省、福建省等省份单列"人地钱挂钩"新增建设用地计划指标,并分解到市（县）。

（三）农村"三权"维护和自愿有偿退出机制稳步推进

《中华人民共和国农村土地承包法》以及中央有关文件明确要求,不得以退出农村"三权"作为农户进城落户的条件。农村土地制度改革试点取得阶段性成效,农村承包地确权登记颁证工作基本完成,农村闲置宅基地和闲置住宅盘活利用工作稳妥开展,农村承包土地的经营权和农民住房财产权抵押贷款试点不断深化。农村集体资产清产核资基本完成,集体经营性资产股份合作制改革有序推进。

（四）居住证制度全面深入实施

以居住证为载体、与居住年限等条件相挂钩的城镇常住人口基本公共服务提供机制基本建立。居住证附着的公共服务和办事便利项目进一步增加,武汉市达 106 项、深圳市达 61 项。居住证办理程序大幅简化,人口管理信息化水平不断提高,杭州发行 IC 卡式居住证、推广使用电子居住证。

（五）暂未落户人口的城镇基本公共服务水平提升

义务教育方面,义务教育阶段随迁子女在公办学校就读率达80%,另有7.5%的学生享受政府购买民办学校学位,2019年共有22.4万符合条件的随迁子女在流入地参加高考。住房保障方面,多个城市将符合条件的农业转移人口纳入公租房保障和住房公积金缴存范围,一些城市通过盘活存量资产改善农业转移人口的居住条件。社会保障方面,全国统一的城乡居民基本养老保险制度和基本医疗保险制度基本建立,社保跨制度、跨地区转移接续流程不断简化。截至2019年10月,累计实现跨省异地就医直接结算343万人次。

三、存在的主要问题

尽管1亿非户籍人口落户工作总体进展顺利,但农业转移人口市民化质量有待进一步提高,特别是一些城市农业转移人口异地迁移落户仍有障碍、就地转户人口享有公共服务水平不高等,具体表现在以下五个方面。

（一）存量农业转移人口落户通道仍然不畅

超大特大城市和东部发达地区大中城市基本已放开高校毕业生、中高级技能人才落户,但对稳定就业的普通劳动者落户限制较多,特别是积分落户的要求高、名额少,对租赁住房人群或公共户口人群落户设置隐形门槛,一些在城市工作十余年的农业转移人口仍然无法落户。

（二）部分就地转户群体市民化质量不高

据公安部人口统计年报,在近年来转为城镇户籍的农业转移人口中,城中村改造占17.6%、城乡属性调整占39.8%。总体来看,这是各地区城镇发展的客观反映,但也存在一些地方就地转户人口享有的公共服务和办事便利与当地平均水平差距较大、市民化质量大打折扣的问题。

（三）"人地钱挂钩"政策效用未充分发挥

"人地钱挂钩"力度不够,中央和省级财政农业转移人口市民化奖励资金总体较少,2019年落户人数最多的省份获得中央财政市民化奖励资金

25.82 亿元,新落户农业转移人口人均仅为 1100 多元,难以调动城市吸纳农业转移人口落户的积极性。"人地钱挂钩"不紧密,一些省份分配新增建设用地指标主要对应的是重大建设项目,并未充分考虑各城市新增农业转移人口的落户情况。

（四）基本公共服务保障机制有待完善

由于财政转移支付、建设用地指标、机构编制等尚未根据常住人口分配,人口集中流入城市在为非户籍农业转移人口提供子女教育、住房保障等方面面临较大压力。大城市公办学校普遍面临校舍用地紧张、教师编制不足等困难,难以保障充足的学位供给,对农业转移人口随迁子女设置了较高的入学门槛。非户籍农业转移人口申请公租房难度很大,2018 年进城农民工中租赁公租房的仅占 1.3%,自购保障性住房的占 1.6%。

（五）农业转移人口落户意愿不强

根据近年来有关调查和 2019 年访谈情况,农民工愿意在城镇落户的比例不到 1/4,远低于在城镇定居的意愿。这一现象的出现主要有以下原因:一是城镇基本公共服务对常住人口的覆盖率不断扩大,越来越多的农民工认为没必要在城镇落户;二是老一代农民工乡土情结浓厚,对落户后农村"三权"是否会变存在隐忧而不愿落户;三是"80 后"新生代农民工学历偏低、技能不足,缺乏在城市定居的经济基础,想落户而没有能力落户。

四、2020 年政策举措

推动 1 亿农业转移人口和其他常住人口在城镇落户事关亿万人民群众民生福祉。2020 年,要聚焦重点群体,紧盯人口承载能力较大的重点地区,紧抓可调动城市政府和农业转移人口双方积极性的重点领域,切实提高市民化质量,坚决防止形式主义,扎扎实实完成 1 亿非户籍人口落户目标。

（一）强化对各地落户政策和实施效果的评估督导

以人口大数据测算结果为参考依据,对城区常住人口 300 万人以下的城市全面取消落户限制、城区常住人口 300 万—500 万人的城市放开重点群体落户条件并对有关情况开展评估督导，破除隐形门槛，畅通落户政策通道。选取中西部地区一些城市，研究开展对就地转户人群享有城镇基本公共服务情况的回访工作。

（二）持续深化重点地区户籍制度改革

推动超大特大城市继续完善积分落户政策，确保就业、居住、社保缴纳年限分数占主要比例，鼓励取消年度落户数量限制，探索取消郊区和新区的积分落户政策、搭建不同城区间转积分和转户籍通道。除落户超大特大城市和跨省迁移户口实行审批制外，积极探索试行以经常居住地登记户口制度。推动城市政府充分发挥社区作用，加大落户政策宣传解读力度。

（三）进一步完善"三挂钩一维护"配套政策

推动加大中央财政农业转移人口市民化奖励资金额度，突出跨省落户人口数量在奖励资金分配中所占权重，积极完善财政性建设资金对吸纳落户较多城市的基础设施投资补助机制。推动各省份将上一年度各城市农业转移人口落户数量作为下达建设用地指标的重要测算因素。建立"人地钱挂钩"政策实施评估机制。建立健全进城落户农民自愿有偿退出农村"三权"机制。

（四）优化以居住证为载体的基本公共服务提供机制

推动超大特大城市和东部发达地区大城市将居住证覆盖全部常住人口，逐步缩小居住证和户籍附着的基本公共服务差距。建立居住证管理信息系统。推动省内中小学教师编制提前核定并动态调整，加快建立义务教育生均公用经费基准定额动态调整机制。扩大保障性住房和住房公积金制度对常住人口的覆盖范围，将公租房违规行为纳入社会信用体系，健全公租房退出机制。

（五）着力提高农业转移人口就业技能

聚焦先进制造、家政服务、养老护理等用工矛盾突出的领域，面向农业转移人口特别是新生代农民工开展政府补贴的职业技能培训，提高其稳定就业能力，夯实其在城市落户定居的经济基础。尽快出台农民工等报考职业院校的配套政策，为农业转移人口提供再学习机会。

（六）认真谋划下一阶段市民化重点任务

做好推动1亿非户籍人口在城市落户工作的总结评估。研究测算农业转移人口规模和流动趋势,探索建立城市人口常态统计机制,开展农民工落户意愿调查,准确把握下一阶段市民化重点群体的新特征和新需求。在此基础上,认真谋划"十四五"时期推动农业转移人口市民化工作的思路、任务和评价方法。

第二章　农民工职业教育和技能培训研究

国家发展改革委发展战略和规划司

当前我国经济已由高速增长阶段转向高质量发展阶段。转变经济发展方式、转换经济增长动力、跨越常规性长期性关口,都对加快提升人力资本素质提出了迫切要求。农业转移人口特别是 1980 年及以后出生的新生代农民工是我国制造业和生活性服务业的主力军,但教育和技能水平总体较低。在产业转型升级、居民需求多元化的大背景下,不仅农业转移人口自身难以在城市稳定就业、提高劳动收入,还严重制约制造业迈向中高端和城市服务业质量的提升。"十四五"及此后一段时期,应以全面增强职业教育和技能培训质量为着力点,全面提升农业转移人口人力资本素质,为我国经济社会高质量发展提供长期支撑。

一、提高农业转移人口就业能力素质意义重大

我国劳动者特别是农业转移人口的就业技能和综合素质水平较低,与欧美等发达国家相比差距较大。当前我国 2.88 亿农民工中,学历为初中及以下的占 72.5%,而占农民工总量 51.5% 的新生代农民工中学历为初中及以下的占比过半,且大部分没有专业技能。立足我国基本国情和经济社会发展新要求,通过职业教育和技能培训加快建设技能型、知识型劳动大军势在必行。

（一）提高农业转移人口就业能力素质是加快形成新的人才红利、提高劳动生产率的必然要求

我国劳动年龄人口数量自 2012 年起连续 7 年下降,2018 年较 2011 年减少 2814 万人,预计"十四五"期间年均减少 750 万人左右,人口红利逐渐减弱。与此同时,我国就业人员中高级技能人才仅占 6%,较发达国家高级技术工人约 40% 的占比差距显著。我国劳动力市场技工的求人倍率常年高于 1.5,高级技工的求人倍率更是高于 2,技术型劳动力短缺问题突出,人才红利尚未有效形成。据测算,到 2025 年,我国新一代信息技术等十大制造业重点领域人才缺口将超过 2900 万人。此外,目前托育、养老、家政等服务业从业人员缺口已超过 3000 万人。大力发展职业教育和技能培训有助于持续挖掘存量劳动力潜力,加快形成新的人才红利,化解结构性失业矛盾,支撑经济持续健康发展。

（二）提高农业转移人口就业能力素质是扩大中等收入群体、维护社会稳定的有效途径

2018 年,我国农民工年均收入为 4.46 万元,仅为规模以上企业就业人员年均工资的 65%。同时,70% 以上的农民工就职于建筑业、制造业等低端环节,易被人工智能设备所替代,在经济下行压力较大时期往往面临更大的失业风险。强化职业技能培训可以提升农民工等群体的就业能力,提高其劳动收入水平,有助于将庞大的中低收入群体转化为中等收入群体,也有助于防范大规模群体性失业风险,维护社会和谐稳定。据统计,2017 年北京接受过职业技能培训的农民工月均收入同比增长 13.7%,增速比其他农民工高 7 个百分点,就业稳定性也有所提高。

（三）提高农业转移人口就业能力素质是促进重点群体市民化、提高城镇化质量和水平的关键手段

目前,我国新生代农民工达 1.5 亿人左右,已成为农民工的主体,义务教育阶段的外来务工人员的随迁子女约 1400 万人,他们将是推进人口城镇化的主要群体。通过调研访谈发现,这一人群接受高等教育的比例不高,与其父辈相比,既没有回乡务农的能力和意愿,又欠缺在城市中低端就业岗位

吃苦耐劳的态度和精神。加之缺乏职业技能,在城市就业市场中竞争力不足、职务难晋升、工资难提高,无法在城市稳定就业、买房安家。增强职业教育和技能培训将显著拓展农业转移人口的职业发展空间,帮助他们特别是新生代农民工及其子女成为稳定的工薪族,在城市安家乐业,进而全面融入城市文明,有效提高新型城镇化的质量和水平。

二、发展高质量的职业教育和技能培训任重道远

党的十八大以来,我国职业教育和技能培训体系的顶层设计不断完善、制度环境不断优化,基本建成了世界上最大的职业教育和技能培训体系,初步构建了人才成长的"立交桥"。截至 2018 年年底,全国共有职业院校1.17 万所,年招生 928 万人,在校生 2685 万人;全国就业训练中心 2298 所、民办培训机构 21565 所,年均培训总人次超过 2000 万人。2018 年,现代制造业、新兴产业中新增就业人员 70% 以上来自职业院校,技能人才成为产业高质量发展的重要支撑。但与此同时,职业教育和技能培训质量严重滞后于我国经济特别是产业发展要求,产教不匹配、体制不完善等问题亟待破解。

(一) 学训内容与现实需求脱节

当前职业院校和技能培训机构与市场的贴合度不高、对产业技术的跟进不及时,专业设置、课程内容、教学设备等长期不更新,教师普遍缺乏一线实践经验和技能,教学内容和质量难以满足产业发展的需求。同时,职业院校和技能培训机构与企业的合作中"学校热、企业冷"的现象长期存在、合作协议常浮于表面,"双元制"人才培养模式难以有效推行,实操性培训课程长期缺位,导致学员们学无所用,部分职业院校在学生入学一年后出现约5% 的流失率。

(二) 培训和办学方向存在偏差

政府主导的技能培训机构多以完成上级分派的培训任务为目标,并不重视实际培训的成效,很难起到促进农业转移人口就业创业的作用。很多中高职院校将高考升学率、专升本比率作为办学目标,不断将教学资源向应

试教育下的文化课程倾斜,一心想去"职业化",偏离了培养技能型、实用型人才的初衷。

（三）管理部门缺乏统筹协调

当前技工学校和职业技能培训机构等由人力资源和社会保障部主管,普通中专、职业高中、成人中专、高职院校等由教育部主管,不同部门政策导向不一致、政策体系不协调、难以形成工作合力,导致教育培训资源浪费、职前教育和职后培训无法衔接融合。同时,人力资源和社会保障部、教育部的职业技能等级认定业务有重合、标准不统一,部分认定标准与企业的评价体系背离,易引发部分领域资格证书数量过多、华而不实的乱象。

（四）社会公众缺乏理性认知

多数农民工对职业技能培训的必要性缺乏长远认知,认为培训所学技能知识无法很快转化为工资的提升,还会误工、影响收入,不愿参加职业培训。长期以来,社会公众将职业教育视为中高考失利后的最后升学通道,甚至一些中学生宁愿进城成为新生代农民工也不愿意报考职业院校。加之近年来高中和本科录取率提高,众多职业院校出现了生源危机。

三、以农民工为重点,提升农业转移人口人力资本

"十四五"时期将是提高我国人力资本素质,跨越常规性、长期性关口的重要时期。建议坚持需求导向、问题导向,将提升农业转移人口的人力资本素质作为下一阶段推动新型城镇化工作的重要内容,以全面增强职业教育和技能培训质量为着力点,以农业转移人口特别是新生代农民工、随迁子女等为重点对象,以满足先进制造业、战略性新兴产业、现代服务业等行业未来需求为方向,加快培养一批具备中高级技能水平的制造业工人和现代服务业从业者,再创城市人口红利。

（一）加大统筹力度,进一步完善职业教育和技能培训的体制机制

逐步整合教育部、人力资源和社会保障部相关职能,吸纳财政部、工业和信息化部等部门积极参与,统筹政策体系、明确政策导向,引导职业院校

和技能培训机构以技能人才培养为核心职能、以生产性实训为培养模式的关键环节、以塑造职业精神为重要任务,按照市场、产业、企业需求培育技能人才。调整完善职业技能培训补贴政策,督促各地方尽快建立"职业技能提升行动专账"。聚焦先进制造、家政服务、养老护理等用工矛盾突出的行业,面向农业转移人口特别是新生代农民工开展政府补贴的职业技能培训。推动职业院校深入开展中高职"五年一贯制"的人才培养试点工作。

（二）引导多方参与,大力提高培训和办学的市场契合度

支持引导企业深度参与中高职院校、各类技能培训机构的课程设置和教学过程,推动企业与职业院校、培训机构共建共享生产性实训基地,加快推进产教融合。依托大中型企业开展教师技能进修,支持引导企业优秀技术人员担任兼职培训师。强化职业院校和技能培训机构与行业协会、产业园区间的合作交流。推进公办职业院校和技能培训机构混合所有制改革,支持企业和社会力量举办高质量职业教育和培训。优化职业教育和技能培训质量评价体系,聘请第三方机构开展教学质量评估,并及时向社会公布评估结果。

（三）完善配套政策,努力提高参训和入学率

整合工会、妇联及中介机构资源,提高农民工的组织化程度,扩大职业技能培训的覆盖面。加快出台农民工、退役军人、下岗职工等报考职业院校的配套政策,深入落实农业转移人口随迁子女在流入地接受中等职业教育免学杂费政策。破除城市免费职业技能培训和用工单位对劳动者户籍的限制,为农业转移人口提供平等的参训和就业机会。持续优化调整落户政策,推动在城市长期居住、稳定就业的农业转移人口尽快落户,提高其主动参加技能培训、做好职业规划的积极性。

第三章 农业转移人口市民化典型案例

第一节 广东省东莞市推进农业
转移人口市民化案例

广东省东莞市发展改革局

东莞市针对外来人口与户籍人口倒挂严重、市民化任务重的特殊市情,坚持以人的城镇化为核心,着力探索通过放宽入户门槛提升户籍人口比例、积极实行居住证与享受基本公共服务相挂钩等渠道,加快推进农业转移人口市民化进程。

一、积极拓宽农业转移人口市民化通道

(一)优化入户政策

为了落实国家关于非户籍人口落户城市的战略部署,东莞市不断调整完善入户政策,有序推进农业转移人口市民化,从 2010 年开始启动实施积分制入户工作,至 2015 年已构建起人才入户管理办法和条件准入、积分制入户和企业自评人才入户的"1+3"政策体系。2016 年出台《东莞市关于进一步推进户籍制度改革实施方案》,放开直系亲属投靠、放宽大专以上及技

能、特殊专业人才入户条件。2018 年 2 月，为优先解决流动人口存量大的问题，根据广东省部署要求，东莞市出台了《东莞市推动非户籍人口在城市落户实施方案》，取消积分入户政策，正式实施"两个 5 年"入户政策（在东莞市参加城镇社会保险满 5 年且办理居住证满 5 年的外来务工人员可申请入户政策），并将新生代农民工、技术工人、在城镇就业居住 5 年以上的人口列为落户重点人群。构建起"两个 5 年"入户、人才入户（条件准入、企业自评入户）、"三投靠"（即夫妻投靠、子女投靠父母、父母投靠子女）入户和其他政策性迁户等多个入户渠道。入户政策的完善，较好地解决了东莞市非户籍人口的落户问题，2016—2018 年，东莞市每年户籍人口分别增长 5.9万人、10.1 万人、20.6 万人。其中，技能人才入户增长势头迅猛，从 2016 年的 5221 人增至 2018 年的 36590 人，平均年增长速度约为 2.65 倍。2019 年1—7 月，新增户籍人口 11.7 万人。

（二）优化入户程序

建立人才入户信息办理平台，压缩部门审核时间，有效提高入户办理效率。条件准入实行"即来即办"模式，符合条件要求的，当场审核、当场发放人才入户卡。对无违法犯罪证明实行承诺制，无须申请人提供书面证明，由公安部门在办理落户手续时通过系统查询进行审核。

（三）优化户籍管理

健全居住证积分管理制度。积极探索居住证与享受基本公共服务相挂钩的机制，不断扩展居住证持有人享受公共服务范围，逐步缩小居住证持有人与户籍人口享有的基本公共服务差距。截至 2019 年 6 月，东莞市累计办理居住证 1099 万张。目前，在东莞市持有居住证的人口可享有：稳定居住就业入户、积分入学、异地中考、异地高考、办理车管业务、办理出入境业务、异地办理身份证、老年人优惠乘坐公交、办理网约车、异地购房等多项公共服务。畅通入户新型社区的途径。充分发挥各镇街（园区）新型社区作用，有效解决以"三投靠"以外形式迁入东莞市且无自有房产和无集体户接收的流动人员的落户问题。

二、大力提升农业转移人口基本公共服务水平

（一）义务教育方面

实行"积分制入学"和"民办学位补贴"等方式解决非户籍人口随迁子女接受义务教育的问题。2012—2019年，连续八年将"增加随迁子女积分入学学位供给"纳入东莞市政府"十件实事"。实施积分入学政策。安排非户籍学生到公办学校就读，享受同等免费义务教育，不收取借读费、择校费等费用。截至2018年年底，在义务教育公办学校就读的非户籍随迁子女达18.12万人，占公办学校在校生总人数的46.9%。实施民办学位补贴政策。实施义务教育阶段积分制入学民办学位补贴政策，2017年以来共向随迁子女提供了接近32万个民小学位补贴资格，进一步扩大随迁子女受惠面。增加公办学位资源供给。加大统筹力度和经费投入，整合优化教育资源，通过新建、扩建或适当增加教学班的形式，不断增加积分入学学位供给。2019年，东莞市财政设立10亿元公办中小学建设补助资金，引导各镇街加快公办学校建设。扶持民办学校建设。安排6.5亿元作为"十三五"期间民办教育专项资金，从提升管理水平、提升教师队伍素质、提升课堂教学质量三个方面实施七项民办教育帮扶举措，全力提升民办教育质量。建立人才子女入学绿色通道。出台《东莞市"倍增计划"试点企业骨干人才子女入学资助实施细则》《东莞市高端人才和企业人才子女入学实施办法》等系列政策，为企业人才子女入学提供高效便捷的入学通道。

（二）社会保险方面

率先建成城乡一体化的社会基本医疗保险和社会养老保险两大体系。实现城镇职工和城乡居民平等参保缴费，享受同等待遇，彻底打破城乡医保二元分割。截至2019年8月底，东莞市参加社会基本医疗保险607.43万人，其中非户籍389.89万人。实现对包括外资企业、私营企业和个体工商户在内的单位及其职工以及东莞市户籍农村居民的全覆盖。截至2019年8月底，东莞市参加社会养老保险580.55万人（含离退休），其中在职非本市户籍425.72万人。

（三）卫生服务方面

推进基本公共卫生服务全覆盖。免费为辖区常住居民提供 14 类基本公共卫生服务项目,基本公共卫生服务均等化程度大幅提升。截至 2019 年 5 月底,东莞市建立居民电子健康档案 697 万份,建档率达 83.7%,健康档案使用率达到 95%,为广东省最高。除了 14 类基本公共卫生服务项目外,东莞市还拓展到免费发放叶酸、母婴阻断、免费药具等妇幼重大公共卫生服务项目,提升公共卫生服务效果。

（四）住房保障方面

建成雅园新村、绿荷居、台科花园、幸福花园、松涛美寓、生态园公租房等一批保障性住房,基本实现住房保障城乡全覆盖。实施人才安居工程,建成首个市属人才安居项目"莞寓",提供优质房源约 4709 套。2014 年以来,东莞市共审批了 31962 户（人）的住房保障申请,其中户籍家庭 2436 户、新就业职工 641 人、外来务工人员 28883 人。2018 年获批的住房保障申请中,91.9%分配给了进城农民工户。

（五）就业服务方面

针对异地务工人员流动特点,打造系列就业品牌服务活动,每月 10 日统一开展"就业服务日",年均服务超过 10 万人次。每年春节前,开展"平安回家　相约东莞"专项活动,在各大站场向回乡务工人员提供节后企业用工需求信息;节后举办"春风行动""南粤春暖"等 40 场以上招聘活动,现场服务 20 多万人,帮助节后返岗就业,返岗率超过 90%。农业转移人口与户籍人口享受同等待遇的培训补贴标准,2018 年共发放各项就业创业补贴 2.67 亿元。

（六）文化服务方面

东莞市制定出台了基本公共文化服务实施标准共 27 项 65 个指标,确保外来务工人员均等享受基本公共文化服务。通过网络终端享受数字公共文化服务以及建设数字文化馆来推动公共文化服务数字化工作,把文化送到市民家门口,促进公共文化服务均等化、普惠化。截至目前,东莞市文化馆分馆总数达到 15 家。推动优质文化资源向基层倾斜,建成 561 个综合性文化服务中心,提升基层市民的文化获得感。打造"文化周末""市民周末公开课"等一批具有较高知名度的文化服务产品,进一步满足外来务工人员对公共文化服务的多元化、个性化需求。

三、推动外来常住人口融入和参与社会管理

（一）积极探索外来人口融入社会新机制

通过参政议政、教育培训、建设廉租房、放宽入户政策、扩大社保覆盖面、解决子女入学等办法,从政治、工作、生活等各方面关心外来人员,增强了人们对东莞市的认同感和归属感。在外来人员中公开选拔专职团市委副书记和市妇联副主席,推选非户籍人员当选全国人大代表、省"两代表"、市"两代表一委员",以及担任村（社区）"两委"干部,推动外来人口参政议政。扎实开展"样板社区"创建,引导吸纳外来人口参与社会服务,外来人员参与社会服务的舞台逐步拓宽。

（二）逐渐形成社会治理多元共治的格局

初步形成"党政统筹引领、村居民依法自治、多元主体共同参与、法制体系有力保障"的基层社会治理结构。大力扶持培育社会组织,东莞市财政每年安排 1000 万元设立社会组织发展扶持专项资金。"莞香花""白玉兰""心灵驿站"等知名社会组织在参与平安东莞建设中发挥积极作用。

（三）创新基层社会治理模式

针对东莞市流动人口多、治理难度大的特点,以网格化管理和信息化应用实现基层治理体系和治理能力现代化。按照"一张基础网格、一支专业队伍、一组信息系统、一套工作制度"的"四个一"工作思路,全力推进"智网工程",切实做到信息掌握到位、矛盾化解到位、治安防控到位、便民服务到位,形成具有东莞特色的社会服务管理新格局。2018 年,东莞市"两抢"立案数同比大幅下降 77.6%,消防火灾数同比下降 22.1%、受伤人数下降40%,安全生产事故数同比下降 10.7%。

四、存在的主要问题及建议

东莞市非户籍人口数量庞大,农业转移人口市民化任务较重,特别是在教育服务方面,存在财政支出压力大、学校用地、教师编制严重不足等突出问题,建议中央和省级财政加大对农业转移人口市民化任务较重地区的财政转移支付力度;适当解决农业转移人口基本公共服务设施建设所需用地指标不足的问题;参照实际管理人口,更加科学配备基本公共服务和行政执法人员编制。

第二节　福建省晋江市推进农业
转移人口市民化案例

福建省晋江市发展改革局

外来人口特别是农业转移人口的流入与聚集,是推动福建省晋江市经济高速发展的重要驱动力,这些人已经成为晋江工业化、城镇化、现代化建设的主力军。因此,让这些农业转移人口融入城市、扎根当地,既是晋江市新型城镇化要解决的最核心问题,也是晋江市一直以来努力探索突破的重点领域。在改革探索过程中,晋江市形成了一些有益的经验和做法,取得了积极成效。

一、主要做法及取得的成效

近年来,晋江市贯彻"以人为本"的发展理念,围绕"农业转移人口市民化"的目标,坚持"同城同待遇、保障全覆盖"的原则,不断丰富居住证制度市民化待遇内涵,深化户籍制度改革,提高农业转移人口基本公共服务均等化水平,将每年60%以上的本级财力投入民生建设(2018年共投入

84.25 亿元),构建起就业、教育、医疗、住房、安全、环境和社会保障等 7 个民生体系,打造让农业转移人口"进得来、留得住、融得入""本地人留恋、外地人向往、可托付终身"的品质之城。截至 2018 年年底,全市常住人口达 211.1 万人,常住人口城镇化率达 67%,户籍人口城镇化率达 56.8%。

(一) 让农业转移人口"进得来"

通过实行"居住证"制度和深化户籍制度改革,"双管齐下"地解决农业转移人口的户籍和待遇等问题,让外来人口真正"进得来、落得下"。

一是率先实行"居住证"制度,让农业转移人口成为"新晋江人"。2011 年,率先在福建省实施流动人口居住证管理制度,并根据外来人口实际需求,逐步完善居住证管理制度,不断拓展丰富居住证服务内容。目前,累计办理居住证 300 多万张,农业转移人口可凭借居住证在晋江市享受社会保险、医疗互助、子女就学、住房保障等 30 项市民化待遇。

二是深化户籍制度改革,让外来人口无障碍转为"新市民"。2012 年出台《晋江市流动人口落户管理实施意见(试行)》,并经多轮次修订,推出一系列改革措施,保障和吸引农业转移人口落户。将落户条件放宽至"合法稳定住所",实现"无房也可落户""普通人也可落户"。2015 年又将落户对象进一步放宽至与外来人口共同居住生活的配偶、未达法定婚龄的子女、父母。2019 年将"合法稳定住所"解释范围拓宽至签订用工合同即可。明确"先接收、后管理"原则,破除接收单位人为阻碍。在行政审批服务中心增设流动人口落户专窗,开辟绿色通道,摒弃村(社区)证明等不必要的中间环节,避免落户过程中的"玻璃门""旋转门"。在镇(街道)、村(社区)和规模以上的企业设立集体户,供外来务工人员落户。未设集体户或因拆迁等原因导致集体户变更的,可落户至单位所在地辖区派出所公共地址;明确居住在出租房屋的流动人口,征得出租人同意后可将户口迁入出租房屋所在地,不同意的可迁入居委会公共地址;对院校毕业生实行"先落户、后就业"的政策,只要有就业、创业意向,就可先在晋江市人事人才公共服务中心临时集体户落户,一年后再迁入合法稳定住所。晋江市实施户籍制度改革以来,累计已有 71398 名外来人口落户成为"新市民"。改革仍在进行,一批改革措施和配套政策正在酝酿制定中。例如,出台鼓励有文化的青年农民工、技术工人、技工院校毕业生个人和家人落户政策,允许企业员工"举家迁移"等。

（二）让农业转移人口"留得住"

晋江市出台"三不承诺",公开向外来务工人员承诺:"不让每一名来晋务工人员因企业恶意欠薪而蒙受损失,不让每一名来晋务工人员子女上不了学,不让每一名来晋务工人员维不了权",全方位解决外来人口就业、住房、社保和公共服务等问题,让其愿意留在晋江安居乐业。目前已吸纳75万名左右的农民工就业(2018年劳动合同签订备案人数为701589人,签订率为93.04%),为晋江市新型城镇化建设发展提供了充足的人力资源支撑。

一是加强就业服务。通过提供免费就业创业培训和对接服务,帮助农业转移人口"找工作",通过维护农业转移人口合法权益,让其"安心工作"。比如,在薪资保障方面,建立健全工资支付监控网络,建立欠薪举报奖励制度,投入1000万元在福建省率先设立企业欠薪保障调剂金,筹集1.6亿元作为建筑领域员工保证金;在维权保障方面,将劳动争议调解组织贯穿到市、镇、村、企四级,建立劳动争议预防、调解、处理体系。

二是提供住房保障。从廉租房、公租房、经济适用房、企业员工宿舍、安置房、人才房和积分优待住房等七个方面,构建多元化流动人口住房保障体系,让农业转移人口"有房住"。在安置房方面,通过设立交易服务平台,实行"直接落户、就近入学、低额计税"等鼓励政策,探索外来人口同等享受购房按揭贷款办法。

三是提供社会保障和公共服务。农业转移人口在晋江市不仅可以平等享受证照办理、生殖保健、急难救助、计划生育、公共卫生等基本公共服务,还可以享受平等参加各项社会保险、职工医疗互助、城乡居民医疗保险等社保待遇。同时,积极探索城乡居民医保异地结报新举措,在保持农业转移人口户籍所在地城乡居民医保政策报销标准、管理审核权限、基金运转方式等不变的基础上提供异地结报服务。

（三）让农业转移人口"融得入"

从情感融入和文化融合入手,在工作、生活和政治待遇等各个方面,加强交流互动,让农业转移人口深入体验本地文化,融入本地生活,增强"新晋江人"的认同感和归属感。

一是推动外来人口融入企业。以创建"和谐企业"为载体,充分发动各非公企业党群组织配合党政部门,加强企业文化建设、流动人口服务管理、社保办理、慈善救助、矛盾化解和员工权益保障等工作,让员工从内心真正融入企业。

二是推动外来人口融入社区。率先在福建省成立市级流动人口服务管理专门机构,在镇、村两级建设流动人口服务管理所(站),在企业设立流动人口综合服务中心,形成市、镇、村、企"四位一体"的外来人口服务管理网络,提供就业、医疗、子女就学等"一条龙"服务。

三是推动农业转移人口融入学校。在福建省率先实现包括外来务工人员子女在内的12年免费教育(含普高和中等职业教育)全覆盖,晋江市所有公办学校向外来人口子女实行"零门槛"开放,推行"同类别(务工子女)无差别登记""电脑派位""统筹调剂"等教育政策,让外来人口子女在晋江市享受与本地学生同等的就学升学机会。目前有21.64万外来人口子女在晋江市就读,占晋江市学生总数的59.5%,其中94%以上在公办学校就读。

四是推动人才落地生根。实施"人才强市"发展战略,出台全国首份县级人才认定标准,配套"1+N"人才政策,开展"四大人才计划"(高层次人才"海峡计划"、企业家素质提升行动"领航计划"、高技能人才"振兴计划"、大学生"创客公寓计划"),构建集高端人才社区、保障住房、人才公寓、购房补贴等多层次住房保障体系,累计吸引集聚各类人才超20万人,变"人口红利"为"人才红利"。

(四) 有序推进本地非城市人口"生活生产全融入"

避免"赶农民进城上楼"的简单做法,引导农民养成与城市接轨、相融的生产生活新方式。

一是推动"就地就近城镇化"。按"为民建城、让利于民"的理念,采取过渡租金补助、失地农民养老保险、老人生活补贴、慈善福利扶助等系列措施保障1300多万平方米的城中村、棚户区和谐改造,把最好的地段用于安置房建设,按照"十个一"标准配套建设安置社区服务设施,建成65个现代小区,新建改造 21 个公园等,推动 15 万农民脱离杂乱的"城中村",就地转为市民。

二是解决"洗脚上楼"的农民后顾之忧。充分发挥城镇化效应,大力发展都市型业态,提供每人 1000 元免费就业培训,累计培训 10 多万人。实施"现代服务业兴市"战略,2010 年至今三产比重提升 6.1 个百分点,新增 3 万多就业岗位。同时结合创建全国文明城市,深入推动移风易俗,持续提升市民素质,推崇红白喜事市民不比"排场"比"慈善",近年来,晋江市慈善总会收到的礼俗简办公益捐赠就超过 15.76 亿元,切实解决了"人进城行为不进城"的问题。

通过以上四个方面的举措,晋江市充分发挥雄厚产业作为吸纳城镇就业的重要经济基础作用,有效地促进农业人口转化为人力资源,促进产业提质和城市繁荣,不断增强城市的吸引力和竞争力,并带动了企业总部、产值财税、产业项目的回归。3 年来,累计有 232 家企业总部、销售中心回归晋江市,回归税源达 20 多亿元,晋江市龙头企业的员工返厂率保持在 95%以上。

二、存在的问题和建议

晋江市民营经济发达、市场经济活跃,为吸纳大量农业转移人口、解决基本公共服务均等化问题,将农业转移人口纳入财政支出范围,在上级财政转移支付测算分配以户籍人口为主要根据的情况下,最大限度地承担了超额财政支出责任。随着未来晋江市农业转移人口市民化的深入推进,基本公共服务覆盖范围扩展至新落户农业转移人口的家属群体,晋江市将形成大规模的新增外来人口,从而产生庞大的农业转移人口市民化成本支出,加大财政支出压力。

鉴于外来农业人口落户涉及传统固有的农村土地产权留弃、乡土情感依恋等各种复杂因素,在上级分配转移支付资金时,晋江市政府应考虑将常住人口因素等按一定比例纳入地区标准财政支出核算,完善上级财政一般性转移支付同农业转移人口市民化挂钩机制,从而使地方在承接农业转移人口市民化工作上能够达到财权与事权的匹配,缓解地方财政支出压力。

第三节　湖北省武汉市推进农业
转移人口市民化案例

湖北省武汉市发展改革委

　　湖北省武汉市是中部地区人口规模最大的城市和最重要的农业转移人口流入目的地。自 2014 年被列入国家新型城镇化第一批试点城市以来,武汉市按照《国家新型城镇化综合试点方案》和中央推进 1 亿非户籍人口在城市落户的要求,通过强化顶层设计、深化户籍制度改革、完善激励机制等措施,推进以农业转移人口市民化和落户城市。

一、农业转移人口市民化基本情况

　　2018 年,武汉市常住人口 1108.10 万人,其中城镇常住人口 889.69 万人,常住人口城镇化率 80.29%;户籍人口 883.73 万人,其中城镇户籍人口 646.93 万人,户籍人口城镇化率 73.20%(见表 3-1)。常住人口城镇化率和户籍人口城镇化率的差距由 2014 年的 11.76 个百分点,缩小到 2018 年的 7.09 个百分点。

表 3-1　2014—2018 年武汉市常住人口、户籍人口和城镇化率

年份	常住人口（万人）	常住人口城镇化率（%）	户籍人口（万人）	户籍人口城镇化率（%）
2014	1033.80	79.36	827.31	67.60
2015	1060.77	79.41	829.27	70.60
2016	1076.62	79.77	833.85	71.74
2017	1089.29	80.04	853.65	72.55
2018	1108.10	80.29	883.73	73.20
累计增长	74.30	0.93	56.42	5.60

　　为做好农业转移人口落户城市的基础性工作,组织开展了武汉市农业转移人口市民化成本分担机制深化研究、外来人口总量和结构研究、外来人口落户武汉市意愿调查等专题研究。研究成果显示,武汉市农业转移人口由 2010 年的 139 万人左右增至 2017 年的 267 万人左右,超过 70% 来自湖北省内,超过 70% 有落户意愿,其中居住 5 年以上的有 128 万人左右(见表3-2)。一个标准化农民工市民化总成本约 206 万元,其中子女教育成本为 12.19 万元,占 5.9%;社会保障成本为 111.97 万元,占 54.3%;城市维护成本为 8.07 万元,占 3.9%;生活费用成本为 73.88 万元,占 35.8%。市民化总成本中政府成本 29.37 万元,占 14.26%,其中中央、省两级财政承担 25.9%,市、区两级财政承担 74.1%;个人成本 130.67 万元,占 63.40%;企业成本 46.05 万元,占 22.35%。

表 3-2　2010—2017 年武汉市常住农业转移人口居住情况

(单位:万人;%)

项目	2010 年[1]		2013 年		2015 年		2017 年	
	人数	占比	人数	占比	人数	占比	人数	占比
省内农业转移人口	104.21	—	148.74[2]	—	155.77[2]	—	190.72[3]	—
半年(含)至一年	19.63	18.84	2.90[7]	1.95[4]	9.92[7]	6.37[5]	12.15[7]	6.37[6]
一年(含)至二年	24.16	23.19	25.51	17.15	16.42	10.54	20.10	10.54
二年(含)至三年	15.61	14.98	25.22	16.96	21.38	13.73	26.19	13.73
三年(含)至四年	7.90	7.58	21.17	14.23	24.44	15.69	29.92	15.69
四年(含)至五年	5.09	4.88	17.98	12.09	9.55	6.13	11.69	6.13
五年(含)及以上	31.82	30.53	55.96	37.62	74.06	47.54	90.69	47.54
省外农业转移人口	35.03	—	58.72[2]	—	58.99[2]	—	76.85[3]	—
半年(含)至一年	6.57	18.75	0.66	1.12[4]	6.55	11.11[5]	8.54	11.11[6]

续表

项目	2010 年[1]		2013 年		2015 年		2017 年	
	人数	占比	人数	占比	人数	占比	人数	占比
一年(含)至二年	8.14	23.24	9.57	16.29	4.47	7.58	5.82	7.58
二年(含)至三年	4.68	13.35	12.86	21.91	7.45	12.63	9.71	12.63
三年(含)至四年	3.38	9.66	8.91	15.17	6.85	11.60	8.93	11.62
四年(含)至五年	1.52	4.35	6.27	10.67	4.47	7.58	5.82	7.58
五年(含)及以上	10.74	30.65	20.45	34.84	29.20	49.48	38.03	49.48
市外农业转移人口	139.24	—	207.46[2]	—	214.76[2]	—	267.57[3]	—
五年(含)及以上	42.56	30.57	76.41	36.83[4]	103.26	48.08[5]	128.72	48.11[6]

资料来源:1.2010 年农业转移人口数据全部来源于武汉市 2010 年人口普查数据。

2.2013 年、2015 年农业转移人口总量数据,根据 2013 年、2015 年年底武汉市公安局常住外来人口万分之五抽样数据进行测算。

3.2017 年农业转移人口总量数据,根据 2017 年武汉市公安局常住外来人口全数据(缺少携带儿童,数据总量 332.24 万人)进行测算。

4.2013 年农业转移人口居住时间占比来源于 2012 年问卷调查数据。

5.2015 年农业转移人口居住时间占比来源于 2016 年问卷调查数据。

6.2017 年农业转移人口居住时间占比来源于 2016 年问卷调查数据。

7.2013 年、2015 年、2017 年农业转移人口各居住人口数量是根据转移人口总量和占比进行测算。

二、主要做法

(一) 加强组织领导,做好顶层设计

为加强新型城镇化的组织领导,武汉市成立了新型城镇化综合试点工作领导小组,持续推动重大体制机制创新和重点政策措施落实,按年度将推进农业转移人口市民化和在城市落户相关目标任务分解到各区、各部门。

(二) 持续深化户籍制度改革,大力推进农业转移人口落户城市

武汉市坚决落实国务院推进户籍制度改革有关精神和各项部署,全面

放宽包含农业转移人口在内的各类人群落户条件,大幅降低落户门槛。2018年户籍人口比上年增加30.08万人,2019年上半年武汉市户籍人口达到893.4万人,比2018年年底增加9.7万人。大力实施"百万大学生留汉创业就业工程",出台《关于进一步放宽留汉大学毕业生落户试行政策的通知》,实行大学生"零门槛"落户。2017年,大学毕业生留汉就业创业30.1万人,落户大学生14.2万人;2018年,新增留汉大学毕业生25万人,落户7.6万人。积极推行积分入户制度,拓宽落户渠道。2017年7月出台《武汉市积分入户管理办法(试行)》,10月正式实施。2017年,受理积分入户申请2356人,1768人取得入户指标;2018年,受理申请3231人,2718人通过积分入户成为武汉市新市民。目前,根据2年来的实施情况,正在组织对该办法进行修订。

(三) 以居住证为载体,推进农业转移人口基本公共服务全覆盖

为推进农业转移人口的市民化进程,武汉市完善流动人口居住证管理制度,以居住证为载体推进基本公共服务均等化,赋予居住证持有人10类基本公共服务和10类便利,服务项目数量达到106项,占户籍人口所能享受服务项目数量(122项)的86.9%。从2011年开始实施居住证制度至今,累计发放居住证377.43万张,目前持有有效居住证人口达到190.65万人。2018年,进城务工人员随迁子女接受义务教育人数超过13万人,其中在公办学校就读的比例达到98.23%。建立起涵盖全人群全生命周期的健康服务保障体系,农业转移人口已全部纳入城镇基本公共卫生服务范围。大力实施"全民参保登记计划",武汉市所有社会保险险种已从制度上实现了对农业转移人口的全覆盖。加大住房保障力度,实施棚户区改造5.2万户,建成保障房3.8万套,将外来务工人员纳入公租房保障范围。

(四) 以"双挂钩"政策落地为导向,完善农业转移人口市民化激励机制

在财政资金方面,严格落实《财政部关于印发〈中央财政农业转移人口市民化奖励资金管理办法〉的通知》《湖北省财政厅关于下达农业转移人口市民化奖补资金的通知》,深化"人钱挂钩、钱随人走",及时下达了2019年农业转移人口市民化奖补资金。2017—2019年累计安排农业转移人口市

民化一般转移支付资金46018万元,其中2019年向上级财政争取一般转移支付资金24556万元,比2018年增长62.14%。在用地方面,积极争取湖北省级新增建设用地计划指标向武汉市倾斜;多次召集各区各有关单位召开建设用地报批工作推进会,对新型城镇化项目用地应保尽保。

三、政策举措

2020年,武汉市将持续推进农业转移人口市民化和落户城市,加快推进户籍和基本公共服务等关键领域的改革。一是在现行城市规模划分标准的基础上,进一步明确细化人口政策导向,积极争取国家、湖北省对武汉市进一步集聚人口、提升中心城市功能的指导支持,推动更多农业转移人口融入城市。二是利用第七次全国人口普查的契机,加强新型城镇化统计工作,进一步摸清人口家底,在总人口、城镇化率等指标统计工作中,不断完善统计方法,加强入户调查,及时更新基础数据,客观反映人口增长变化情况,实事求是地反映人口流动规律。三是完善"双挂钩"政策实施机制,进一步细化"双挂钩"标准和实施细则,提升政策实施的精细化程度。四是以"三乡工程"为突破口,统筹新型城镇化发展和实施乡村振兴战略,大力推进城乡融合发展,着力破解农民进城和市民下乡双向流动的难题。

第四节　河南省郑州市推进农业转移人口市民化案例

河南省郑州市发展改革委

近年来,河南省郑州市深入推进以人为核心的新型城镇化,不断健全完善政策措施,积极推进户籍制度改革,促进农民工就业创业,持续提高社会保障水平,切实维护劳动保障权益,取得一定成效。2018年年底,郑州市常住人口城镇化率为 73.4%,户籍人口城镇化率为 56.1%,较 2012 年分别提高 7.1 个百分点和 13.9 个百分点;2012—2018 年,郑州市累计新增城镇落户人口 179.1 万人。

一、着力深化户籍制度改革,持续降低落户门槛

2017 年 6 月,出台了《郑州市人民政府关于进一步深化户籍制度改革的实施意见》,改革后中心城区落户政策标准进一步降低,六县(市)及上街区全面放开落户限制。

(一)全面放宽农业转移人口落户条件,凡在城镇就业居住 5 年以上(下一步降到 2 年)和举家迁移的农业转移人口可进城落户

(二)全面放开对高校毕业生、技术工人、职业院校毕业生和参军进入城镇人口、留学归国人员的落户限制

(三)实行农村籍高校学生来去自由的落户政策

(四)拓宽落户通道

符合迁入条件但无合法房屋产权的,可凭实际居住地房屋租赁合同,经房主同意,可将户口迁入租房户;可投亲靠友或迁入社区公共集体户口。

二、着力提升居住证含金量,推动基本公共服务均等化

自 2007 年郑州市开始实行居住证制度以来,历经纸质居住证、IC 卡式居住证、河南省居住证三个阶段,年年有举措,步步有提升,相关工作在河南省乃至全国一直保持领先地位。

(一)简化申报流程

全程网上办理,免费邮寄,2016—2018 年共发放居住证 91 万多张。截至 2019 年年底,实际有效的居住证达 220 万余张。

(二)保障公共服务供给

自 2017 年 1 月起,居住证持有人在本地享受国家规定的六项基本公共服

务和七项便利。在此基础上,郑州市新增了60周岁以上的居住证持有人享受免费乘坐市内公共交通的优惠政策,目前已有4.5万人享受此项优惠政策。

（三）落实住房保障政策

郑州市不断放宽非户籍人口申请公租房的条件,目前户籍与非户籍人口申请公租房的在准入门槛、申请渠道、保障标准等方面已完全相同。此外,郑州市还按照户均保障面积低于60平方米的标准,对符合条件的非户籍住房困难家庭实施分级补贴和租金减免政策。

三、着力提升社会保障水平,维护农民工合法权益

农民工是农业转移人口的主体,提升其就业能力和社保水平是实现农民工稳定就业生活的前提,也是能否顺利市民化的基础保障。为此,郑州市采取以下两个方面的措施。

（一）强化就业创业服务

建成了覆盖郑州市的1000多个信息网络节点,依托河南省"互联网+就业创业"信息系统,实现农村劳动力转移就业数据实名查询、实时统计。郑州市进城务工农村劳动者在求职登记、失业登记、免费参加招聘会和职业培训等方面与城镇人员享有同等的公共就业服务。在河南省率先落实农民工返乡创业补贴政策,对在郑州市区创业的郑州市户籍返乡农民工,办理《营业执照》、持续经营3个月以上的,给予创业者本人8000元的一次性创业补贴,2018年又将此标准提高到了10000元,2017年以来共发放一次性创业补贴1225.5万元。

（二）完善社会保险体系

在养老保险方面,在郑州市企业就业人员不受户籍限制,均可参加城镇企业职工基本养老保险。河南省户籍居民在郑州市从事灵活就业的,可以以灵活就业人员身份参加企业职工基本养老保险。目前郑州市农业转移人口参加城镇职工养老保险人数为10.25万人。在工伤保险方面,以建筑业、煤矿等高工伤风险行业为重点,积极推动农业转移人口参加工伤保险。出

台《郑州市高工伤风险企业农民工工伤保险办法》,凡在郑州市的高工伤风险施工项目施工企业均可按照该项目造价的 1.6‰(目前已降至 1‰)为所属农民工参加工伤保险,在项目工作中受伤的农民工被认定为工伤(或者视同工伤)后可按照规定享受工伤保险待遇。在失业保险方面,农村进城务工人员与城镇人员执行统一的参保缴费和享受政策待遇。在医疗保险方面,建立了统一的城乡居民医保基本制度,实现市级统筹,构建了一体化的管理体制和信息系统。居住证持有人可选择参加郑州市职工基本医疗保险或以灵活就业人员身份参加职工医疗保险,并与郑州市用人单位参保职工享受同等的医疗保险待遇。同时享受户籍地城乡居民医疗保险、河南省大病保险、河南省困难群众大病补充保险相关待遇。

四、着力做好义务教育工作,解决随迁子女就学难题

农业转移人口随迁子女教育问题是影响其市民化的重要决定因素。郑州市在制度设计、资源分配和营造公平环境等方面采取了多项措施保障农村进城务工人员子女平等接受教育的权利。

(一) 强化政策保障

2014 年、2017 年郑州市相继印发《关于进一步做好进城务工人员随迁子女义务教育工作的通知》《关于进一步加强农村留守儿童教育和随迁子女接受义务教育工作的通知》,逐步完善以居住证为主要依据的义务教育阶段随迁子女入学政策,保障随迁子女平等接受义务教育,确保"应入尽入"。

(二) 加快学校建设

坚持以流入地政府安排为主的原则,夯实责任,加大投入,扩大公办学校规模。2018 年郑州市共投资 38.66 亿元,新建、改扩建学校 38 所。

(三) 坚持"平等教育"

创设平等育人环境,把进城随迁子女与城市学生统一管理、统一编班、统一教学、统一安排活动,在评优奖励、入队入团、课外活动等方面一视同仁。截至 2018 年秋季,郑州市区义务教育阶段在校学生 66.2 万人,其中随

迁子女25.8万人(小学18.7万人、初中7.1万人),占在校生总数的39%。

五、着力落实相关支持政策,加大资金投入力度

2016—2018年,上级下达郑州市的农业转移人口市民化奖励资金分别为9493万元、11500万元、1435万元,郑州市将资金全部分配下达到县(市、区),重点用于强化基本公共服务、增强社区服务能力、支持城市基础设施运行维护等方面。2018年,郑州市印发《关于实施支持农业转移人口市民化若干财政政策的通知》,进一步明确了八项支持措施:一是完善进城落户农业转移人口随迁子女接受教育保障机制;二是支持创新城乡基本医疗保险管理制度;三是支持完善统筹城乡的社会保障体系;四是加大对农业转移人口就业创业的支持力度;五是加大对农业转移人口的住房保障力度;六是支持提升城镇综合承载能力;七是维护进城落户农民相关权益;八是建立健全支持农业转移人口市民化的财政转移支付制度。

第五节　重庆市推进农业转移
人口市民化案例

重庆市发展改革委

重庆市集大城市、大农村、大山区、大库区于一体,城乡区域发展差距较大,要实现区域协调发展和城乡融合发展,就必须加快推动城乡要素自由流动和平等交换,尤其是要推进农业转移人口市民化进程。为此,近年来重庆市在组织建设、户籍改革、人口管理、激励机制等方面,不断探索改革的新举措,取得积极成效。

一、主要举措

重庆市将户籍制度改革作为农业转移人口市民化的重要抓手,启动农

民工户籍制度改革，探索了一条"进城农民农村权益全部保留，一次性赋予同等城市待遇"的农业转移人口市民化路径。《国务院关于进一步推进户籍制度改革的意见》印发后，市政府及时出台贯彻实施意见，进一步深化户籍制度改革，统筹财政、土地等关键领域配套改革，进一步放宽落户条件、创新人口管理、优化资源配置、强化公共服务，大力推进农业转移人口市民化。

（一）强化组织推动，建立健全工作机制

建立市区两级新型城镇化联席会议制度和户籍制度改革工作联席会议制度，将推动农业转移人口市民化工作纳入重庆市新型城镇化工作的重要内容统筹推进。建立定期会议、跟踪评估、工作通报等多项运行制度，分解细化户籍制度改革相关工作年度任务并实行台账式管理，重庆市政府将推动非户籍人口落户工作纳入督办内容，确保政策落地、责任落实。

（二）坚持就业前提，全面放宽落户条件

出台《重庆市户口迁移登记实施办法》，统筹市内外落户政策，立足各片区城市资源环境禀赋、产业发展实际情况，进一步放宽落户条件。总体上不设指标控制，不积分排队，市内市外人员落户同权、租购房屋落户同权，只要就业达到一定年限（主城区最高3年、最低无限制）就可申请办理落户。对大中专毕业生、留学回国人员、具有初级以上专业技术职称人员不设就业年限门槛。

（三）落实配套政策，保障进城居民同城待遇

坚持城镇基本公共服务一步到位，进城落户居民在就业、养老、医疗、教育、住房保障等享有同等城镇待遇。在社保方面，城乡居民养老保险和合作医疗保险实现一体化，在全国较早实现跨区域、跨险种的衔接。近年来重庆市养老、医疗保险参保率稳定在95%以上。在教育方面，坚持"两为主"（以输入地政府管理为主、以公办全日制中小学为主）、"两纳入"（纳入区域教育发展规划、纳入教育经费保障范围）原则，进城落户居民子女平等享受城市义务教育。在就业方面，结合进城落户居民实际情况，分类开展就业创业培训，予以就业创业扶持。在住房方面，进城落户居民、市内外农民工同等条件申请公租房，不受户籍限制。截至2019年年底，市级公租房配租27.5

万户,其中进城落户居民及农民工占 51%。

（四）深化产权改革,保障进城居民财产权益

积极推进集体资产量化确权改革试点,平稳推进集体经济组织成员身份确认,累计确认成员 779 万余人、量化资产 94 亿元。积极推进落户居民"三权"依法自愿有偿退出。累计受理 13.6 万户进城落户居民家庭的宅基地退出中请,以地票交易方式变现农村房产,可实现收益 120 亿元。建立健全农村产权流转市场体系,重庆市 31 个区县设立农村产权流转交易平台。出台实施《重庆市地票管理办法》《重庆市农村产权流转交易管理办法》,规范组织交易活动。

（五）完善"人地钱挂钩"机制,强化市民化要素支撑

着力发挥财政、上地等资源要素对市民化的引导作用,推动农业转移人口有序布局,提高市民化质量。建立财政转移支付同农业转移人口市民化挂钩机制,近年来重庆市财政对主城区、渝西片区的转移支付年均增长为9%。出台"人地钱挂钩"规划计划管理机制,差异化配置城镇建设用地规划空间指标。三年来,累计为渝西片区增配建设用地 20 平方公里。建立劳动力转移对口联系、公共政策激励机制,加强区域合作,推动优势资源互补,促进进城落户人口总量平稳增长、落户区域合理分布。

（六）创新人口管理,推动基本公共服务全覆盖

系统推进统一城乡户口登记,梳理与原户口性质挂钩的福利政策 33项,稳妥推动"脱钩"和城乡基本公共服务"并轨"。全面实施居住证管理制度。出台《重庆市居住证实施办法》,赋予持证人享有社会共治、社保共享、教育均等、便利同等、救助同权等权利和便利事项,并建立了动态增长提供机制,截至 2019 年年底,已签发居住证 47 万余张。

二、主要成效和启示

截至 2018 年年底,重庆市已累计进城落户 500 余万人,户籍人口城镇化率达到 48.7%,常住人口城镇化率达到 65.5%。进城落户居民总量、年

龄、区域分布基本合理,较好地满足了城镇化及产业发展需要。同时,在优化制度设计、维护农民权益、推动城乡基本公共服务均等化、推动一体化要素市场发展、促进社会公平等方面取得明显成效。

（一）立足保障和改善民生出发点

重庆市始终将农业转移人口市民化作为一项重要的民生工作,着力解决农民工等其他转移人口最需要、最迫切解决的现实利益问题。允许进城落户农民继续保留农村承包土地、继续享受与土地和农民身份相关的政策待遇。一步到位纳入城市养老、住房、就业、医疗、教育等城市保障,均从民生的角度进行政策设计,真正做到为群众着想、急群众所盼。

（二）选准农民工市民化作为突破口

在推进市民化的过程中,重庆市选择在城市长期务工经商的农民工,特别是新生代农民工作为突破口。这部分群体已经具备在城市稳定生活的条件,也有在城市稳定生活的意愿。特别是新生代,有非常强烈的进入城镇的愿望,能较快适应城市生活,更容易市民化。推动农民工市民化既优先解决了存量,顺势而为、顺应民心,也有利于以存量带动增量,推动整体市民化。

（三）坚持群众自愿基本原则

重庆市将进城落户居民自愿原则贯穿各个环节,主要体现在落户自愿、退地自愿、参保自愿。进城落户居民自主决定进城落户的时间和方式;进城落户居民对原有的宅基地、承包地和林地,可以自行选择处置方式,或流转给企业、大户,或依法自愿有偿退出。在此过程中,主要发挥市场的作用,包括价格的确定和土地的流向。

（四）坚持市民化与产业发展联动

始终秉承"以产业为基础,以就业为前提,以保障权益为根本"的理念,一方面通过产业发展充分挖潜就业岗位,夯实农业转移人口转户进城的基础;另一方面通过畅通落户通道,充分保障进城落户人口权益,推动有意愿的农业转移人口落户进城,也为产业发展提供宝贵的人力资源支撑。在具体路径上,立足主城、区县城、小城镇以及重庆市各大片区城市发展、资源禀赋、产业发展的需要,突出重点、因地制宜,合理布局产业,差别化设置落户条件,引导人口合理分布。

（五）加强统筹配套优化市民化制度安排

坚持以户籍制度改革为抓手,统筹财政、土地等关键领域的配套改革,综合施策,并在实践过程中不断完善、有效衔接。截至 2019 年年底,重庆市已出台 83 个相关政策文件。这套政策体系既有对上位文件的地方配套,也有重庆市个性化的一些制度安排;既有户口迁移、土地处置、社会保障、劳动就业等一系列具体配套实施办法,也有与同期推动的地票制度改革、公租房改革、"人地钱挂钩"等重大改革事项的衔接,形成了整体合力,有力推动了重庆市农业转移人口市民化。

三、面临的困难和下一步政策举措

（一）面临的困难

1. 非户籍人口落户意愿减弱

部分农业转移人口对农村权益预期较高,担心进城落户后失去相关农村权益。同时随着重庆市城市基本公共服务逐步覆盖所有常住人口,加之重庆市户籍制度改革启动较早,相对容易在城镇落户人员已经完成落户,剩余人员教育程度相对较低,就业稳定性不高,对能否在城市长期生活存有后顾之忧。

2. 农村闲置资源有待盘活

农村产权实现方式、农村闲置资源盘活利用有待进一步探索,城乡公共服务重复配置,客观上造成了资源浪费现象。

3. 部分上位政策设计还显滞后

一些政策还将城乡户籍作为享受基本公共服务的前置条件,相关配套政策与相关改革未能同步推进。

（二）下一步政策举措

2020 年,重庆市将以促进人的城镇化为核心、以提高质量为导向,进一步完善配套政策,优化公共服务,着力推动有能力、有意愿在城镇稳定就业和生活的农业转移人口等非户籍人口落户城市,确保2020年户籍人口城镇化率达到50%以上。具体措施如下。

1. 切实推动非户籍人口落户城市

准确把握城乡人口流动新特点,以"聚人"为主导方向,促进城市人口集聚。坚持以稳定就业为基本前提,进一步放宽落户条件,推动农业转移人口等非户籍人口有序落户。进一步优化服务,吸引推动一批高校毕业生、技术工人、职业院校毕业生等重点群体转移落户。积极开发就业岗位,加大就业创业帮扶力度,吸纳一批外出务工人员回流落户。

2. 全面提升市民化质量

扎实推进农村"三权"分置改革,进一步完善农村产权交易市场服务体系,鼓励进城落户居民自愿有偿退出"三权"。进一步完善"人地钱挂钩"机制,鼓励区县提升改善基础设施和公共服务,促进人口与资源要素更加协调。全面落实居住证管理制度,推动公共服务向常住人口全覆盖。

3. 不断优化人口管理服务

着力强化部门信息融合,促进政府职能部门间的人口基本信息数据互联共享,强化人口数据监测,精准掌握农业转移人口规模数量、结构状况,提升统计分析监测水平,为推动农业转移人口市民化提供信息支撑。

第二篇

都市圈篇

第四章　培育发展都市圈
年度进展分析

国家发展改革委发展战略和规划司

2018年9月,习近平总书记在深入推进东北振兴座谈会上指出,要培育发展现代化都市圈。2019年2月,经国务院同意,《国家发展改革委关于培育发展现代化都市圈的指导意见》印发实施,明确在城市群内以超大特大城市或辐射带动功能强的大城市为中心、以1小时通勤圈为基本范围,培育发展都市圈。该指导意见实施以来,国家发展改革委会同有关部门强化指导,有关地方积极推动,都市圈发展呈现出良好势头,取得了初步成效。都市圈正在成为中心城市发挥辐射带动作用、破解"大城市病"的有效抓手,提高城市群综合承载和资源优化配置能力、促进城乡区域协调发展的有力支点。

一、都市圈发展取得明显进展

多地顺应中心城市人口、要素和产业外溢趋势,积极发挥政府规划引导作用,推动都市圈建设。有关研究机构通过大数据识别出的都市圈,以4.5%的国土面积承载了约32.1%的常住人口,创造了约51.6%的生产总值,经济密度和效率突出,发挥了支撑国民经济和社会发展的重要作用。

（一）规划编制和机制建设有序推进

安徽省、江西省、河南省、宁夏回族自治区等已分别出台合肥、南昌、郑州、银川等都市圈规划或行动计划,福建省、四川省、陕西省等正在推进福州、成都、西安等都市圈规划编制,浙江省、广东省等正积极谋划构建省内都市圈体系。南京市、成都市分别推动建立了周边城市共同参加的都市圈党政领导联席会议或同城化领导小组等机制,南京、杭州、宁波等都市圈还建立了跨界毗邻镇一体化的先行发展机制。

（二）便捷通勤网络加快形成

城际铁路和市域（郊）铁路加快建设,北京市域（郊）铁路城市副中心线开通运营,南京至句容、滁州城际铁路开工建设,武汉至咸宁、黄石、孝感城际铁路建成运营。中心城市轨道交通适度向周边城镇延伸,厦门地铁连接至漳州市龙海市角美镇。城际公交进一步加密,南京市至安徽省和县跨省公交线路试运营,西安市、咸阳市间开通公交线路 79 条,一体化通勤服务迈出新步伐,长株潭城际铁路基本实现公交化运营,广州市与佛山市地铁实现一卡通刷和优惠互享。2019 年,深圳市与东莞市、惠州市跨界日通勤超过50 万人次,工作在北京、居住在环京地区的通勤人口规模接近 60 万人。

（三）产业分工协作逐步深化

中心城市产业有序向周边市镇转移,武汉市 1300 家服务企业入驻孝感汉川市,毗邻南京市江北新区的滁州市来安县汊河镇引进南京市车辆零配件企业 112 家,深圳市与东莞市联动形成具有全球竞争力的电子信息和互联网产业集群。产业园区共建加快探索,武汉市各类开发区在都市圈其他城市建立了 20 多个园外园,厦门泉州（安溪）经济合作区、郑（州）开（封）双创走廊等加快建设,成都市与资阳市联合打造制鞋产业园,西安市与渭南市共同建设临渭经济协作区,富平—阎良产业合作园区被赋予市一级经济管理权限。

（四）协同创新能力持续增强

上海市与嘉兴市率先实现科技创新券跨省市双向互认,郑（州）开（封）双创走廊加快建设。都市圈创新策源和创新转化载体作用进一步凸显,2018 年,深圳、厦漳泉、杭州都市圈万人专利授权量分别达 84.2 件、36.5件、30.4 件,远超全国平均数 17.5 件,截至目前,创业板上市的 94 家企业有 85 家位于都市圈地区。

（五）公共资源共享水平明显提升

教育资源共享持续推进,沈阳都市圈 11 所优质普通高中实现跨市招生,厦门市与漳州市、泉州市开展五年制高职合作办学,南京信息工程大学新校区落户安徽省滁州市天长市。医疗资源共享进程加快,南京都市圈统一预约挂号服务平台,提供 147 个医院挂号服务,实现医学检验检查报告异地查询,成都都市圈实现参保人员异地就医费用一单式直接结算,厦门都市圈成立儿科医联体。

（六）服务管理合作持续拓展

政务服务同城化取得突破,广州市荔湾区与佛山市南海区实现 85 个事项跨城通办,嘉兴市南湖区和苏州市吴江区实现 24 小时异地政务通办,武汉都市圈实现企业异地登记冠名,西安市与西咸新区实现电信区号、户籍、车牌照同城化管理。金融服务同城化加快推进,武汉市与鄂州市、广州市与佛山市基本实现金融兑付同城清算。跨界治理协作加快探索,南京市江宁区和安徽省马鞍山市博望区在毗邻镇街共建跨省警务室,成都航空口岸 144 小时过境免签停留范围扩展至都市圈,广佛跨界 16 条重点河涌整治全面完成。

（七）协作降低重大突发事件对经济社会的影响

新冠肺炎疫情期间,多个都市圈内实现检疫互认和政策协同,有效推动了复产复工。北京市联合廊坊市环京 6 县区实现 14 天隔离互认,通过单位开具证明信、个人填报体温监测卡、居住小区出入证"一信一卡一证"的方式便利跨界通勤。上海市与苏州市、嘉兴市推动省市界卡口合并,实现查控关口"两地一站"。南京市江北新区与滁州市来安县建立"定企业、定人员、定车辆、定时间、定线路"的管理模式,为通勤工人开辟绿色通道。

二、当前都市圈建设存在的一些问题

总体上,国内都市圈发展尚处于初级阶段,都市圈同城化水平较低,不同地区都市圈整体实力和发展阶段差距较大,并存在一些需着力破解的突出问题。

（一）一些中心城市辐射带动作用不充分

有的中心城市综合实力较强,但"一城独大",对周边城市虹吸效应过强,如武汉城市圈除武汉市外的 8 市经济总量仅为武汉市的一半,成都都市圈除成都市外的 3 市只有成都市的 1/3。有的中心城市发展能级不高,如西安市、银川市等西部城市经济体量偏小,仍处于要素集聚阶段,"领头羊"作用不足。有的中心城市统筹能力不足,如温州市本级可用财力不足全市的 20%,服务周边的能力较弱。

（二）对次级城市发展的支撑不足

中心城市和周边市镇间的"断头路"较多,交通基础设施网络化程度不高,市域(郊)铁路建设滞后,不同交通方式间换乘衔接不畅。医疗卫生、教育文化等优质公共服务资源布局过度集中在中心城市,中小城市及县城存在明显落差、对人才人口的吸引力不足。如武汉市三甲医院有 36 所,与之相邻、常住人口超过其一半的黄冈市三甲医院仅有 2 所,且医疗卫生机构每千人口床位数等指标均低于湖北省平均水平。

（三）跨行政区协作发展机制不畅

行政区思维仍然比较重,多数都市圈协调推进机制尚未常态化。重化工、固废处理等负外部性较强的项目选址缺乏协商,生态环保、公共服务等领域的利益共享、成本共担机制尚不普遍,交界地区联合监管和执法难度大,重大公共安全事件联防联控机制缺失。

三、下一步政策举措

全面落实党中央、国务院决策部署,遵循要素流动、产业转移、空间演进的客观规律,充分发挥市场在资源配置中的决定性作用,更好地发挥政府在规划引领、体制机制改革、基础设施建设、公共资源配置等方面的作用,积极有序推动都市圈发展。

（一）　强化宏观政策和规划指导

提出推进都市圈同城化建设、提升中心城市能级和辐射作用等年度任务。在研究编制《国家新型城镇化规划（2021—2035年）》工作中，明确未来一段时期培育发展都市圈的目标任务和政策举措。

（二）　指导都市圈规划编制和实施

指导有关地方编制出台都市圈发展规划或重点领域专项规划，鼓励有关地方探索建立中心城市牵头的都市圈建设协调机制，引导形成产业协作分工格局，推动公共服务资源分级配置，提高公共事件协同应对能力，因地制宜、有力有序推动同城化发展。

（三）　推动重点都市圈交通基础设施互联互通

将织密交通网作为推进都市圈发展的"先手棋"，以多层次轨道交通为骨干健全都市圈交通基础设施，有序规划建设城际铁路和市域（郊）铁路，探索重点都市圈中心城市轨道交通向周边城镇合理延伸，实施"断头路"畅通工程和"瓶颈路"拓宽工程。

（四）　加强地方经验的交流宣传

加大对地方都市圈建设经验成效的宣传力度。通过举办专题培训、现场交流等方式，强化地方经验交流。鼓励各类机构开展都市圈大数据分析和发展水平评价。

第五章　都市圈虚实"断头路"研究

国家发展改革委发展战略和规划司

2018 年 6—7 月,国家发改委规划司调研组在南京、上海、北京等都市圈开展调研。近年来,各地对都市圈建设有需求、有关切、有探索。中心城市与周边城镇在协同发展方面取得一系列突破和进展,如环北京市公共交通已实现一卡互通,南京市与周边地区协调规划编制完成,临沪市镇与上海市实现区号共享,西咸新区与西安市实现一体化管理等。但制约都市圈一体化发展的瓶颈仍然较多,亟待下力气解决。

一、城际交通"断头路"问题突出

交通基础设施互联互通是都市圈建设的前提和基础。但调研发现,都市圈内交通互联仍存在"三难"。

（一）跨界道路接通难

句容市宝华镇和南京市仙林街道建成区早已连为一体,宝华镇 11 万常住人口中每天往南京市区方向通勤的超过 4 万人;但两地规划相连的 3 条道路中,只有仙林大道实现通车,经天路、七乡河大道均在交界的南京一侧"断头"了几十米。省内尚且如此,跨省更加严重。滁州市汊河镇与南京市江北新区只有汊河大桥一个通道相连,规划中的中李大桥、黑扎营大桥均难以推进。被誉为"天安门正南 50 公里"的固安紧邻北京市大兴区,居住着大量向北京城区通勤的人口,但目前只有大广高速和 166 国道相接,拟连接大兴区的芦求路和连接房山区的公韩路在 2009 年就列入有关规划,至今没有打通。即便在一体化程度较高的昆山市花桥镇与上海市安亭镇之间,国省道以下 17 条交界道路中目前只有 7 条畅通。

（二）已通道路畅行难

马鞍山市丹阳镇与南京市丹阳社区在历史上本属一镇,新中国成立后被划到两省,省界就设在镇区中央。目前镇区 4 条市政道路在省界的南京一侧,都设置了高 2.8 米、宽 2.3 米的"限行门",只允许中小型客车和小型货车通过,大型客货车开往南京必须绕行几十公里外的当涂县。江苏省 S341/安徽省 S314 省道刚刚修通,但道路修通的同时就在交界处设置了收费站,往来车辆要缴纳过路费 15 元,导致部分价格敏感车辆选择绕行,车流量低于预期。

（三）畅行道路公交难

目前,苏皖毗邻区域间的公交车辆全部是安徽省企业运营或由安徽省地方政府购买社会服务开行。昆山市至上海市城际公交原先有过,但上海世博会期间由于安保原因被叫停,目前跨省运营不被允许。据地方反映,省际和城际公交难以开行主要有四个原因:一是中心城市认为周边地区充电桩、公交首末站等基础设施不完善,不具备开通条件;二是城际公交的审批和监管权在省级层面,相关程序比较复杂;三是作为民生项目的公交运行需要大量补贴,谁开通谁就要承担成本,如昆山市公交公司开通到苏州市其他县市的 5 条公交线路,2017 年合计亏损近 700 万元;四是担忧开通城际公交可能对原有长途客车运营方形成冲击。此外,也有中心城市担心交通便利互联后,影响人口及非核心功能疏解,加重"大城市病"。

二、其他领域"断头路"顽疾同样存在

都市圈内不仅看得见的"断头路"多,在产业发展、社会事业和行政审批等各个领域"看不见"的区域壁垒也普遍存在。

（一）优质服务共享难

南京市内医疗检查检验结果互认、病历互通已经实现,但与周边城市尚

未互联。基本医疗保险异地即时结算还只限定在住院情形，实际需求更多的门诊尚难实现；由于医疗保险为县市统筹，不同地区在医保目录和报销比例上差异较大，患者在报销过程中麻烦较多。教育方面，句容市曾尝试与南京外国语学校开展一些合作，但因为行政壁垒原因"无疾而终"。此外，公办高中不允许跨县区招生，省内不同城市义务教育教材、中考模式不同，五年制高职院校不允许跨省招生，跨省办学的高校学生无法内部转学等，都制约了优质教育资源共享。住房方面，昆山市、句容市、固安市等仅限本地户籍人口或缴纳社保一定年限的居民购房，不少拥有中心城市户籍的企业管理和科研人员因不愿落户当地而难以实现安居，一定程度上影响了中心城市人口和产业向周边地区疏解的积极性。跨行政区区号难共享，固定电话长途费仍然较高，如昆山市电信长途话费 0.07 元/6 秒。

（二）行政审批互认难

资源要素流动的"玻璃门、暗门槛"仍然存在。由于地方税收利益问题，商事主体异地迁址变更在实际操作中存在阻力，普遍选择在拟迁入地重新注册一家企业。具有相应资质的设计、施工企业异地经营仍需要当地主管部门备案，"科技创新券"无法跨县区使用，城乡建设用地增减挂钩节余指标难以跨省市统筹，跨省户籍迁移网上审批尚未实现，公积金统筹层次低、异地贷款政策难以推动，大部分审批事项依然无法跨省市认可。

（三）产业协调发展难

现行的税收、投资等政策及政绩考核都以行政区划为基础，各城市产业规划缺乏衔接，造成布局重叠、结构雷同，难以实现错位补位发展，城市竞争大于合作。如西安与咸阳、西咸新区等周边主体都致力于发展食品工业、装备制造业等，产业同质化问题突出，甚至在细分行业高度雷同。不少中心城市认为，周边城市在交界地区布局污染较重的产业，影响了生态环境质量，特别是花巨资清退的污染企业被毗邻城市招引落地，感觉"赔了夫人又折兵"；而毗邻的中小城市则更多地认为，本应按照市场规律从中心城市就近转移出来的制造业企业，受到城市或所在省财政补贴等产业政策干预，或不再迁出，或舍近求远地迁到中心城市所在省的其他地区。

三、根本原因是成本和收益不匹配

都市圈建设各地呼声很高,但实际执行中呈现"三高三少"现象,即对话层级高、务实成果少;媒体热度高、制度突破少;中小城市积极性高、中心城市努力少。跨行政区协调难,本质上是在当前考核激励机制下,地方政府难以扭转各自为政、本地利益最大化的发展思路和格局,再加之成本分担和利益分享机制的缺乏,导致很多具体举措难以落地。

(一)中心城市自身发展不足

作为都市圈中心城市的南京市 2017 年地均生产总值 1.78 亿元/平方公里,远低于深圳市、上海市、广州市、苏州市等城市,仍处于各类优质要素和资源集聚阶段,自身尚未"吃饱",自然缺乏辐射带动和服务周边意愿,更关注守好既有利益。比如,南京市工业用地最低保护价为 38 万元/亩,而与之相邻的滁州市来安县、马鞍山市博望工业地价则分别只有 6 万元/亩、10万元/亩,悬殊的地价使得中心城市担忧打通"断头路"会提高辖区内企业迁至毗邻地区的可能性。又如,南京市仙林区和句容市宝华镇一河之隔,房地产楼面地价相差 3 倍,打通"断头路"会降低中心城市对相似地段土地供给的垄断性。再如,南京市优质教育医疗资源主要集中在核心城区鼓楼区,而拥有 200 余万常住人口的江宁区只有 2 家三级医院,自身尚需积极引进资源,很难有动力带动周边。

(二)双方合作意愿存在落差

由于周边城镇往往从同城化发展中受益更多,对打通各类"断头路"需求更迫切。与合作意愿相反,在利益协调的话语权上,周边城镇往往更为弱势,受制于中心城市的态度。而"断头路"的形成往往涉及基本农田调整、征地拆迁等棘手问题,中心城市政府收益不足,自然不会给予足够的优先级、尽全力推动。固安县迫切希望贯通北京市地铁 4 号线南延线,北京市也曾宣布过相关愿景,但尚无实施计划;宁滁城际轨道项目在滁州市被列为2020 年近期建设项目,而在南京市被列为 2030 年远期实施项目;滁州市汊河镇与南京市江北新区间的汊河大桥拓宽工程从达成一致到开工用了 10年;宁句城际 2012 年已列入规划,到 2017 年才正式签订协议,开始实质性推进;南京市地铁 2 号线终点站距句容市宝华镇只有 3 公里,但句容市方面难以说服南京市将地铁延伸入境。

(三) 更高层级统筹机制缺乏

虽然南京等都市圈已建立了一套有效运行的高层协调机制,但大量具体问题依然难以实质性推进。一是在城市政府之上的省级政府存在干预,如默认或支持带有省内保护性质的产业政策实施,如江苏省鼓励制造业企业由南京市转移至苏北而不是相邻的安徽省。二是当前跨区域统筹中更多考虑中心城市的利益,相对忽视周边城市的诉求,客观上限制了周边区域的发展。三是国家层面有关体制机制并不健全,如社会保障、公积金等统筹层次不高,跨行政区城市轨道交通建设规划审批缺乏统筹,异地招生存在限制等,地方政府很难自行突破。

四、着力从国家层面推动都市圈建设

都市圈依靠市场力量形成,既是城市群的核心区和发展引擎,也是中心城市的拓展地带和稳固支撑。谋划和推动都市圈建设,有利于区域协调、城乡融合,有利于提高效率、提升质量。应坚持问题导向,瞄准痛点和堵点,着力破解制度性障碍。

(一) 发挥中央政府作用,统筹都市圈建设制度设计

要打破地方政府出于自身利益最大化考虑而构建的各种壁垒,就需要在国家层面对都市圈建设作出顶层设计和原则要求,着眼全国统一市场构建,针对制约区域一体化发展的共性问题,制定出台有效措施。通过明确省级政府和城市政府应当承担的责任,构建有效的激励约束机制,促进要素自由流动和高效配置,推动都市圈同城化发展,带动城市群实现一体化。

(二) 注重以点带面方式,形成可复制可推广的经验

我国区域发展差距大,各个都市圈处在不同的发展阶段;都市圈"断头路"存在的根源也是深层次制度问题,不可能一蹴而就。建议激发和保护地方首创精神,通过试点先行,鼓励各地因地制宜、对制约都市圈同城化发

展的体制机制进行大胆改革,如探索在都市圈范围内提高公积金统筹层次、统筹跨行政区城市轨道交通建设、统一医疗保险目录和政策、允许五年制高等职业院校跨省招生等。国家对地方好的经验做法要进行总结推广,由点及面推动都市圈建设。

（三） 强化沟通协商理念,凝聚有关各方共识

都市圈建设的目的是实现相关城市的互利共赢,关键是消除各类有形和无形的城际壁垒,但也要防范"过头""变味"。一方面,"断头路"形成的原因错综复杂,要通过沟通协商解决,避免过度渲染"断头路"问题对被动接通一方形成道德绑架、矫枉过正,损伤积极性。另一方面,接通"断头路"要按照需求的紧迫程度、问题的复杂程度和财力的可支持程度排出时间表、路线图,尽力而为、量力而行、久久为功,防范演变成基础设施建设"大干快上"的借口,引发资源错配,为地方政府带来新一轮债务风险。

第六章　培育发展都市圈典型案例

第一节　南京都市圈培育发展案例

江苏省发展改革委

　　南京都市圈始建于 2000 年,主要包括江苏省南京市、镇江市、扬州市、淮安市、常州市金坛区和溧阳市以及安徽省芜湖市、马鞍山市、滁州市、宣城市,总面积 6.6 万平方公里、2019 年常住人口约 3500 万人、地区生产总值近 4 万亿元,分别约占长三角地区的 1/5、1/7、1/6,是长三角一体化发展国家战略实施的重要支撑。近二十年以来,各成员城市始终秉承共建、共享、同城化的建设理念,坚定不移推进都市圈建设,南京都市圈已成为全国具有较强影响力和知名度的重要都市圈。特别是进入社会主义新时代,南京都市圈全面贯彻习近平总书记关于都市圈建设的重要论述,主动践行新发展理念,按照《国家发展改革委关于培育发展现代化都市圈的指导意见》要求,开创性地推动同城化高质量发展,在现代化都市圈建设征程上不断迈出更加坚实的步伐。

一、践行一盘棋、一体化,建立健全合作发展新体制

(一) 完善协商合作机制

强化政府引导,都市圈决策层(都市圈党政领导联席会议)、协调层(市长联席会议)、执行层(秘书处和区县政府)三级协调机制稳定运行,综合协调、基础设施、产业发展、社会事业、城乡规划和跨界地区协调等 5 大类 17个专业委员会持续推动多领域合作,2018 年都市圈党政领导联席会议审议通过《南京都市圈一体化高质量发展行动计划》。坚持市场主导,相继成立都市圈智能制造发展联盟、城市广电协作联盟、新媒体联盟、公共博物馆合作联盟、物流标准化联盟、律师协会、城市印刷行业协会,引导社会各界参与都市圈建设。争取高位协调,规划建设南京都市圈纳入苏皖协同推动长三角一体化发展工作重大事项。

(二) 健全规划协调机制

在国家发展改革委、江苏省和安徽省两省发展改革委的指导下,2019年共同编制完成《南京都市圈发展规划》,即将上报国家层面批复。近年来已编制实施《南京都市圈综合交通协调规划(2012—2030)》《南京都市圈现代农业发展规划》《南京都市圈产业发展规划》《南京都市圈城乡空间协同规划》,编制完成仙林—宝华等 13 个跨界新城新市镇总体规划和地区协调规划,以区域规划为总揽、以专项规划为支撑、以地区协调规划为重点的都市圈规划体系更加完善,规划指导性、引领性进一步显现。目前,正在编制顶山—汊河等 3 个省际跨界示范区规划。

(三) 构建政策协同机制

2019 年首次组织召开南京都市圈城市人大常委会主任协商联席会议、城市政协主席联席会议,分别通过支持和保障南京都市圈共建长三角一体化高质量发展合作示范区的决定、建立南京都市圈城市政协联动机制的协议。近年来各城市互签打通城际"断头路"、住房联动发展、交通基础设施等 8 个合作协议,各专业委员会签订科技创新、产业合作等 6 个专项合作协议,进一步消除政策差异、深化合作发展。

（四）建立圈带联动机制

深化与上海都市圈、杭州都市圈、合肥都市圈创新合作，首次组织召开宁杭生态经济带建设论坛、签订《共建宁杭生态经济带行动倡议》，引导南京市溧水区、高淳区与杭州市余杭区、桐庐县互签战略合作协议，为深化实施长三角一体化发展国家战略发挥积极作用。

二、深耕多领域、关键点，夯实同城化发展强支撑

（一）织密基础设施"一张网"

加快建设都市圈铁路网，推进南沿江、宁淮铁路建设，开展北沿江高铁、宁扬宁马、宁宣城际铁路、宁芜铁路扩能改造前期工作，宁句轨道交通（都市圈第一条跨市域城际线）完成投资27.88亿元；宁滁城际（第一条跨省域城际线）滁州段加快建设、南京段正开展前期工作。畅通都市圈公路网，建成宁滁快速通道，全面摸排并滚动实施省际"断头路"畅通工程和"瓶颈路"拓宽工程，支持毗邻城市（镇）开行城际公交，南京已开通运行8条跨省城际公交。提升航空枢纽功能，实施南京禄口机场T1航站楼改扩建工程，建立异地城市候机楼35个，芜宣机场加快建设。推广江海联运、水铁联运、水陆联运，开通并加密宁镇扬区域港口"穿梭巴士"航线航班。共建数字都市圈，协同推进5G网络建设。

（二）共治共保"一江水"

共同抓好长江经济带生态大保护，建立健全长江环境治理联防联控机制，加快推进扬子江生态文明创新中心建设，共同打造绿色发展底色。推广宁马"石臼湖共治联管水质改善工作机制"，协同推进重点流域治理。南京市与镇江市等签署流域横向生态保护合作及跨界水环境区域补偿协议，建立区域联防联治机制。建立健全重大活动期间同步实施扬尘管控、企业限产等管治措施。

（三）推动公共服务"一卡通"

协同扩大优质教育供给，推进南京信息工程大学天长校区规划建设，南

京航空航天大学溧阳校区、河海大学金坛校区建成启用,搭建职业教育一体化协同发展平台,引导南京外国语学校、琅琊路小学在淮安、滁州设立分校。推动高端医疗资源统筹布局,南京鼓楼医院、中大医院等多家三甲医院采取集团化运营、设立分院、成立专科联盟等形式与各市开展合作,建立运行都市圈统一预约挂号服务平台。成立都市圈博物馆联盟、宁镇扬公共图书馆区域合作联盟。南京、马鞍山推广江宁—博望"两省一街警务室"合作经验,宁滁两市签署警务合作协议,2019 年共享数据资源 15 类 10.2 亿条。宁镇扬马四市实现公交一卡通,南京市放开养老户籍限制。

(四)打造跨界融合"新样本"

以省际毗邻区域协同发展为突破口,2019 年南京市与滁州市、马鞍山市分别签订跨界示范区共建协议,加快规划建设顶山—汊河、浦口—南谯、江宁—博望 3 个跨界示范区。推动成立并实体化建设宁淮特别合作区(全国第二个、长三角地区首个跨地市特别合作区)。积极推动宁锡常接合片区纳入国家城乡融合发展试验区。

三、注重扬优势、聚合力,培育壮大高质量发展新动能

(一)优化空间治理结构

坚持极点带动、同城先行、轴带支撑、辐射周边,加快建设沪宁合、沿江、宁淮宣、宁杭滁四条发展带,初步形成以南京特大城市为中心、大中小城市协同发展的新格局。都市圈主要节点城市间"一日工作圈""半日生活圈"基本形成,宁镇扬、宁马滁同城化水平全国领先。城乡协调发展水平进一步提升。

(二)共建长三角科创圈

充分发挥都市圈科教创新资源丰富,持续深化科技体制改革,组织召开长三角科创圈共建创新平台(南京)圆桌会议,发布《共建长三角科创圈创新平台倡议书》,推动建设技术转移转化、科技资源共享、人才交流、科创企业证券服务"四大平台",助力共建长三角科创圈。示范推动苏南、合芜蚌

两个国家自主创新示范区联动发展。

（三）深化产业分工协作

组织实施长三角制造业协同发展规划，加快引导产业优化布局，马鞍山市签约引进来自南京市的项目80个（总投资156.3亿元），滁州市汉河镇引进南京市车辆零配件企业112家（总投资91.5亿元），宁淮两市签约产业科技合作项目147个。合力发展高端服务经济，金鹰、中央、苏宁、苏果等覆盖都市圈城市，组建南京都市圈物流标准化联盟，启动"2019南京购·都市圈巡回宣传推介会"。共同打造优质"菜篮子"基地，宁淮两市共建优质稻米保供基地50万亩。

（四）共建国际一流营商环境

协同深化实施以"不见面审批"为重点的"放管服"改革。积极复制推广国家级江北新区、江苏自贸区南京片区等重大改革平台成功经验做法。推动信用建设区域合作，参与建设长三角公共信用信息共享平台，打造诚信都市圈。支持都市圈律师协会召开发展论坛、组织律师培训，推进法律服务一体化。

四、奋力强功能、担使命，增强南京中心城市辐射带动力

（一）做强科技创新功能

深化实施创新驱动发展"121"战略，坚定不移推动建设具有全球影响力的创新名城，全力打造综合性科学中心和科技产业创新中心，加快构建一流创新生态体系，近年来各类科技创新指标呈现迅猛增长态势。大力实施"科技成果项目落地、新型研发机构落地、校地融合发展"工程，探索形成人才团队持大股、市场化运作的新型研发机构"南京模式"。推进创新开放合作，实质性推动"百校对接"，与23个国家建立稳定合作关系，设立28家海外协同创新中心。

（二）提升产业发展能级

坚持移栽大树、育苗造林、老树发新芽"三棵树"协同推进，最大限度集

聚资源要素,大力构建新型电子信息、绿色智能汽车、高端智能装备、生物医药与节能环保新材料四大先进制造业和软件信息、金融科技服务、文旅健康、现代物流商贸四大现代服务业以及人工智能等一批未来产业的"4+4+1"主导产业体系,2019 年规模以上工业产值达 3092 亿元。引导各板块园区聚焦 1—2 个主导产业,逐一出台政策支持举措、建立产业创新中心,聚力培育集成电路等五大地标产业。

（三）完善综合枢纽服务

高质量建设南京长江航运物流中心,提升南京临空经济示范区功能,打造东部地区信息数据中心,努力建设枢纽经济发展高地。加快实施南京禄口机场 T1 航站楼改扩建工程,南京南站城市候机楼建成启用,禄口机场辐射功能进一步提升。大力推进南京市北站枢纽建设规划、马群综合换乘中心等重大工程规划建设,着力构建以南京市为中心的都市圈客运一体化体系。

南京都市圈将以习近平新时代中国特色社会主义思想为指导,全面贯彻中央部署要求,坚持新发展理念,以高质量同城化为导向,以编制实施《南京都市圈发展规划》为抓手,以体制机制创新为保障,全面市场化改革、扩大高水平开放,着力建设创新、绿色、畅达、幸福的现代化都市圈,为支撑长三角一体化发展、服务全国现代化建设大局作出更大贡献。

第二节　厦漳泉都市圈培育发展案例

国家发展改革委发展战略和规划司

都市圈建设的实质是实现中心城市与周边各类城镇的协同发展。习近平总书记在闽工作期间,就提出把闽江口金三角经济圈建设成现代化都市圈,并要求构建以厦门本岛为中心的沿海湾城镇体系。调研发现,厦漳泉同城化和福莆宁同城化工作遵循规律、有力有序、成效明显,一些经验值得总结推广。

一、以厦漳泉同城化为代表的都市圈建设成效明显

2011年首次党政联席会议召开以来,厦门市、漳州市、泉州市持续开展规划衔接,合力实施了一批重大项目,建立起常态化推进机制,形成厦门有魅力、泉州有活力、漳州有潜力的协同发展格局。

（一）以轨道和快速路为骨架的1小时通勤圈基本形成

基础设施互联互通是都市圈协同发展的基础。经过多年努力,厦漳泉跨市域"断头路"多数已经打通,仅剩的一些如厦门翔安南路与泉州贤林大道也即将接通。城际间快速通道不断完善,厦漳同城大道即将通车,两市主城区行车时间将从50分钟大幅缩短到30分钟以内。厦漳泉城际轨道R1线、厦漳城际轨道R3线前期工作启动,厦门市轨道交通3号线、6号线、8号线均预留与漳州市、泉州市的衔接空间,6号线延伸段漳州市境内全长9.2公里,已完成可研修编。漳州市龙海客运站至厦门市轮渡加密至30分钟一班,成为"海上公交"。开通厦门至漳州角美、厦门同安至泉州安溪公交线路7条,区域公共交通实现一卡互通。厦漳大桥通行费对小客车采取与通行频次相关的优惠计费方式,月通行20次以上的高频车辆降费比例达40%。物流方面,厦门市前场铁路大型货场开通运营,免除中欧(厦门)班列200公里内集的货费用。

（二）中心—外围式的产业分工格局初步显现

产业的合理布局和分工是都市圈协同发展的重点。一是中心城市加快向生产性服务业转型。厦门市岛内积极推动"腾笼换鸟",湖里区原华美卷烟厂地块更新升级为1980创意设计小镇,集聚了大量高增长型创新企业,2017年实现产值27亿元;金龙客车等企业在总部和研发部门留在厦门市的同时,生产基地逐步向成本更低的漳州市等周边地区转移。二是周边城市加快先进制造业集聚。漳州市漳浦县积极承接都市圈内的石化产业下游项目、打造石化园区,龙海市积极承接厦门市金龙新能源客车项目、打造汽车产业基地。泉州南安加快"芯谷"建设、打造化合物半导体产业基地,石

狮市着力推动传统纺织业延伸产业链,晋江市着力打造存储器及集成电路制造集群。三是探索开展园区共建。厦门市与泉州市共建厦门(安溪)经济合作区,与漳州市共建云霄回乡创业园;漳州市台商投资区与厦门市海沧共同打造海西生物医药产业谷等。

(三) 公共服务同城共享取得实质性进展

三市医学影像和检查结果实现互认,诊疗信息一卡互通,医疗保险目录和定点机构衔接一致,住院和门诊均实现同城化即时结算,目前厦门市非本市户籍就医人数占比超过50%。三市20家医疗单位依托复旦大学附属儿科医院成立厦漳泉儿科医联体,并建立远程医学平台。厦门大学在漳州创办嘉庚学院,厦门市双十中学、外国语学校等分别在漳州市台商投资区、泉州市石狮等开办分校。漳州市允许交界地区乡镇居民子女义务教育阶段根据实际情况跨区域就近入学。三市公共图书馆开展文献交换,各类展会、赛事等合作频繁。同城化应急管理平台建成,突发公共卫生事件协同处置和重大传染病联防联控机制不断完善,交接断面水质、水量监测和信息通报机制不断健全。

(四) 以消除壁垒为目标的一体化市场建设持续推进

依托华为漳州云计算数据中心,统一建设闽西南电子政务大数据中心和网上办事大厅系统,探索行政审批事项信息共享、异地办理。厦漳泉科技基础资源服务平台建立,重点产业专利数字化服务对都市圈内IP开放注册,科学仪器设备资源协作共享平台运作良好。完成同城化人力资源信息发布平台和公共职介网建设,人力资源市场一体化加快。推动区域内金融机构互设,三市质量技术标准体系一体化基本实现。共同编制厦漳泉旅游图,推出同城化旅游线路。2015年10月,三市通话资费实现同城化。

此外,福莆宁同城化建设也呈现不少亮点。2012年,福州市、莆田市、宁德市签订同城化发展框架协议,建立联席会议制度,推动福莆宁三市及平潭联动发展。近年来,都市圈基础设施联通、产业分工协作、公共服务共享进展明显,特别在港口资源优化整合方面,成立福建省福州港口管理局,实现对区域港政、船政、沿海水路运政的统一管理。在公共服务方面,"摇工作"公共就业平台实现跨城信息实时共享,"榕城一卡通"与莆田市实现互用,都市圈基本医疗保险就医实现同城化结算。

二、经验启示

福建省在都市圈建设方面取得显著进展,主要是做到了三个"坚持":坚持顺应规律、因势利导;坚持问题导向、有所作为;坚持建立机制、久久为功。

(一) 核心原则是顺应规律

大城市发展到一定阶段后会受到空间、成本等因素制约,要素外溢形成都市圈,这是城镇空间演化的普遍规律。作为中心城市的厦门市,2017年城镇化率达89%,人均地区生产总值10.97万元,已经进入城镇化和工业化后期,辐射带动作用显著增强,但由于市域面积只有约1700平方公里,空间狭小与经济发展的矛盾日益尖锐。漳州市、泉州市紧邻厦门市,有较大发展空间和较强经济实力,但各类高端要素相对缺乏。三市面临各自瓶颈的同时,具有很强的结构互补性、产业关联性和文化同源性,一体化发展符合各方利益,成为企业、群众的一致诉求,因此推动厦漳泉同城化是顺势而为、因势利导。早在2002年,针对厦门市所处发展阶段和厦门本岛只有158平方公里的现实,时任福建省省长习近平同志就提出跨岛发展,推动海沧、集美、同安、翔安等四大新城兴起,厦门市实现从海岛型城市向海湾型城市转型。历史地看,厦漳泉同城化正是厦门市跨岛发展战略在新发展阶段的升级版。

(二) 根本方法是问题导向

经济规律对都市圈的形成和发展起着决定性作用,不断消除阻碍经济规律发挥作用的各类障碍、实现要素更自由流动和更高效配置是都市圈建设的根本任务。在不同的发展阶段,都市圈面临的主要制约因素不尽相同,只有精准识别并针对这些"痛点"提出扎实举措,才能有效推动都市圈建设。以厦漳泉都市圈为例,在形成初期,商品跨行政区流通尚有阻力,显性市场壁垒和高昂交通成本是关键短板,这一时期着力打击地方保护主义、推动城际"断头路"打通;在形成中期,各类要素跨行政区流动诉求更加强烈,公共服务、便捷通勤、政策衔接等成为关键短板,这一时期着力推动教育、医疗等优质资源共建共享,畅通社会保险关系转移接续,加强轨道交通和快速路建设等。待都市圈进入一体化高质量发展阶段,规划不衔接、治理不协同、产业不错位、跨区域行政审批和执法有障碍等成为关键短板,这一时期推动城市间更深层次、更全方位融合就成为主要任务。近年来,厦漳泉同城化正是从推动交通基础设施互联互通起步,先易后难、由表及里,逐个击破制约都市圈一体化发展的具体问题,逐步实现各类行政性壁垒的消除和更合理的城市分工。

（三）关键环节是建立机制

都市圈建设既是一项伴随经济社会发展的长期任务,不可能毕其功于一役;也是一项涉及多主体的复杂协调工作,做不到一方领导拍板就能定,因此建立健全协调机制是都市圈建设的重中之重。一是实施省级统筹。省级党委政府往往是都市圈内各城市主体的共同上级,省级层面的重视和指导可以显著降低城市间的协调成本。2015年,福建省委、省政府印发实施《厦漳泉大都市区同城化发展总体规划》,搭建起厦漳泉同城化发展总体框架,成为推动相关工作的基本遵循。二是设立常设机构。闽东北经济协作区福州联席会议定期召开,会议下设办公室,工作人员由各市派出干部组成,办公室主任由福州市政府分管领导兼任,常务副主任由各市副厅级退休领导干部轮流担任,成为福莆宁都市圈建设的重要机制保障。三是开展平等协商。利益如何分享、成本如何分担、时序如何安排是都市圈建设面临的现实问题,各方诉求和关切需要充分沟通、达成共识才有可能将实施阻力降到最低。厦漳泉三市频繁开展党政代表团互访,共同编制相关专项规划,有力推动了各项工作落实。

三、下一步政策举措

党的十九大提出,要以城市群为主体构建大中小城市和小城镇协调发展。都市圈是城市群的核心板块,培育建设都市圈是推进城市群高质量发展的重要抓手。应顺应我国城镇化进入快速发展中后期的客观规律,加快推动和分类指导都市圈建设。

（一）把都市圈建设提上日程

改革开放以来,受益于经济体制改革和快速城镇化,我国发展享受到资源优化配置和实现规模效益两轮红利。当前中美贸易摩擦不断发酵,国内消费和有效投资增长乏力,与此同时,不少超特大城市面临交通拥堵、房价畸高等严重"城市病",都市圈建设将有可能为我国经济发展带来新一轮红利——城市分工效益,成为稳增长、促改革、调结构、惠民生、防风险的黄金结合点。通过破除要素流动的体制机制障碍、提高基础设施互联互通水平、健全分工协作的产业体系等,打造若干通勤高效、协调发展的都市圈,对于提高城镇化质量、增强经济发展内生动力、提升人民群众幸福感和获得感具有重要意义。

（二）强化对都市圈建设统筹指导

都市圈建设在地方层面已有不少实践,除福建省开展厦漳泉和福莆宁同城化工作外,广东省推动广佛肇、深莞惠、珠中江等都市圈建设,江苏省推动宁镇扬一体化等,都取得了显著成绩,也遇到了一些困难:一是缺乏上级重视,部分城市管理者基于考核目标决策,导致都市圈建设谋划多实招少、共识多合力少。二是缺乏中立者介入,利益主体间协商博弈成本较高,导致一些合作过多依赖地方主官私人关系推动、一些问题长期悬而不决。三是缺乏顶层设计,很多深层次改革难以自下而上地推动。应对都市圈发展系列问题作出顶层设计和原则要求,对地方好的经验做法进行总结推广;建议有关省级政府强化统筹协调,对辖区都市圈建设给予必要支持和监督指导。

（三）鼓励因地制宜开展探索

我国区域发展差距大,各个都市圈处在不同的发展阶段。在东部沿海地区,一些都市圈经济社会一体化程度较高,城市间人、钱、物、信息往来频繁;在中西部内陆地区,多数都市圈处于形成初期,中心城市实力不足、对周边辐射带动的能力和意愿都不强。因此,不宜对都市圈建设采用"一刀切"的方式做统一要求,而应针对各自所处阶段,因地制宜、分类指导。在协调机制建设方面,虽然国外有成功案例可供借鉴,国内福州、南京等都市圈也做了一些探索,但目前尚难说已经形成适应国情、高效成熟的经验,建议通过试点等手段,鼓励各地结合实际开展探索,激发地方首创精神。

第三节　成都都市圈培育发展案例

四川省发展改革委

落实国家区域协调发展战略,特别是中央推动成渝地区双城经济圈建设战略决策,以及四川省加快构建"一干多支、五区协同"区域协同发展新格局的要求,通过强化成都国家中心城市和四川省经济发展"主干"优势带动作用,成都平原经济区内圈(成都市、德阳市、眉山市、资阳市4市)同城化和整体一体化(成都市、德阳市、眉山市、资阳市、绵阳市、遂宁市、雅安市、乐山市8市)进程不断加快。其中,以成都市、德阳市、眉山市、资阳市(以下简称"成德眉资")同城化发展为抓手,已形成以成都国家中心城市为中心,以德阳市、眉山市、资阳市三市为支点,以轨道交通半小时通勤圈、综合交通1小时通勤圈和南北、东西两条城市中轴线及成德临港经济、成眉高新技术、成资临空经济三个产业协作带为纽带的大都市圈雏形。

一、成都都市圈发展现状

成都都市圈包含的成德眉资4市是成都平原的主体组成部分,人口相对集中,城镇分布密集,总体经济、社会发育水平处于全国中上游,是西部地区经济最发达、开放程度最高、发展条件最好、最有可能率先建成现代化都市圈的区域。2019年成都都市圈经济总量达到2.15万亿元,人均地区生产总值接近世界银行划分的高收入国家水平;都市圈区域总面积3.31万平方公里,共辖 16 区、19 县(含县级市),常住人口 2578 万人,常住人口城镇化率为 64.1%。

近年来,特别是 2018 年 6 月四川省实施"一干多支"发展战略以来,成德眉资 4 市坚持目标导向、战略导向、问题导向,充分发挥成都中心城市引领辐射带动作用和德阳市、眉山市、资阳市特色产业基础优势,形成全面合作框架,联合制订同城化发展行动计划及年度实施方案,按照"清单制+责任制"项目化组织落实,在设施互通、产业协作、市场共建、协同创新、共促开放以及公共服务共建共享、生态环境共保共治等多个方面不断发力,城市联动发展和区域深化合作取得积极进展。

(一) 基础设施联通水平持续提升

铁路公交化运营有序推进,轨道交通体系加快构建,高快速路网不断加密,公交服务一体化进程逐步加快,基本形成成都主城市区至德眉资 3 市半小时通勤圈。S3、S5、S11 线等市域铁路启动前期工作,成资渝、成都经济区环线高速加快建设,成乐、成绵高速扩容项目和天邛高速开工在即,中金简快速路金堂至中江段建成,天府大道北延线、金简仁等快速通道进展顺利,东西城市轴线(东段)开工,成都市至德阳市、眉山市、资阳市日开行动车达88 对,6 条城际公交日均客流逾万人次,天府通实现跨区域多场景应用。

(二) 产业协作共兴进程不断加快

成都市与德阳市、眉山市、资阳市协同打造成资临空经济产业带、成眉高新技术产业带、成德临港经济产业带,逐步健全专业化分工协作体系,成德眉资间经济枢纽进一步建强。德阳—成都—钦州港海铁联运班列出口货值超过 1000 万美元,19 个成都企业投资产业项目落地德阳,成德工业园实现产值 90.1 亿元。天府新区成眉片区合作共建的高新技术转化试验基地完成初步选址,成眉新材料中试孵化基地落地眉山金象化工产业园,成都华西德康、中马成都实业等在眉山布局项目。成都空港新城与资阳临空经济区建立起协同招商及项目流转机制,261 户成都鞋企转移资阳并投产 64户。东方电气集团创新业务中心等 30 余个企业总部项目签约落户天府新区,协议总金额达 1110 亿元。

（三）统一市场体系建设加快推进

着眼打造国际化、法治化、便利化的营商环境,成德眉资4市合力推动资源要素自由流动、市场准入标准统一、市场监管信息互通、产品质量共管共治,市场体系协同格局初步形成。4市开通一体化企业登记绿色通道,共同发布了地方名优产品推荐目录。2019年同城化特大型人才招聘活动提供德眉资需求岗位4927个,建成博士后工作网络沟通平台。成都银行、成都农商银行、华西证券等在德眉资纷纷设立分支机构,德眉资3市在天府股交中心特色板挂牌企业达392家。天府市民云资阳平台上线运行,户籍迁移业务实现省内一站式办理和登记管理实现标准化。

（四）人民群众获得感认同感不断增强

围绕共同做优都市圈功能,成德眉资4市着力扩大优质公共服务辐射半径,教育医疗文化等优质公共服务资源在都市圈初步实现共建共享。成都牵头制定教育同城化实施方案,推动"教育八大共享平台"服务4市,优质网教资源惠及3市118个班级、5551名学生。突发公共卫生事件风险评估信息等实现同城共享,成都的急救演练等培训资源向德眉资3市开放。异地社保卡服务、省内养老保险待遇领取资格认证实现同城化,率先成立成都医保联盟,1249家医疗机构开通异地就医结算,5062家药店开通异地刷卡购药。围绕落实养老服务同城化协议,成德眉资4市进一步深化养老服务床位运营补贴、医养结合、行业标准统筹等合作。

（五）生态联防联控联治力度不断加大

聚焦共构宜居宜业生活环境,成德眉资4市生态联防联控联治力度不断加大,在生态工程共建共保、生态问题协同防治、生态环境协同监管等领域不断加强合作,共同打造优质生活空间。4市形成了重污染天气预警和空气质量联合会商制度,建立起岷江、沱江流域水污染联防联治机制,东风渠、南河、锦江水质提升达到Ⅲ类,进入下游污染物明显下降。毗河供水一期工程实现试验性通水,张老引水工程取水口工程开工,老鹰水库水源保护——望水河泄水工程简阳段完成暗管回填,龙泉山城市森林公园增绿面积达到3.57万亩。

二、成都都市圈发展特征和主要问题

成德眉资 4 市地理相连、文脉相通，人员交往、经济联系十分紧密，自然生态、产业基础、创新活力等方面均显现出对都市圈建设的强劲支撑。作为都市圈中心城市的成都，是全国最具成长性的新一线城市，2018 年 GaWC 世界城市排名跃升至 Beta+级别，拥有亚洲最大的铁路集装箱编组站，国际班列开行量居全国第一位，成都双流国际机场 2019 年旅客吞吐量突破 5500 万人，位列中国大陆第四位，国际门户枢纽地位凸显。成都作为科教大市、经济强市、历史文化名城、国际旅游目的地和消费中心，近年来，经济发展迅速，对周边区域的引领辐射能力不断增强；德阳重大装备制造业在全国有一定影响力，眉山电子信息、新能源、新材料、食品加工产业初具规模，资阳汽车制造、轨道交通、口腔装备材料等产业也形成一定基础。

但是，成都都市圈整体尚处于都市圈建设的初级阶段。横向比较看，成都都市圈整体发展质量和效率还有很大的提升空间。成都都市圈面积是东京都市圈的近 2.5 倍，但经济规模只是它的约 1/6；成都都市圈发展水平位列国内中上游，但与长三角、珠三角都市连绵区和首都都市圈相比，在经济总量、人均地区生产总值、创新能力等方面均有较大的提升空间。从内部观察，成都都市圈建设还面临诸多现实难题。一是中心城市成都对周边城市辐射效应不足，支撑区域发展的核心功能能级有待提升；二是区域内发展不平衡，交通互联互通水平不高，城市综合经济实力、公共服务水平、科技人才资源等方面落差较大；三是市场一体化建设远未形成，阻碍各类资源要素合理流动和高效配置的行政壁垒尚未消除；四是都市圈政策联动和规划统筹不足，国土空间利用效率不高、产业布局协同程度较低，城市功能互补和产业差异化发展格局尚未形成；五是区域合作尚处于初期阶段，成本共担和利益分享机制还不完善。

三、成都都市圈近期发展目标与举措

2020 年 1 月 3 日召开的中央财经委员会第六次会议作出推动成渝地

区双城经济圈建设的重大战略部署,要求发挥重庆和成都中心城市的优势带动作用,努力将成渝地区建设成为高质量发展的重要增长极。四川省委、省政府站位国家全局,把加快成德眉资同城化发展作为推动成渝地区双城经济圈建设的先手棋谋划推动,将成德眉资同城化发展确立为服务成渝地区双城经济圈建设的支撑性工程和实施"一干多支"发展战略的牵引性工程,并就分阶段推进成德眉资同城化发展暨成都都市圈建设提出了总体要求,专门成立了四川省推进成德眉资同城化发展领导小组,高位统筹、协调推进成都都市圈建设。

按照四川省委确定的起步期、成长期、提升期三个阶段的建设要求,为加力加劲推进成德眉资同城化发展,加快推动成渝地区双城经济圈建设在四川开局起势,四川省推进成德眉资同城化发展领导小组召开了第一次会议,对同城化发展起步期工作进行了研究部署,正式发布了《成德眉资同城化发展暨成都都市圈建设三年行动计划(2020—2022年)》,明确提出了成都都市圈起步期的建设总体思路、发展总体目标和重点任务。

（一）起步期建设总体思路

以习近平新时代中国特色社会主义思想为指导,深入贯彻习近平总书记在中央财经委员会第六次会议上的重要讲话精神,全面落实省委成德眉资同城化发展推进会议部署,切实把成德眉资同城化发展作为服务成渝地区双城经济圈建设的支撑性工程和实施"一干多支"发展战略的牵引性工程,聚焦建设面向未来、面向世界、具有国际竞争力和区域带动力的成都都市圈,以创新体制机制为抓手,以基础设施"同城同网"、创新协同开放共进、产业互补分工协作、统一市场体系建设、公共服务便民共享、生态环境共保共治为重点,下好先手棋,聚力抓落实,不断将成德眉资同城化发展、成都都市圈建设推向深入,努力将成都及其周边地区打造成为成渝地区经济发展最活跃的增长极和动力源,为成渝地区双城经济圈建设和四川区域协同发展提供基础支撑。

（二）起步期发展总体目标

力争到2022年,区域地区生产总值突破2.7万亿元,常住人口城镇化率达到70%左右,基础设施一体化程度显著提高,基本公共服务均等化总体实现,行政壁垒和体制机制障碍基本消除,在机制建设、交通"同城同网"、公共服务便利共享等重点领域和"三区三带"、交界地带等先行区域建设方面取得显著成效,现代产业协作引领、创新资源集聚转化、改革系统集成和内陆开放门户、人口综合承载服务四个方面的功能得到有力提升,初步建成具有全国影响力的重要经济中心,初步形成具有全国影响力的科技创新中心基础体系,初步建成具有全国影响力的改革开放新高地,初步建成具有全国影响力的高品质生活宜居地,奠定现代化都市圈建设的坚实基础。

(三)起步期重点任务

一是着力发挥高能级空间载体引领作用,共建都市圈高质量发展先行示范区。围绕打造成德临港经济产业协作带,要共建共享成都国际铁路港经开区建设势能,构建形成成德临港经济产业带专业化分工体系,打造形成万亿级装备制造产业集群和千亿级现代物流产业集群。围绕打造成眉高新技术产业协作带,要共建共享天府新区建设势能,构建形成成眉高新技术产业带专业化分工体系,打造形成万亿级高新技术产业集群。围绕打造成资临空经济产业协作带,要共建共享成都东部新区建设势能,加快形成成资临空经济产业协作带专业化分工体系,临空经济产业体系初见雏形。围绕推动毗邻城市交界地带融合发展,要促进成德眉资毗邻城市交界地带融合发展,推动形成各具特色的交界地带融合发展模式,探索形成一批有效合作机制和利益分享机制,打造形成具有全国影响力的同城化发展示范区。

二是着力推进基础设施"同城同网",共建便捷畅达智慧都市圈。围绕打造轨道上的都市圈,要推动成自宜高铁等干线铁路,成都城际铁路外环线等城际铁路,成资S3线、成德S11线、成眉S5线等市域铁路和成都城市轨道交通"四网融合"。围绕畅通都市圈路网,要推动都市圈交通由"直连直通"升级为"互联互通",加快消除"断头路""瓶颈路",基本形成内畅外通的高快速路网。围绕拓展陆海联运网络体系,要充分发挥成都空港、铁路港主枢纽功能,共建共享航线通道和国际班列,共建国际门户枢纽,构建形成区域一体、多式联运集疏系统,初步实现物流体系同城化。围绕促进交通管理服务同城,要协同提升铁路公交化服务水平、优化交界区域公交线网、推行公共交通"一卡通",基本实现都市圈交通管理服务同城化。围绕统筹信息网络和市政设施建设,要合力打造一批基于新一代信息技术的跨区域智慧应用场景、共同打造智慧都市圈、协同保障重大项目建设,开放市政服务市场。

三是着力推进产业全面融合错位协同发展,共建支撑高质量发展现代产业体系。围绕促进制造业高质量协同发展,要遵循"强链条、育集群、建体系"理念,共同构建跨区域产业生态圈,形成"总部+基地""研发+转化""终端产品+协作配套"产业发展格局,培育一批具有国际影响力的制造业集群。围绕共同壮大现代服务业市场,同塑共建成都都市圈服务品牌,共构"营销+配套生产""总部+全球市场"消费格局和"买全球卖全球"能力体系,促进区域产业和消费互促共进"双升级"。围绕共推现代农业转型升级,进一步整合提升乡村振兴"七大共享平台"服务能力,共建特色农产品供销基地,加强农产品公用品牌合作。围绕共促文旅产业融合发展,共同策划打造"三九大"精品旅游线路,共建区域联合营销平台,建立文化遗产联合保护机制。围绕共促新经济发展,加快发展新经济、培育新动能,联合编制发布城市机会清单。

四是着力推进市场体系统一共建,促进要素自由流动资源高效配置。围绕促进人力资源协同,优化人才政策体系、营造良好的人才引育环境、联动开展同城化人才招聘活动、提升"互联网+户政服务"水平。围绕推动金融协调发展与风险协同防控,共建共享交子金融"5+2"平台、协同实施"交子之星"上市企业培育计划、鼓励成德眉资4市金融机构跨区域经营服务、合力构筑都市圈金融风险联防联控体系。围绕共同优化区域营商环境,深化"放管服"改革,协同清除市场壁垒,协同实施市场监管,加快建设市场化、法治化、国际化营商环境。

五是着力推进创新体系全面融合,增强协同创新发展能力。围绕建强科技创新策源地,共同参与建设具有全国影响力的科技创新中心、加快集聚创新资源、深度参与"一带一路"科技创新行动计划、构建军民科技协同创新服务体系。围绕打造区域创新共同体,深化全面创新改革试验、深入推进成德绵科创走廊建设、协同开展双创八大升级行动,共促科技成果转化。

六是着力提升协同开放水平,加快建设改革开放新高地。围绕打造开放平台和载体,共建共享开放通道、开放枢纽、开放平台,共同建设和运用好国际合作平台,充分利用进博会、西博会等展会平台开展重大项目推介和经贸交流,初步建成内陆开放新高地。围绕促进开放政策共用共享,协同推进自贸试验区和协同改革先行区建设,推动服务贸易创新试点、跨境电子商务综合试验区、多式联运"一单制"试点等经验模式率先在都市圈复制推广,实现都市圈在全球贸易价值链中的地位跃升。

七是着力推进公共服务便民共享,共建幸福和谐都市圈。围绕加速推进教育同城化,深入共建教育"八大共享平台"、加快建立都市圈职业教育联盟、联合开展教师交流培训。围绕强化医疗健康同城合作,探索开展跨区域医疗专科联盟和多模式医联体建设,推动交界地区医疗服务能力提升,完善突发公共卫生事件应急协作机制。围绕共促文化体育事业,联合打造天府文化名片,共同推出公共文化服务产品,打造文化艺术精品项目,协同开展体育后备人才培训和群众性体育活动。围绕推进社保医保同城发展,加强社会保障服务同城对接,推进都市圈内定点医药机构"两定"互认,完善异地就医协同监管机制。围绕深化养老及社会救助协作,推动养老机构品牌化、规模化、连锁化发展,实现"一站式"救助服务。围绕健全社会治理体系,推动"互联网+市民服务"模式覆盖都市圈,共享城市管理精细化标准,建立城市交界地带治安管理联防联控机制,完善突发公共事件联防联控机制。

八是着力推进生态环境共保共治,共建美丽宜居都市圈。围绕强化水资源保障,推动李家岩水库、张老引水等一批重大水利工程建设,推动一批重大水利工程纳入国家规划,加快完善灌区管理体制,有效改善区域水资源时空分布不均状况。围绕构建绿色生态网络,联合实施龙泉山城市森林公园增绿增景等生态工程,共同建设大熊猫国家公园,开展沱江生态防护林建设,积极推动岷江流域岸线修复,共同促进生态价值转化。围绕推动环境联防联治,健全大气污染联防联控联治机制,合力加强沱江、岷江流域水体联防联控和水环境综合治理,建立健全常态化跨区域生态补偿机制。

第四节 西安都市圈培育发展案例

陕西省发展改革委

西北地区在中华民族历史上的战略地位极其重要,周之王因丰镐作礼制之滥觞,秦之帝用咸阳定一统之格局,唐之宗于长安开万国之气象。作为西北的龙头城市,西安的发展从来都不是一地一城之事,而是事关中华民族复兴和中华文明在全球的价值表达。

一、西安都市圈基本情况

新的历史时期,大西安的发展紧紧围绕"建设大西安、带动大关中、引领大西北、实现大复兴"的主线,在中华文明与现代文化深度融合创新的基础上,努力建设国家中心城市和具有历史文化特色的国际化大都市,聚力打造华夏文明典范,共谋中华民族的伟大复兴。

2019 年 2 月,《国家发展改革委关于培育发展现代化都市圈的指导意见》印发后,陕西省发展改革委积极开展《大西安都市圈发展规划(2019—2035)》编制研究工作,将西安都市圈范围初定为西安市行政区,咸阳市秦都区、渭城区、兴平市、三原县、泾阳县、礼泉县、乾县、武功县、淳化县,渭南市临渭区、华州区、富平县,铜川市王益区、耀州区,西咸新区和杨凌农业高新技术产业示范区。西安都市圈国土面积2.23 万平方公里,2018 年常住人口 1600 万人,地区生产总值 1.13 万亿元,分别占陕西省的 10.84%、41.68%、46.24%。

二、西安都市圈建设举措

(一) 以西咸一体化为重点强化区域竞争优势

一是推进西咸城乡规划、产业布局一体。两市分别就总体规划、土地利用规划以及基础设施等专项规划的衔接进行了对接。西安市鼓励龙头企业加强与咸阳下游企业的合作，编制完成了《西安市汽车产业链发展推进方案（2018—2025年）》《关于推进汽车产业加快发展的若干政策意见》，为咸阳市下游配套企业提供政策支持。咸阳市在大西安的层面谋划自身产业发展方向和发展重点，着力形成与西安、西咸新区产业同构、错位互补的发展格局。两市多次召集西电集团、隆基绿能、陕鼓集团等30余家召开座谈会，加强都市圈范围内配套。两市签订《西安咸阳旅游产业战略联盟合作协议》，实现旅游优势互补、提挡升级。西安、咸阳的高校、科研院所、生物医药企业加强合作，在技术转让、二次开发和药效研究等方面开展18项专业合作，取得了良好的经济社会效应。

二是推进重点板块突破发展。西咸新区创新城市发展取得明显成效，317个重点项目完成年度投资107.5%，中国西部科技创新港如期投用，100多个国家和省市工程研究中心及重点实验室相继迁入，第一批7000多名海内外硕士、博士研究生开学入驻。陕西省委、省政府印发《关于贯彻落实国务院〈批复〉精神支持杨凌示范区高质量发展的实施意见》，进一步支持杨凌示范区加快高质量发展、发挥农业高新技术产业的示范引领作用。同时积极推进《富阎一体化发展建设总体规划（2020—2035年）》编制工作。进一步加快富阎产业合作园区建设，推进富平、阎良一体化发展。

三是不断夯实县域经济。为进一步提升县域产业支撑和县城承载能力，都市圈各县全力提升县城基础设施建设水平，补齐县域经济短板。蓝田、周至、兴平等6个县（市、基地）成功入选陕西省县域经济发展和城镇建设进行试点，围绕产业园区基础设施建设、重大产业发展、县城建设、生产性服务平台建设四大重点领域加快发展。特色小镇建设稳步推进，西安市第一批特色小镇累计已完成项目99个，在建项目152个，累计已完成投资约1121.98亿元，基本形成涵盖高新技术、文化旅游、高端装备制造、商贸流通的特色小镇体系。

（二）以深化改革为核心激发城市创新活力

一是继续深化户籍制度改革。西安市持续构建"流程最简、门槛最低、条件最少"的最优服务体系。2019年2月，市政府颁布了户籍新政3.0版，全面梳理了"学历落户""在校大学生落户""人才引进落户""投资创业落户""投靠直系亲属落户""安居落户"六个方面的内容,创新"最多跑一次"举措,推进落户流程再造,着力形成线上线下融合的新型窗口服务体系。对查询、登记、变更更正、注销、居民身份证等 5 类 39 项户籍业务实行"全城通办"。西咸新区加大就业创业扶持力度,出台新区人才安居扶持奖励办法,通过"购、租、补"三类措施,确保人才住有所居。举办招聘会 47 场次,新增城镇就业 8670 人,城镇登记失业率控制在 4% 以内。强化职业技能培训,开展家政服务、电子商务等各类就业创业班 58 期,培训 2026 人。

二是加快建设统一开发市场。紧抓"科创板"上市机遇,新增境内外上市企业 5 家;引入总部型、功能性金融机构 5 家,外资保险机构 2 家。同时大力推进自由贸易试验区金融领域开放创新。截至目前,多个"首单"相继落地,包括跨境区块链服务平台落地自贸区、全国首家商业保理公司美元融资业务落地、全国首批"长安号票运通"供应链金融新模式落地等,"通丝路"跨境电子商务人民币结算服务平台案例成功入选全国自由贸易试验区第三批 31 个"最佳实践案例"。

三是着力推进创新驱动。中国西部科技创新港如期投用,100 多个国家和省市工程研究中心及重点实验室相继迁入,第一批 7000 多名海内外硕士、博士研究生开学入驻。西工大翱翔小镇、西农未来研究院等创新平台进展明显。持续深化"双创",累计建设众创载体 50 个,双创载体入驻企业 1000 余家。

(三) 以互联互通为导向织密立体交通网络

一是推进西安咸阳国际航空综合枢纽建设。以国际航线开通为重点,稳步提升西安航空枢纽地位。西安咸阳国际机场年货邮吞吐量突破 38 万吨,增速居全国机场首位,新开通国际航线 19 条、累计开通 88 条。机场三期扩建前期工作正在积极推进,争取 2020 年开工建设。

二是打造以"四主一辅"为核心的高铁枢纽体系。都市圈范围内共有向外辐射高铁线路 8 条,其中郑西、大西、西兰、西成 4 条高铁已建成通车,银西高铁项目已开工建设并计划于 2021 年年底建成通车,西延高铁项目前期手续已办结,西十高铁项目可研获批,西康高铁项目已完成项目施工图设计审查工作。西安北站、西安站、新西安南站、西安东站和阿房宫站高铁枢纽体系基本建立,中欧班列长安号开行 2133 列,是 2018 年的 1.7 倍,开行量、重载率、货运量居全国前列。西安火车站改扩建工作正在积极推进,目前项目的全部拆迁和部分安置工作已完成,控制性工程已开工,工程建设进展平稳。

三是推进城市轨道交通网络化运营。西安地铁建设进展顺利,1 号线、2 号线、3 号线、4 号线运营平稳,日均客流量约 257.8 万人次,最高 330 万人次。《西安市城市轨道交通第三期建设规划(2018—2024 年)》获国家发改委批复,三期建设全面启动,地铁 2 号线二期、8 号线开工建设,1 号线二期开通运营,通车里程达到 132 公里,2020 年通车里程预计达到 200公里。

四是提升城市区域间公路通达性。积极配合做好城市区域间公路项目的前期手续办理工作。目前西安外环高速公路南段工程正在进行征地拆迁工作,京昆高速陕西境蒲城至涝峪改扩建工程和鄠邑区经周至至眉县高速公路工程项目目前正在办理前期手续,力争 2020 年开工建设。西咸新区和咸阳市加快融入西安都市圈,连接两市一区的干线公路已增加到 12 条,西咸客运枢纽站已经建成运营,推进咸阳与西安公交、地铁一卡通,连接咸阳市、西安市及西咸新区城市公交和近郊客运班线已达 23 条。

(四) 以项目建设为抓手促进高质量发展

一是聚焦"三中心"建设,做优城市品质。西安国际会议中心、丝路国际会展中心、奥体中心"三中心"项目作为承办重大国际性会议的重要载体,严格按照时间节点有序建设,周边地铁、公交、学校、医院配套设施建设加快推进。西安市新增城市绿地面积 969.8 万平方米,建成绿道 351.5公里;西咸新区实施海绵型园区、公园绿地 380 万平方米、海绵型道路及防洪滩面修复 80 余公里,推广干热岩 267 万平方米,清洁取暖的"西咸经验"在联合国分享,沣西新城获批联合国教科文组织"全球生态水文示范点"。

二是加强文化建设,深化文旅融合。作为历史文化资源富集的区域,都市圈持续加大文物保护力度,2019 年西安市新增全国重点文物保护单位 7

处、博物馆 12 座,2 个项目入选 2019"考古中国"重要成果。西安市召开文化旅游融合发展大会,制定了 22 条落实措施和 12 条支持政策,确定了实施文旅融合项目带动、加快文化产业园区发展、推动文旅产品转型升级等 27 项重点工作。铜川市成功举办第五届中国孙思邈中医药文化节,承办全国射箭奥林匹克项目锦标赛等 10 余项赛事,新增文化旅游体育企业 60 户。西咸新区编制全域旅游发展总体规划,文旅、商旅等融合不断加强。同时,西安举办第二十九届全国图书交易博览会、中国网络诚信大会,城市文化影响力进一步提升。

三是持续推进秦岭保护,抓好环境保护。扎实推进违建别墅整治后续工作,修订《西安市秦岭生态环境保护条例》,持续实施 7 类专项整治,加快推进生态修复,初步建立秦岭保护的长效机制。完成中央和省委环保督察反馈问题、省委秦岭生态环境保护专项巡视反馈问题整改和骊山违建问题整治工作。制订全域治水碧水兴城、全市河湖水系治理保护三年行动计划,启动"85316"工程,沣河湿地公园等 58 个治理项目开工建设,主城区黑臭水体基本消灭。坚决打好蓝天、碧水、净土、青山保卫战,强力推进铁腕治霾,西安市 2018 年优良天数 225 天,退出全国 168 个重点城市后 20 位。

四是做好国家试验区建设,深化城乡融合。涵盖三市一区的陕西西咸结合片区成功入选国家第一批城乡融合发展试验区,重点围绕建立进城落户农民依法自愿有偿转让退出农村权益制度等五大任务进行试点探索。西安市出台《关于大力发展农业产业化联合体的实施意见》,不断创新农业经营方式,发展新型经营主体。其中西咸新区全年新增集体经济组织 114 个,农民专业合作社 504 家,家庭农场 77 家,省、市级农业园区 2 家,休闲农业和乡村旅游经营户总数 859 家,形成了独具特色的"生产+加工+销售"一条龙产业链。

五是加快智能化建设,提升公共服务水平。西咸新区"互联网智能出行"综合服务体系建设有序推进,覆盖 22 个街镇、1080 个基础网格系统平台正式投入运行,将矛盾纠纷化解工作推向"陕西智慧调解"系统。西安市将全市教育资源共享平台向咸阳市开放,为咸阳市组建"名校+"教育联合体13个,西安教育电视台与咸阳市电化教育馆实现优质教育资源共享全覆盖。协调市红会医院、儿童医院等医院与咸阳市中心医院、第一医院及三原、长武等县级医疗机构建立协作关系,开展远程医疗、远程教学、帮扶支援等工作。

三、下一步政策举措

初现成绩的同时,西安都市圈仍存在一些问题和不足:综合交通建设和一体化水平有待提升,轨道上的都市圈建设水平不高,核心区过境交通干扰较大、部分地铁站城融合发展不够紧密以及城市路网密度有待织密;各城市产业联动不足,尚未建立起上下游的产业链条关系和利益共同体,核心城市经济总量小,低于副省级城市平均规模的3300多亿元,经济外溢效应不明显;等等。对以上问题,西安都市圈要进一步深入贯彻落实国家关于推进都市圈建设的有关要求,在接下来的一年里尽快出台《大西安都市圈发展规划(2019—2035)》,绘好都市圈建设蓝图;加快推进西咸一体化、富阎一体化发展,形成重点板块相互支撑、协同发力新格局;同时积极推进西铜、西渭融合发展,打造西部都市圈建设样板,为国家现代化都市圈建设贡献陕西特色经验。

第五节　广州都市圈培育发展案例

广东省发展改革委　广州市发展改革委

作为广州都市圈的重要组成部分,广州、佛山两市处于珠三角核心区域,地域相连、历史相承、文化同源、产业互补,中心城区直线距离仅20公里,接壤地段长达197公里,分别是广东省经济总量第二和第三的城市,GDP总和占全省近四成。

一、广佛同城化的主要做法

（一）广州市委、市政府高度重视广佛同城化工作

自 2009 年签署同城化框架协议以来，共召开广佛党政主要领导会议 9 次、广佛肇党政主要领导会议 3 次、广佛同城化市长联席会议 8 次、广佛肇经济圈市长联席会议 6 次、副市长工作协调会议 13 次、累计召开广佛肇党政主要领导会议重大会议 39 次，对同城化工作及时进行指导和协调，使同城化建设始终置于市主要领导的关注之下，确保广佛同城化持续深入向前推进。

（二）建立健全广佛同城化工作机制

为顺利推进广佛同城化建设，推动建立了多层面、执行效果良好的一体化工作机制。一是成立由两市书记和市长组成的四人领导小组，负责特别重大事项的决策和协调。二是建立两市市长为总召集人的市长联席会议制度，两市相关部门主要负责人为成员，负责审议重要文件、规划，检查、部署同城化建设工作，市长联席会议办公室设在两市发展改革部门。三是形成分管副市长工作协调会议制度，主要协调解决某些具体的工作事项。四是成立专责小组，目前已经成立规划、交通、产业、环保、通信、金融专责小组，负责相关领域工作的衔接。

（三）不断完善广佛同城化规划体系

坚持规划引领，建立健全同城化规划体系。一是将广佛同城化明确写入两市的一系列重大规划。由国务院批准的广州市城市总体规划、佛山市城市总体规划均将广佛同城化作为重要战略予以纳入，两市"十三五"规划更将广佛同城化单独成节，明确发展任务。二是广佛同城化"1+4"规划［即《广佛同城化发展规划（2009—2020 年）》及城市规划、交通、产业、环保 4 个专项规划］印发实施，是珠三角首个跨区域综合规划。广佛同城化"十三五"发展规划于 2017 年 9 月印发实施。三是 2009—2012 年先后完成广州南站、金沙洲、芳村—桂城、五沙、花都空港等全部 5 个广佛重点交界地区的规划整合工作，2017 年完成广佛新城（五眼桥—滘口片区）的规划整合及城

市设计,有力地促进了交界地区先行同城化。四是在抓好规划编制的同时,更加注重规划执行力方面的研究,先后完成《广佛同城化规划实施保障机制研究》及《广佛同城化体制机制创新研究》等,为同城化各项规划的实施提供了理论依据,为体制机制方面的创新合作提供了有力支撑。目前,层次清晰、领域广泛、执行有力的广佛同城化规划体系基本搭建完成。

（四）以具体合作项目为抓手务实推进广佛同城化

从国内区域合作实践来看,如果仅仅是签几个协议、开几次会议,没有一批实实在在的项目作为支撑,合作最终会流于形式。鉴于此,自2009年以来,广州市每年均会同佛山市牵头制订同城化建设年度工作计划,广泛覆盖规划机制衔接、基础设施对接、产业协作、环境共保共治、公共服务一体化等经济社会发展的方方面面,每个项目均明确目标任务、进度要求、责任单位等,由于建立了严格的检查和督办机制,历年计划的总体执行情况良好。在与国内其他城市的交流学习中,编制年度计划的做法得到广泛认同和借鉴。

（五）推动广佛同城化合作示范区建设

随着广佛同城化的不断深入,两市相邻区主动开展区级之间同城化的要求不断增强。2015年8月、10月,在两市政府主要领导的见证下,广州市荔湾区、花都区、番禺区与佛山市南海区、顺德区、三水区分别结对签署广佛同城化合作示范区共建协议,并建立了工作推进和协调机制,2018年、2019年,南沙区和顺德区、白云区和南海区也先后成立了同城化合作示范区。市区两级联动推进同城化的格局已经形成,交界区先行同城化不断提速。

（六）谋划共建广佛高质量发展融合试验区

2018年年底两市签署了新一轮合作协议,并决定在交界地区共建广佛高质量发展融合试验区。在2019年5月召开的广佛同城化党政联席会议上,两市专门签署了共建广佛高质量发展融合试验区备忘录,明确了"1+4"试验区发展格局。其中,"1"为先导区,即广州南站—佛山三龙湾—荔湾海龙片区,"4"指从南至北沿广佛交界线分布的南沙—顺德、荔湾—南海、白云—南海、花都—三水4个片区。目前两市发展改革和规划部门正分别抓紧起草广佛高质量发展融合试验区建设实施方案和总体发展规划。广州市将和佛山市一起，着力将试验区打造成一个同城化全面提升的示范区域和标志性项目，集中呈现广佛合作特色和成果，为全国其他同城化区域探索更多更好的先进经验，争取若干先行先试政策，推动同城化上升到更高层面。

二、广佛同城化的主要成效

（一）交通基础设施同城化基本实现

一是完善高快速路及交界地区路网建设。据统计，仅 2009 年广佛同城化正式上升到政府层面以来，两市间就有东新高速、南二环高速、肇花高速、广明高速、广佛高速公路扩建、南番大道、西二环和顺立交收费站及连接线、广和大桥至华南路三期升级改造、佛平路接花地大道改造、乐大线改造、海八路改造、龙溪大道（广州西环—五丫口大桥段）快速化改造、西二环乐平互通立交、五沙大桥扩建、金沙洲大桥扩建、黄榄干线接顺番公路、榄核镇西线公路延长段、金沙洲地区断头路对接（包括沙凤西路接海北大道、彩滨南路接沿江东路、环洲二路接白沙路、环洲三路接兴联北路）等 21 条列入同城化年度计划的道路建成投入使用。此外，广佛肇高速二期、佛清从高速南段、海华大桥等建设正按计划抓紧推进。

二是推动轨道交通的接驳和建设。依托广州作为国家铁路主枢纽的地位，全面推进两市城市轨道、城际轨道、国铁等多种方式的轨道交通衔接，一体化的轨道线网更加完善。2010 年 11 月，国内第一条由两市投资共建的全地下城际轨道——广佛地铁（西朗至魁奇路段）正式开通，广佛居民往来进入地铁时代，取得了历史性、首创性的成果。之后，又陆续开通了魁奇路至东平新城段、西朗至燕岗段、燕岗至沥滘段，广佛地铁里程由 2010 年的 20.73 公里增加到目前的 38.84 公里。佛山轨道交通 2 号线加快建设，将引入广州南站。广州地铁 7 号线西延至佛山顺德北滘已于 2016 年开工，继南海、禅城后，顺德也被纳入广佛地铁网络系统。途经佛山、广州的贵广、南广高铁于 2014 年年底建成通车。佛山西站被纳入《广州铁路枢纽总图规划》"五主三辅两预留"布局中的"一主"。广佛肇城际轨道佛肇段于 2015

年完工,并通过广茂铁路接入广州站,实现广州、佛山、肇庆三市中心城区的快速衔接。南沙港铁路、广佛环线(佛山西站—广州南站)抓紧施工建设。广湛高铁、广佛环线(佛山西站—广州北站)等项目加快开展前期工作。2015 年 2 月,广佛两市主要领导还专门签署了《轨道交通衔接工作备忘录》,据此编制的《广佛两市轨道交通衔接规划》已完成,根据规划,未来两市将有约 17 条地铁线路的对接,实现广佛地铁一张网。

三是开展港口航运合作。广州港大力推动整合佛山等珠江西岸港口资源,打造世界级枢纽港。广州港在佛山共计开通 16 条穿梭巴士驳船支线,促进广佛江海联运发展,并在佛山设立了内陆港办事处。2017 年,广州、佛山与中山三方签订合作协议,共同投资、建设、经营南沙港区四期工程,2018年 9 月,该工程顺利动工。珠三角枢纽(广州新)机场拟选址佛山高明,将有效承担珠三角西部地区的航空运输缺口,形成与广州白云国际机场的有效互补,两地拟依托两机场谋划开展临空经济方面的合作。

除交通外,两市还在水资源、能源、通信等基础设施领域广泛深入开展合作。水资源方面:2010 年 9 月,西江引水工程正式通水运行,71.6 公里输水管道全面投入使用,600 万广州市民因此受益。能源方面:广佛共同投资的三水恒益电厂 2×600 兆瓦项目于 2011 年投产发电,极大缓解了佛山市乃至珠三角地区的用电压力。通信方面:2012 年 9 月,广佛通信一体化正式实现。

（二）产业发展协同性进一步增强

一是共建四个万亿级产业集群。为促进广佛产业合作取得突破,根据两市产业优势,两市拟全力共建先进装备制造、汽车、新一代信息技术、生物医药与健康四个产业集群。目前,四个产业集群建设方案已经印发实施。

二是会同肇庆市,推动广佛肇(怀集)经济合作区建设。广佛肇经济圈第三次市长联席会议决定在肇庆市怀集县共建经济合作区,这也是珠三角地区第一个经济圈内三市共建的产业园区。2013 年 7 月,三市政府签署了《广佛肇(怀集)经济合作区建设合作协议》。2014 年 1 月,经省人民政府同意,省发展改革委印发实施了《广佛肇(怀集)经济合作区发展总体规划》。目前合作区已开发 11400 亩,累计投入约 15 亿元用于交通、水电、市政、通用厂房等基础设施建设。累计入园项目 129 个,投产 61 个,其中集美新材料、广东华昶实业、三胜五金等企业均来自广州。

三是推动金融同城化。推动两地互设金融机构。目前已有渣打、汇丰、恒生、东亚、永亨、南洋、大新 7 家港资银行广州分行在佛山各区设立 14 家分支机构,广州银行、广州证券也相继进驻佛山。此外,由广州农商行作为发起人设立的三水珠江村镇银行于 2010 年正式开业。2018 年,广州股权交易中心和广东高新区股权交易中心成功整合为广东股权交易中心,并落户广州开发区。商业银行通存通兑取得进展,25 家商业银行已免收广佛间的行内汇兑和存、取款手续费。推进支付结算一体化。佛山辖区金融机构均参加了广州的票据交换,广州的支付结算金融服务平台已覆盖至佛山,广佛间的资金结算已从技术上基本实现同城化。利用两地金融市场要素平台促进企业融资,推动中小企业信用担保体系发展合作。广州市银达担保、华鼎担保、创富担保等多家中小企业信用担保机构在佛山开设了分支机构。广州市政策性再担保公司——市融资担保中心与佛山市中银盛达、顺德区盈腾担保签订了再担保业务合作协议,共建两地中小企业信用担保、再担保体系。

四是强化旅游合作。共同宣传推介广佛旅游资源,先后在武汉、济南、长春、厦门、南昌、南宁、贵阳、西宁、兰州、长沙、温州等地举办专场推介会。充分依托利用广州"72 小时过境免签"政策,在白云机场设置"72 小时过境免签"政策中转旅游服务柜台,推介广佛旅游产品。两市还多次联合参加了广州国际旅游展、广东国际旅游产业博览会等旅游展会。按照"统一规划、统一标准、合理布局、科学连线、形成网络"的原则,共同做好广佛旅游景点的交通指引标识工作。

五是加强科技创新合作。2018 年,两市签署了《深化创新驱动发展战略合作框架协议》。按照"广州创新大脑、佛山转化中心"的总体思路,双方拟在基础领域核心技术攻关、发展新型研发机构、做优做强高新技术企业、知识产权保护等多个领域开展合作。

（三）区域生态环境明显改善

一是共同保护区域水环境。首先,共同保护珠江母亲河。建立健全珠江水域日常保洁机制,探索保洁工作社会化。定期举办横渡珠江活动,并于2012—2015年由广佛肇清连续共同举办四届"爱我珠江亲水节",各市主要领导出席,宣传保护珠江。其次,重点推进广佛跨界河涌治理。广佛间水陌纵横,共有16条跨界河涌,是环境治理的重点和难点领域。2014年7月,广佛两市市长召集了广佛同城化暨广佛跨界河涌综合整治联席会议,部署有关工作。截至2018年年底,16条重点跨界河涌整治工程已全面完成,佛山水道、西南涌、水口水道等基本消除了劣V类水体。

二是联合整治空气污染。两市分别制定了空气污染综合整治实施方案,携手推进区域空气环境治理。加强新车源头污染控制,两市均从2015年12月31日起执行了机动车国V排放标准。大力推进淘汰黄标车,超额完成省下达的任务。共同推广"超洁净排放"改造技术,广州市共完成29台总装机容量520万千瓦机组的超洁净排放改造,佛山市燃煤电厂超洁净排放改造三个阶段的治理工程全部完成。

三是协同处置固体废物。制定了《广佛同城化建设固体废物联合执法工作方案》,对危险废物产生及处理处置企业开展执法行动,成功查处了一批无证经营、非法转移危险废物的违法行为。区域固体废物处理处置系统建设有效推进,两市已在污水处理厂污泥(严控废物)、陶瓷行业产生的煤焦油(危险废物)等固体废物处置问题上达成共识。2012年8月至12月底,在佛山市医疗废物焚烧处置系统大修和保养期间,广州市"广东生活环境无害化处理中心"共接收处置佛山市医疗废物27吨。

四是优化完善区域环境监测网络。两市协同推进水环境质量监控网建设,确定了跨界流域监测断面、监测项目、监测频次、监测方法,相互通报跨界断面水质监测数据。推动空气质量数据联网,广州市麓湖、花都师范,佛山市惠景城、金桔咀等多个测点加入两地大气自动监测数据共享。

五是构建生态补偿机制解决跨境环境问题。灵活运用生态补偿机制,妥善解决西江引水工程佛山三水取水口周边污染企业搬迁问题(对两家污染企业的搬迁费用,广州佛山按照7∶3的比例分担)和广州第四热力资源电厂选址问题(选址位于南沙区大岗镇靠近顺德处,通过每日接收处理顺德400吨垃圾的方式获得佛山对广州市选址的认可)。

（四）公共服务逐步实现共享

政务互通方面。为满足广佛候鸟和两地群众需要，从2013年开始，广州荔湾区与佛山南海区在全国率先推行政务同城办理，通过"窗口收件、快递送件、两地互通、限时办结"的模式，实现两区行政审批事项的跨城通办。经过摸索创新和逐步推广，截至2018年年底，两区跨城通办业务范围基本涵盖所有法人类事项（如信息查询、证明打印、费用交纳等），其中涉及荔湾区16个政府部门351个事项，涉及南海区15个部门362个事项。同时，推出市民之窗自助终端和远程视频辅助系统，进一步提升群众办事效率。近年来，广州市对荔湾—南海政务同城化经验进行了复制推广，白云—南海、番禺—顺德等广佛交界区以及广州与东莞、清远等市之间，均实现了部分政务事项在实体窗口或自主终端跨市办理。

交通服务方面。广佛接壤地区公路客运公交化改造完成，53条广佛城巴、快巴、客运巴士连接两市主要客运枢纽，73条广佛公交线路覆盖两市各大出行组团，广佛出租车在客流集中地段实现异地上客。实现车辆通行费年票互认，公交卡通过升级"岭南通"实现区域内一卡通行。

人事人才方面。顺利完成三批广佛互派公务员挂职交流活动。基本实现人才服务许可互通，在人才服务许可原则、基本准入条件、职能部门和基本工作流程方面已经统一。流动人员申报职称更加方便，工作单位和人事档案分别在两市的流动专业技术人员，可以根据本人意愿选择一地申报评审或认定专业技术资格，由申报地政府人事部门办理专业技术资格证核发手续。共同举办或参加"广州留交会""广佛肇人才一体化大学生专场招聘会""广佛同城就业专场招聘会""中国（广东）博士后人才交流与科技项目洽谈会"等人才交流活动，共享高素质人才资源。

社会保险方面。广佛之间的养老保险和失业保险关系实现无障碍转移，医疗保险异地就医可即时结算，广州在佛山认定了9家医保定点医疗机构，佛山在广州认定了30家。

教育培训方面。开展重点中等职业学校互招工作，每年分别拿出一定名额面向对方招生。两市教育城域网实现互联互通，促进优质教育资源共享。组建"广佛肇三市职教联合会"，定期组织教学研讨会。搭建广佛肇教育云计算平台,开展"农村中小学远程多媒体互动教室"建设。共同举办广佛肇教师校本行动研究、网络学习夏令营、高职院校英语口语竞赛等一系列活动。

文化体育方面。共同举办或互相参加传统工艺美术展、粤语童谣大赛、"悦读生活"摄影展、民间工艺精品巡回展、广州国际龙舟邀请赛、网球邀请赛、拳击赛、击剑对抗赛、毽球赛等一系列文体活动,丰富了两市市民生活。促进足球、篮球等竞技体育的交流,共享足球运动发展先进经验。2017年,两市体育局签订了合作备忘录,累计推动佛山市80多家体育场馆上线广州"群体通"信息技术平台,实现广佛体育资源共享。

医疗卫生方面。推进医学检验和影像检查结果互认,广佛等珠三角九市签署了检查检验结果互认协议。积极探索预防性健康检查证明互认,逐步推进预防性健康检查信息共享。加强广佛交界区域急救合作,明确了院前急救属地管理原则。重大传染病和突发公共卫生事件联防联控有序推进,区域内流感疫情实现联防联控。两市签订了公共卫生信息共享协议书,定期互相报送传染病、生活饮用水监测情况。

三、广州都市圈建设主要经验

（一）加强顶层设计,构建多层级、高效率的区域合作新机制

推动区域协调发展从顶层设计重点突破,并在合作机制方面进行保障。一是市委市政府高度重视。广州市对发挥中心城市和省会城市作用,推进区域协调发展工作保持一以贯之的高度重视,密切联动、交流互访、会议研讨,对广佛同城化、广清一体化等工作及时进行指导、协调和督促。二是机制运转高效。建立了党政联席会议、市长联席会议、专责工作小组等多层级的统筹决策和协调落实机制,并分别与都市圈内各城市签署政府间的合作协议,确保区域合作有序推进。三是坚持规划引领。每确定一个合作城市,首先从战略高度进行整体规划,谋定而后动。广佛同城化、广清一体化"十三五"发展规划首次纳入广州市五年规划体系中,充分发挥了专项规划的引领作用。

（二）提升中心城市能级，服务带动周边城市发展

始终致力巩固提升大湾区乃至国家中心城市功能，持续增强在全球经济体系中的控制力、影响力，从而实现对周边城市的有效带动。一是推动交通互联互通。着力打造以广州为中心的四面八方、四通八达的交互性通道体系，支持和促进周边地区与白云国际机场、广州南站、南沙港等战略性交通枢纽的快速通达，加快构建以广州为中心的珠三角地铁网络，形成对高端要素的有效集聚和扩散。二是聚焦核心功能。将非中心城市功能有序向周边城市优化，形成功能互补、产业链重构的区域协调发展格局。三是加强科技创新服务。发挥广州重点高校和科研院所集聚优势，依托广深港澳科技创新走廊核心节点地位，强化创新思想策源和知识创造功能，引导创新资源向周边地区流动和区域内共建共享。

（三）因地制宜、分类施策，形成优势互补、各具特色的区域合作新模式

根据周边城市的资源禀赋和发展阶段，以主体功能区为基础，找准利益结合点，同频共振推动区域协调发展。一是同城融合。基于广佛地域相连、产业互补、生活同城等特征，采取"同城化+高质量发展融合"模式，在交界地区着力打造广佛高质量发展融合试验区，促进经济社会全面融合发展。二是产业共建。基于广清发展水平差异和清远人力、土地资源丰富优势，通过对口帮扶和产业共建模式，将清远打造为广州市产业梯度转移的重要目的地。三是生态优先。基于云浮、韶关北部生态发展区定位，重点在"菜篮子"等绿色产业方面加强合作，优先保障其生态服务功能的实现，打造粤港澳大湾区生态屏障。

（四）突破地方行政利益障碍，打通区域协同发展梗阻

广州市着力消除歧视性、隐蔽性的区域市场壁垒，致力实现与周边城市的资源要素自由流动，打破行政利益阻隔。一是推动要素市场一体化。通过与周边城市共建一体化的金融市场和劳动力市场，便利资本和劳动力两大生产要素跨地区优化配置，促进区域生产效率和整体利益提升。二是推动公共服务一体化。不断改善公共服务供给水平，着力减小地区间差异，减

少人才流动障碍和顾虑。三是创新利益补偿机制。充分考虑双方利益诉求,灵活运用生态补偿机制,妥善解决西江引水工程佛山三水取水口周边污染企业搬迁问题和广州第四热力资源电厂选址问题。

第六节　长株潭都市圈培育发展案例

湖南省发展改革委

湖南省着力推进长株潭都市圈发展,都市圈同城化取得有效进展,已成为长江中游城市群核心增长极,区域辐射带动作用显著。

一、总体进展情况

长株潭三市沿湘江呈"品"字形分布,市中心两两相距不足 50 公里,全域面积 2.8 万平方公里,2019 年年末总人口为 1504.2 万人,地区生产总值约 1.7 万亿元,人均可支配收入为 42861 元,比全省平均水平高出 55%。都市圈用全省 1/7 的国土面积、20% 的人口,创造了全省 40% 以上的经济总量、50% 的财政收入,是全省经济发展最优越的区域。

（一）产业全面协调发展

国家先进制造业基地逐渐形成。已形成三大世界级产业集群,依托三一重工混凝土机械、中联重科建筑起重机械、铁建重工掘进机械等,形成了工程机械万亿产业集群;依托湘潭吉利、长沙比亚迪、株洲北汽等,形成了汽车及零部件制造产业集群。协同配套深入推进,对接"中国制造 2025",推进试点示范城市群建设,探索园区共融共建,推动三市资源整合、产业融合,打造世界级产业集群和优势产业链。合力推进先进制造业优势产业发展,促进长沙的工程机械制造业、株洲的交通装备制造业、湘潭的新能源装备制造业联动发展,共同打造成为具有世界级规模和竞争力装备制造业之都。

总体创新优势突出。形成自主创新核心增长极,长株潭国家自主创新示范区、长株潭国家军民融合创新示范区、国家创新型城市、国家高新区协同发展,长沙岳麓山国家大学科技城、湘潭力合科技领航城、株洲动力谷自主创新园建设稳步推进。依托智能制造构建产业体系,推动产业技术变革和优化升级,长沙形成"三智一自主"(智能装备、智能网联汽车、智能终端、自主可控及信息安全)产业格局,湘潭打造以"1+4"(智能装备制造+汽车及零部件、食品医药、新材料、新一代信息技术)为主导的产业体系,株洲对轨道交通、航空、汽车等产业实施智能化改造。试点示范成效明显,智能制造在都市圈内呈现集聚发展态势,长沙市、株洲市、湘潭市获批国家级智能制造试点示范和专项项目占全省总数的84%,长沙、湘潭智能制造装备产业已分别列入国家第一批战略性新兴产业集群发展工程。

文旅核心圈逐渐形成。整合文旅资源,将本土特色文化资源与旅游资源有机结合,"锦绣潇湘"品牌全域旅游走出国门,"电视湘军""出版湘军""动漫湘军"驰名全国,以长沙马栏山视频文创产业园、湘潭昭山文化产业园为首的都市圈文化产业体系基本建立。打造节庆演艺,连续举办形成了中国(湖南)国际旅游节、中国(湖南)红色旅游文化节、中国湖南旅游产业博览会等品牌节会活动,培育出《中国出了个毛泽东》《刘海砍樵》《浏阳河》等深受游客喜爱的文化旅游演艺产品。推出精品线路,以韶山、岳麓山、花明楼、炎帝陵等5A级景区为核心,打造长株潭都市休闲旅游区,推出了"长株潭休闲旅游精品线路""长株潭红色旅游精品线路""长株潭研学绿心精品线路"3条精品线路。

(二) 基础设施互联互通

高速路网不断加密。都市圈范围已基本形成全面覆盖、连接周边的"三纵三横两支"高速公路网,2018 年高速公路总里程达 1467 公里,占湖南省高速公路总里程(6725 公里)的 21.8%。其中,长沙市高速公路总里程693 公里,株洲市 489 公里,湘潭市 285 公里,形成长株潭半小时高速通勤圈,环长株潭 1 个半小时高速经济圈。"三纵"自东向西分别是武深高速(G0422)、京港澳高速(G4)和许广高速(G0421)。"三横"自北向南分别是长张高速+长沙绕城高速北线+杭长高速(G5513+G0401+G6021)、长芷高速+长沙绕城高速南线(S50+G0401)和沪昆高速(G60)。"两支"自东向西分别是长株高速(S21)和长潭西线高速(S41)。

城际道路有效完善。2018年长株潭市域普通国道公路总里程1294公里,普通省道公路总里程3745公里,三市之间两两连接的国省道路共有18条(长沙与湘潭的衔接国道、省道各有4条,长沙与株洲的衔接国道、省道分别有1条、3条,株洲与湘潭的衔接国道、省道分别有1条、5条)。为进一步缩短都市圈通勤时间,正实施"三干"(3条城际主要干道,即芙蓉大道、洞株路、潭州大道)快速化改造工程,加快推进"四连线"建设(4条连接线,即潇湘大道—滨江路、新韶山路—昭山大道、昭云大道—云峰大道、湘潭大道—铜霞路连接线),可将都市圈内通行时间缩短至半小时以内。

轨道交通积极推进。实施长株潭城际铁路公交化改造,按照"小编组、高密度、公交化"原则开行,列车日常开行对数已增至70对,长沙至株洲、湘潭发车平均间隔不到20分钟。建设长株潭城际轨道交通西环线,将长沙地铁3号线南延至沪昆高铁湘潭北站,进一步促进人流、物流、信息流、资金流在都市圈内流动。长沙磁浮快线通车,作为全国第一条也是目前世界上里程最长的一条中低速磁悬浮商业运营示范线,构建了长沙南高铁枢纽与黄花国际机场空港枢纽之间的快速城际客运通道。

(三)统一市场加快形成

市场一体化程度不断深化。金融一体化,票据、银行卡、ATM机、金融IC卡实现同城化。长株潭居民储蓄存款(人民币)通存通兑,票据清算同城。三市银行业金融机构,对区域内非跨行个人存取款业务按照同城业务处理,启动长株潭金融电子结算综合服务系统建设。信息一体化,加快推进"宽带中国"长株潭示范城市群建设,实现通信同号并网升位,4G网络基本实现全覆盖,城乡宽带网络已覆盖到社区和行政村。长沙、湘潭成为"信息惠民"国家试点城市。长株潭三市进入国家下一代互联网示范城市建设,长沙、株洲市进入第二批电子商务示范城市建设。投资平台一体化,积极推动区域性股份交易市场建设,重组湖南股权交易所,搭建试验区主投融资平台,组建湖南发展投资集团,设立国开发展湖南"两型"基金,先后实施了投资建设武广高铁、长株潭城际铁路等重大项目。

（四）公共服务共建共享

优质资源普惠共享。教育共享，推动长沙优质教育资源逐步向株洲、湘潭延伸，建设长郡株洲云龙、湘潭富力雅礼中学等学校；遴选出湖南吉利汽车职院的汽修等 11 个基地作为首批共建共享实训基地，推进都市圈职业教育实习实训基地共建共享，实现都市圈大中专院校毕业生就业信息网络链接。医疗共享，建设省级院前急救指挥与监控平台，已实现都市圈城区院前医疗急救网络平台互联互通，正推进县级院前医疗急救网络平台互联互通；建设长株潭血液中心采供血平台，实现都市圈血液库存信息共享和用血费用异地报销。文旅共享，签署《长株潭三市文化交流与合作框架协议》，推进都市圈内图书馆、文化馆、博物馆等共计 80 个免费开放，建立长株潭数字图书馆，实现三市图书通借通还，电子图书资源共享；都市圈内 51 个旅游景区免首道门票，对都市圈内市民实施同城待遇。

社会保障接轨衔接。整合城乡居民基本医疗保险，全面实施城镇居民医疗保险、新型农村合作医疗制度，基本医疗保险提前实现城乡居民全覆盖，都市圈内已实现三市养老金发放和医保结算一体化，实现使用社保卡跨地区异地联网即时结算。开展城乡低保一体化改革试点，在全省率先实现农村低保标准与扶贫标准"两线融合"，实现和巩固城乡低保应保尽保等。初步实现社保关系即时转移，部省级社保关系转移平台已开通，长株潭三市已实现省内企业养老保险关系及时转移。推进人社业务通办，初步实现社会保障实体卡三市通办，推动人力资源市场、养老保险、工伤认定、就业创业、社保卡、社保关系等人社业务联动。

（五）生态环境共保共治

政策法规体系初步建立。2013 年 3 月，《湖南省长株潭城市群生态绿心地区保护条例》正式实施，并将面积达 522.87 平方公里的长株潭城市群生态绿心地区置于地方性法规的保护之下，开启了立法保障长株潭城市群重要生态功能区的先河。此外，还出台了《湖南省湘江保护条例》《湖南省长株潭城市群区域规划条例实施细则》《湖南省湘江长沙株洲湘潭段生态经济带长株潭段建设保护办法》等系列法律规范，为都市圈内环境保护实施提供了法制保障。

强化生态绿心保护。出台绿心规划,2011 年 8 月,《长株潭城市群生态绿心地区总体规划(2010—2030 年)》获批,2019 年发布《长株潭城市群生态绿心地区总体规划(2010—2030 年)》(2018 年修改,以下简称《绿心总规》),明确绿心地区超过 88%的面积为禁止开发区和限制开发区。强化保护措施,在绿心禁开区、限开区设置界牌、界碑和界桩等保护标识;依托"绿网"开辟绿心违法违规行为在线举报公众监督平台,并建立"天眼"卫星监测系统,每季度对绿心地区地块信息变化进行卫星监测监控,实时发现、及时整改绿心地区违法违规行为(项目)。

推进环境联防联治,统一政策规划。制定《长株潭环境同治规划》及共同的产业环境准入与退出政策,组建专司三市环境监测的执法大队,开展联合监测和预警、跨界突发环境事件应急联动。打好"碧水"保卫战,推进湘江治理"一号重点工程",先后实施城镇污水处理、垃圾无害化处理设施建设三年行动计划,加大重点区域整治力度,开展老工业区改造,长沙坪塘 21 家、株洲清水塘 193 家、湘潭竹埠港 28 家污染企业关停退出,开创了湘江综合治理的新格局。打好"蓝天"保卫战,制定长株潭及传输通道城市大气污染联防联控工作方案,建立长株潭地区大气污染防治特护期机制,重点开展钢铁行业超低排放改造、工业锅炉窑炉提标改造、建筑施工工地扬尘防治,环境空气质量有效改善。打好"净土"保卫战,开展都市圈重金属污染耕地种植结构调整及休耕治理,积极推动长株潭地区开展重金属污染耕地修复综合治理国家级试点,已完成 140.98 万亩长株潭重度污染耕地结构调整,实现任务清零。

二、存在的主要问题

(一)开放共享度不足

都市圈产业体系较为完备,虽建立了轨道交通、航空、陶瓷等产业战略联盟,国省级工程技术研究中心、重点实验室、研发平台,但开放共享的不多,作用不够突出。

（二）中心首位度不高

长株潭都市圈相比同阵营的都市圈,内部城市的平衡发展使得长株潭都市圈没有拖后腿的城市,城镇化水平较高,但中心城市长沙首位度不高,致使辐射带动作用不够强。

（三）内部通达效率有待优化

都市圈综合交通运输体系的网络格局虽具有一定基础,但与"零距离换乘""无缝化衔接"要求尚有差距。

三、下一步政策举措

牢牢把握习近平总书记提出的"一带一部"的区位优势,充分发挥"过渡带""结合部"作用,加快"两型"示范、自主创新示范、中国制造2025试点示范等战略实施,推动长株潭都市圈与长江经济带、长三角、粤港澳大湾区战略联动发展。

到2025年,长株潭都市圈经济社会全面发展,1小时通勤圈全面形成,生态环境质量明显提升,基本公共服务更加便利,城市建成区面积达到1000平方公里,地区生产总值达到2.7万亿元,城镇人口达到1300万人,城镇化率达到80%。到2035年,长株潭都市圈全面成熟,在省内率先实现社会主义现代化,城乡区域发展差距和居民生活水平差距显著缩小,基本公共服务均等化基本实现,基础设施互联互通全面实现,人民生活更为宽裕,区域现代社会治理格局基本形成,生态环境根本好转,成为中部地区领先、具有国际影响力的现代化都市圈。

（一）建设中部崛起引领区

紧抓国家实施中部崛起战略机遇,依托产业、科技、金融、创新、综合交通区位等优势资源,推进更高层次的对外开放,打造中部最有发展潜力的都市圈,建成中部地区制造业发展高地、区域驱动发展引领中心。全面提升长株潭都市圈要素集聚能力和综合竞争力,率先在中部地区实现崛起,大力发挥示范效应和带动作用,提高对中部地区经济增长的贡献率。

（二）建设同城发展示范区

深化区域协同合作,进一步探索推进同城化发展的体制机制创新,整合资源要素,加快形成同城发展市场体系,率先形成规划协调、交通共建、产业协同、民生共享、环境共治、城乡融合的新格局。不断做优共商共建共享的机制,做活城市间合作共赢的方式,做强同城化发展的动力,为全国其他都市圈推进同城化发展提供可复制、可借鉴、可推广的经验模式。

（三）建设生态文明先行区

贯彻落实生态文明建设的新要求,突出长株潭生态绿心和绿色湘江的品牌效应,提高可持续能力,保护山水资源,修复生态系统,建设生态家园,打造国家绿色农产品基地,以更高标准谋划推动形成高质量的绿色发展新格局。推动发展方式向绿色循环低碳转变、提高资源能源高效利用水平,推进"两型"示范向生态文明示范建设的跨越,实现绿色发展,树立全国生态文明建设样板。

第 三 篇

城 市 篇

第七章　城市人口经济发展
年度进展分析

国家发展改革委发展战略和规划司

以城市群为主体构建大中小城市和小城镇协调发展的城镇化空间格局,是新型城镇化发展的基本方向。中国目前仍处于城镇化快速推进的阶段,未来还将有数以亿计的城镇新增人口,这些人口不会都生活在大城市中,中小城市也是其重要的承接载体。因此,中小城市发展状况将会在很大程度上决定城镇化的质量。近年来,部分中小城市因产业支撑能力不足、公共资源配置不合理等原因,出现人口持续减少的情况,值得高度关注。

一、城市常住人口减少情况

改革开放特别是党的十八大以来,我国经济发展和新型城镇化建设取得历史性成就,2018 年年底常住人口城镇化率提高到 59.58%,城镇人口增至 8.3 亿人,大中小城市数量增至 672 个,其中地级及以上城市 297 个、县级市 375 个。但同时,也有一些城市面临人口持续减少的严峻情况。

(一) 1/6 城市的行政区常住人口减少,1/7 城市的城区常住人口减少

根据有关部门提供的 672 个城市人口数据,2010—2016 年行政区常住人口(地级及以上城市为市辖区范围、县级市为全市范围)减少的城市数量为 112 个、占比为 1/6,其中地级市为 23 个、县级市为 89 个。根据有关研究

机构的估算结果,同期城区常住人口(区、市政府驻地实际建设连接到的居委会所辖区域和其他区域)减少的城市数量约为90个左右、占比为1/7。

(二) 从城市规模看,99%的人口减少城市是中小城市

行政区常住人口减少的112个城市中,城区常住人口100万人以上的大城市只有一个,其余都是城区常住人口100万人以下的中小城市。城区常住人口减少的90个左右城市中,几乎都是中小城市。中小城市所减少人口大部分流入超大特大城市、东部沿海地区大城市、邻近的区域中心城市尤其是省会城市。

(三) 从区域分布看,62%的人口减少城市位于东北或边境地区

行政区常住人口减少的112个城市中,位于东部、中部、西部地区的城市分别有17个、15个、22个,占所在区域城市总数的比例分别为8%、9%、11%;位于东北地区的城市多达57个,占东北地区城市总数的比例高达63%,占人口减少城市的比例高达51%,所减少人口多数流向东部地区城市。所在地级行政区抵边的城市有39个(其中东北地区27个),占人口减少城市的比例高达35%,直接抵边的城市有19个(其中东北地区14个)。

(四) 城市人口平均减幅不大,减幅偏大的72%位于东北或边境地区

从总体来看,行政区常住人口减少的112个城市人口减少数占人口总数的平均比例仅为3.3%,与底特律、克利夫兰、莱比锡等国外收缩型城市30%以上的人口减少比例相比,属于轻微减少。从个体来看,人口减少比例在5%以上的有32个城市,其中13个位于边境地区(东北边境10个、新疆边境3个)、10个位于东北其他地区、3个位于新疆其他地区,最严重的是新疆乌苏市减少26%、克拉玛依市减少22%、黑龙江漠河市减少15%。

二、城市人口减少的原因分析

我国城市行政区包含城区和乡镇地区,在农村人口进城的大趋势下,在经济规律、社会规律等的共同作用下,城市的乡镇地区常住人口和1600个

左右县域人口正在向各类城市的城区流动,城市的乡镇地区常住人口是减少的、城区常住人口应是普遍增加的,同时一些中小城市的部分城区常住人口也在向大城市转移,因而城市的行政区常住人口增减是客观规律,少数城市的城区常住人口减少也是正常现象。需要高度关注的是,一些城市因产业发展布局、公共资源配置、政府治理方式等不尽合理而带来的城区常住人口非正常减少问题,边境节点城市等有战略意义的特殊关键城市人口减少现象,以及以东北地区为主的一些城市人口自然增长率长期偏低的特殊情况。其内在原因如下。

（一）城市产业带动就业不充分

城市产业发展周期和综合实力对人口去留起决定性作用,据调查,人口迁移的首要因素是工作就业。112个人口减少城市产业乏力有以下几类原因:一是东北城市改革相对滞后、活力不足,如黑龙江漠河市、讷河市,而东部城市产业竞争力更强,是先进制造业和生产性服务业的主要集聚地,据测算60%的生产性服务业集中在以东部城市为主的20个大城市。二是边境城市受制于邻国经济政治因素和自然条件因素影响,先进要素缺乏、产业层次低端,人口不断外流,如新疆哈密市。三是15个资源枯竭城市（含东北地区12个）转型阵痛凸显,接续替代产业培育步伐缓慢,如江西萍乡市。四是一些中小城市规模经济和范围经济效应不强,如河北沙河市,新疆乌苏市、克拉玛依市,而大城市经济效率更高、产业门类更多,能提供更高收入和更多就业选择。

（二）城市间公共资源配置不合理

城市公共服务和基础设施水平对人口去留起重要作用。但长期以来,很多公共资源按城市行政等级和城市规模配置,高行政等级城市或大城市承接更多优质公共服务设施以及多数中央财政专项转移支付,如优质中小学和"双一流"建设高校基本布局在大城市,全国百强医院也基本布局在大城市,其中40%以上布局在北京和上海。县级市和中小城市公共服务水平普遍不高,对人口尤其是中青少年的吸引力明显不足,在行政区常住人口减少的112个城市中,80%是县级市、99%是中小城市。此外,还有一些大城市不仅不向周边城市疏解非核心功能,反而凭借优惠政策争抢项目和人才。

（三）部分城市政府治理能力不高

部分城市政府治理理念不先进、治理体系不健全,有利于城市经济高质量发展的环境有待优化。其中,不少城市营商环境欠佳,存在审批冗繁、政府失信、关系网复杂等阻碍发展的现象;一些城市对产业转型和"腾笼换鸟"缺乏成熟谋划,缺少有效的应对手段;一些城市不因地制宜引导特色产业发展,却跟风追逐自身缺乏条件的金融等高大上产业;一些城市在并未清晰判断产业发展前景和人口增减趋势的情况下盲目设立新城区,规划的人均建设面积大幅超过118平方米的全国人均城镇建设用地面积,导致城市人口密度下降。

三、下一步政策举措

预计2030年前后,我国城镇化将迈入成熟期,常住人口城镇化率提高到70%左右,城镇人口增至10亿人左右。未来还有2亿人乡村人口进城,需要大中小城市和小城镇共同承载。这要求各方面不能只盯住大城市,要加强对各类城市发展的指导引导,以城市群为主体构建大中小城市和小城镇协调发展的城镇化空间格局。

（一）在中长期发展中更加重视人口迁移因素

立足长远、把握规律,科学判断人口迁移分布这个重大宏观问题,持续加强跟踪监测,及时研究应对之策。在编制"十四五"规划以及国土空间规划、专项规划、区域规划等中长期规划时,更加注重把握人口迁移分布态势,将其作为确定发展目标、重点任务、重大工程项目等的关键因素,特别是作为城市规划、产业布局、基础设施建设等的基础性因素。

（二）因地制宜推动大中小城市协调发展

统筹产业布局、人口分布和国土空间规划,推动各类城市协调发展。超大特大城市要立足功能定位、防止无序蔓延,合理疏解中心城区非核心功能,推动产业和人口向1小时通勤圈地区扩散。大城市要提高精细化管理水平,增强要素集聚、高端服务和科技创新能力,发挥规模效应和辐射带动作用。中小城市发展要分类施策,都市圈内和潜力型中小城市要提高产业支撑能力、公共服务品质,促进人口就地就近城镇化;收缩型中小城市要转变惯性的增量规划思维,严控增量、盘活存量,引导人口和公共资源向城区集中。

(三) 合理引导大中小城市产业布局

以提升城市产业竞争力和人口吸引力为导向,健全有利于区域间制造业协同发展的体制机制,引导城市政府科学确定产业定位和城际经济合作模式,避免同质化竞争。引导大城市产业高端化发展,发挥在产业选择和人才引进上的优势,提升经济密度、强化创新驱动,形成以高端制造业、生产性服务业为主的产业结构。引导中小城市夯实制造业基础,发挥要素成本低的优势,增强承接产业转移能力,推动制造业规模化差异化发展,形成以先进制造业为主的产业结构。鼓励城市政府全面优化营商环境,加强指导、优化服务、精简审批、开放资源。

(四) 改善大中小城市公共资源配置

在优化大城市公共资源布局的同时,立足实际在中小城市适度增加公共资源供给,提高对人口的吸引力。鼓励扩大潜力型中小城市新增建设用地指标安排规模,探索收缩型中小城市城乡建设用地增减挂钩节余指标、城市存量建设用地复垦后产生指标在全国范围内直接交易。调整优化教育医疗资源布局,新设立和搬迁转移职业院校原则上布局在中小城市,鼓励高等院校在有条件的中小城市设立分校,将更多三级医院布局在中小城市,支持大城市知名中小学和三级医院在中小城市设立分支机构,降低中小城市与大城市公共服务落差。

(五) 分类支持不同区域困难城市发展

立足新一轮东北振兴战略,推动东北城市在优化营商环境、推进国企改革、促进民营经济发展、加快传统产业转型升级、深化与东部城市对口合作等方面持续发力。结合兴边富民规划实施,进一步研究稳定边境城镇人口的政策措施,更大力度整合调配国家资源支持边境城市建设,增加人口、吸纳人才,推动边境城市融入国家战略、畅通与内地经济联系、强化与周边国家互联互通。推动资源枯竭城市转型发展,解决制约发展的历史遗留问题,改造提升传统资源型产业,培育发展接续替代产业,健全可持续发展长效机制。中央财政设立东北振兴专项转移支付,优化资源枯竭城市转移支付和老少边穷地区转移支付,用于培育发展新动能和补齐民生短板等。

(六)着力强化交通运输网络支撑作用

综合考虑人口规模结构和流动变化趋势,构建有前瞻性的综合交通运输网络。依托国家"五纵五横"综合运输大通道,合理建设西部和东北地区对外交通骨干网络,发挥承接产业跨区域转移的先导作用,带动交通沿线城市产业发展和人口集聚。构建城市群和都市圈内部多层次快速交通网,建成以城际铁路、市域(郊)铁路、高速公路为主体的快速客运和铁路为骨干的大能力货运网络,密切城际交通连接和经济联系,更好地服务于城市间产业专业化分工协作。加强中小城市与交通干线、交通枢纽城市的连接,加快建设边境地区交通通道,提高公路技术等级、通行能力和铁路覆盖率,切实改善交通条件,降低交易成本及物流成本。

(七)加强对城市发展工作的指导引导

研究制定新型城镇化建设年度重点任务等政策性文件,深入实施《国家发展改革委关于培育发展现代化都市圈的指导意见》,引导各类城市人口经济协调健康发展。提炼国家新型城镇化综合试点城市的典型经验,挖掘有关城市人口经济发展的先进做法,以现场经验交流会等形式加以推广。改进城市人口统计工作,逐年统计发布各个城市的行政区常住人口及户籍人口、行政区城镇常住人口及户籍人口、城区常住人口及户籍人口数据,为决策提供参考与支撑。

第八章　城市发展研究

第一节　城市高质量发展思路研究

国家发展改革委发展战略和规划司

党的十九大报告明确提出我国经济已由高速增长阶段转向高质量发展阶段,中央经济工作会议明确要求把推动高质量发展作为当前和今后一个时期确定发展思路、制定经济政策、实施宏观调控的根本要求。所谓高质量发展,就是能够很好地满足人民日益增长的美好生活需要的发展,是体现新发展理念的发展,是创新成为第一动力、协调成为内生特点、绿色成为普遍形态、开放成为必由之路、共享成为根本目的的发展。这是中央对经济发展的科学定位,也是对城市发展的科学定位。城市作为经济社会发展的"火车头"和主要空间载体,必须紧紧围绕高质量发展的要求,加快转变发展方式,调整优化空间结构,着力增强产业就业、设施服务和资源环境的支撑承载力,有效预防和治理"大城市病",加快建设和谐宜居、富有特色、充满活力的现代城市。

一、坚持创新发展,着力增强城市发展的内生动力

创新是引领发展的第一动力,是建设现代化经济体系的战略支撑。城

市是经济发展的主要载体、创新活动的主要策源地,是代表国家参与国际经济竞争与科技竞争的主力军。近几年,338个地级及以上城市生产总值和税收占全国的比重超过60%,研发经费投入和发明专利拥有量占全国的比重超过70%。由此可见,建成创新型国家的核心,是建好创新型城市。

近些年来,部分城市尤其是老工业基地城市和资源型城市的产业弱化、税收减少、人口外流、发展衰退。原因在于,这些城市的创新能力和动力不足,劳动生产率、资本产出率、全要素生产率偏低,工业增加值率也远低于发达国家水平,导致旧动能快速衰减、新动能尚未形成,高质量有效供给不足,经济循环不畅。这可能导致城市可持续发展能力和竞争力下降,进而放大区域性经济下行风险。

推动城市创新发展,就是要适应科技新变化、人民新需要,向创新要效率、要效益、要增长空间,促进要素从低质低效领域向优质高效领域流动,提高城市创新力、需求捕捉力、品牌影响力、核心竞争力,建设实体经济、科技创新、现代金融、人力资源协同发展的城市产业体系,增强城市经济质量优势,引领国民经济质量变革、效率变革、动力变革。

（一）紧扣供给侧结构性改革这条主线

既要围绕城市主导产业配置创新资源,支持传统产业优化升级,培育若干世界级先进制造业集群;又要依托创新成果,敏锐捕捉和创造有效市场需求,将创新成果转化为竞争优势,推动互联网、大数据、人工智能和实体经济深度融合,在中高端消费、创新引领、绿色低碳、共享经济、现代供应链、人力资本服务等领域培育新增长点、形成新动能,带动我国产业迈向全球价值链中高端。

（二）瞄准世界科技前沿部署城市创新活动

强化基础研究,实现前瞻性基础研究、引领性原创成果重大突破;加强应用基础研究,突出关键共性技术、前沿引领技术、现代工程技术、颠覆性技术创新,为建设科技强国、质量强国、航天强国、网络强国、交通强国、数字中国、智慧社会提供有力支撑;建立以企业为主体、以市场为导向、产学研深度融合的技术创新体系,加强对中小企业创新的支持,促进科技成果转化。

（三）建设结构合理的城市创新人才队伍

强化知识产权创造、保护、运用,培养造就一大批具有国际水平的战略科技人才、科技领军人才、青年科技人才和高水平创新团队;激发和保护企业家精神,鼓励更多的社会主体投身创新创业;建设知识型、技能型、创新型劳动者大军,弘扬劳模精神和工匠精神,营造劳动光荣的社会风尚和精益求精的敬业风气。

二、坚持协调发展,着力增强城市发展的联动性

城市是人口和产业的集聚地,是各类资源要素的集中地,是复杂而巨大的社会系统。要实现城市的良性发展和高效运转,必须维持好整个系统的动态平衡,使系统内各种元素内在耦合、协调发展。如果不能实现各种要素的协调发展,城市就会功能紊乱、停步不前、老化衰落。

近些年来,我国城镇化格局、城市内部空间格局和城乡融合发展都还不尽协调。从城镇化格局来看,城市群发展协同性不强,大城市功能臃肿与中小城市数量不足并存。从城市内部来看,城市空间布局不够合理,交通拥堵和环境污染等"大城市病"突出。从城乡协调来看,城乡公共资源配置不均衡,要素下乡存在各种障碍,城乡发展差距消弭步伐缓慢。

推动城市协调发展,就是要以城市群为主体构建大中小城市和小城镇协调发展的城镇格局,持续优化城市内部空间布局,不断推进城乡融合发展。

（一）持续完善城镇化格局,促进大中小城市联动发展

全面实施城市群规划,建立城市群协同发展机制及配套政策,促进城市群内大中小城市和小城镇网络化发展;稳步开展都市圈建设,在城市群内选择若干具备条件的中心城市及周边中小城市,引导要素在城市间高效配置,推动基础设施联通和公共服务共享,打造同城效应明显、一体化程度高的都市圈;加快培育新生中小城市,继续开展撤县设市、撤地设市,稳步推进撤县（市）设区;引导特色小镇健康发展,强化监督检查评估和规范纠偏。

（二）优化城市空间布局,促进城市功能协调和谐

推动城市生产空间集约高效,合理控制城市开发强度,推动城市发展由外延扩张式向内涵提升式转变,建设精明增长的紧凑城市;推动城市生活空间宜居适度,逐步实现职住平衡和产城融合,让居民工作、生活、就学等与居住地尽可能近、出行尽可能短,尽量减少城市内部不必要的人口移动;推动城市生态空间山清水秀,城市建设要以自然为美,把好山好水好风光融入城市,让城市再现绿水青山,避免把城市变成一块密不透风的"水泥板"。

（三）完善以城带乡机制,推动城乡融合发展

中国的城市不是单独的城市,还包含一些乡村区域。因此,不能将所有产业和功能都布局在城市,要顺应城乡融合发展大趋势,以完善产权制度和要素市场化配置为重点,做好城乡融合发展顶层设计,清除要素下乡各种障碍,推进城乡产业融合发展,促进公共资源向农村延伸,推动城乡要素配置合理化、产业发展融合化、公共服务均等化、基础设施联通化、居民收入均衡化,加快形成工农互促、城乡互补、全面融合、共同繁荣的新型工农城乡关系。

三、坚持绿色发展,着力增强城市发展的宜居性

绿色是永续发展的必要条件和人民对美好生活追求的重要体现。发达国家城市在走过"先污染后治理"的老路后,无一例外地都走向了更低碳、更节能、更环保的绿色发展。2017 年我国城市和建制镇集聚了全国 58.5%的人口,未来很长一段时期内,人口向城市集聚的大趋势仍将持续。由此可见,城市实现了绿色发展,就满足了全国大部分人口对优美生态环境的需要。

以前很长时间,我们特别重视城市的生产功能,也比较重视生活功能,但往往忽视生态功能。近些年来,雾霾等城市环境污染问题频发,不仅成为城市的较大财政负担,更成为挑动公众神经、引发舆论热议的敏感点。城市绿色发展不仅仅是多建几个公园几片绿地、多建几个污水垃圾处理场,而是要将绿色发展理念贯穿于城市发展全过程。

推动城市绿色发展,就是要坚持人与自然是生命共同体的理念,提供更多城市优质生态产品,防止在开发利用自然上走弯路,还城市以优美生态空间,还自然以宁静、和谐、美丽。

（一）把绿色发展理念贯穿于城市生活中

把山水林田湖草作为城市生命体的有机组成部分,不要花大气力去劈山填海,要依托现有山水脉络等独特风光开展城市建设,全面建设海绵城市和管廊城市,让市民望得见山、看得见水、记得住乡愁;推进城市交通绿色低碳发展,提高轨道交通等公共交通出行占比,鼓励自行车等绿色出行方式。

（二）把绿色发展理念贯穿于城市生产中

推动城市高端产业和产业高端化发展,淘汰高能耗高污染产业,利用节能环保技术改造提升传统工业,建立绿色低碳循环的城市产业体系,提升绿色经济在城市经济体系中的比重。

（三）大力解决城市环境污染突出问题

坚持全民共治、源头防治,持续开展大气、水、土壤污染防治和修复,加强农业面源污染防治,构建以政府为主导、以企业为主体、社会组织和公众共同参与的环境治理体系。

四、坚持开放发展,着力增强城市发展的外向度

开放带来进步,封闭必然落后。城市经济相通则共进、相闭则各退,1300多年前的唐代长安城人口超过100万人,居民来自数十个国家,800多年前的宋代泉州港也是东方第一大港。我国一些有国际竞争力的大城市,都是开放发展的排头兵,长期保持对内横向合作、对外扩大开放的良好势头。城市的繁荣发展,离不开外部力量的注入和与外界的经贸文化合作。

推动城市开放发展,就是要坚持中国开放的大门不会关闭、只会越开越大,努力打造城市全面开放新格局。

（一）推动城市高水平开放

提高城市对接国际经济的能力，凡是在城市注册的企业，无论外资内资，都要一视同仁、平等对待。实行高水平的贸易和投资自由化、便利化政策，全面实行准入前国民待遇加负面清单管理制度，大幅度放宽市场准入，保护外商投资合法权益。有条件的大城市要促进国际产能合作，形成面向全球的贸易、投融资、生产、服务网络，加快培育国际经济合作和竞争新优势。

（二）营造良好的城市营商环境

实现产权有效激励、要素自由流动、价格反应灵活、竞争公平有序、企业优胜劣汰，提高城市对企业和人的吸引力。全面实施市场准入负面清单制度，清理废除妨碍统一市场和公平竞争的各种规定和做法，支持民营企业发展，激发各类市场主体活力。深化商事制度改革，打破行政性垄断，防止市场垄断，放宽服务业准入限制。

五、坚持共享发展，着力增强城市发展的包容性

城市是由各类人群组成的集合体，不同人群担当着不同的角色、贡献着不同的作用，形成合理分工、相互倚偎、互为支撑的动态平衡，构成完整而生机勃勃的城市图景。城市发展离不开这些人群，必须树立共建共享共治的理念，为这些人群提供良好的城市公共服务与治理体系，才能实现高效的城市运行与发展，促进人的全面发展。

近些年来，我国城市公共服务体系和治理体系还不能满足城市发展的要求，不少城市重建设轻治理、重管理轻服务；2亿多进城农民工难以融入城市生活、长期处于不稳定状态；人民在最关心的教育、就业、社保、医疗、养老、居住等方面，还有不少操心事、烦心事。这不符合以人民为中心的发展思想，也在一定程度上影响了城市的经济发展。

推动城市共享发展，就是要完善城市公共服务供给体系，构筑高效的城市治理体系和治理能力，确保市民在城市生活得更方便、更舒心、更美好，有更多的获得感、幸福感、安全感。

（一）加快农业转移人口市民化

全面放宽城市落户条件,继续落实 1 亿非户籍人口在城市落户方案,加快户籍制度改革落地步伐,促进有能力在城镇稳定就业生活的重点人群在城市举家落户;实现居住证制度覆盖城镇全部未落户常住人口,以居住证为载体向未落户人口提供城镇基本公共服务及办事便利,尽力而为、量力而行,在幼、学、劳、病、老、住、弱 7 个方面用力,持续提高居住证含金量。

（二）完善城市治理体系

将观念从"为城市管理市民"转为"为市民管理城市",改善治理缺位、治理越位、治理不到位等问题,提升治理质量;将现代科技成果更多应用于城市治理,利用互联网、大数据、人工智能推进城市治理和公共服务智慧化,加快建设智慧城市;扩大社会各界参与度,实现政府治理与社会自我调节、居民自治良性互动,构筑形成精细化、多元化、协同化的城市治理体系。

坚持新发展理念、推动城市高质量发展,是一篇很有意义的大文章。要把城市高质量发展作为新型城镇化战略的重要内容,作为实施乡村振兴战略和区域协调发展战略的有力支撑,作为新时代中国特色社会主义发展的重要实践,作为建设现代化国家的关键举措,稳中求进、努力探索,开创城市发展新局面。

第二节　边境城市可持续发展研究

国家发展改革委发展战略和规划司

加快发展边境地区,是党的十九大作出的重大决策部署。边境一线市镇是边境地区发展的主要空间载体,也是"一带一路"建设的排头兵。改革开放特别是党的十八大以来,边境一线市镇发展取得了一些成绩,但发展不平衡不充分问题极为突出,需要深入研究并制定有效举措。

一、边境一线市镇发展的基本现状

（一）边境一线市镇行政区划情况

我国陆地边境线长度约为2.3万公里,与朝鲜、俄罗斯、印度等14个国家接壤。边境省区从东北到西南分别有辽宁、吉林、黑龙江、内蒙古、甘肃、新疆、西藏、云南、广西9个(见表8-1),边境县(旗、市、区)有140余个,土地约200万平方公里,人口约2000万人。其中,有29个县级市、7个市辖区、498个直接抵边乡镇。

表8-1　边境一线市镇行政区划

大区域	边境省区	边境线长度（平方公里）	边境县（旗、市、区）/团场（个）	抵边乡镇（个）
东北	辽宁	221	5	11
	吉林	1439	10	45
	黑龙江	2981	18	71
	内蒙古	4221	19	79
西北	甘肃	65	1	1
	新疆	5742	34	—
	其中:新疆生产建设兵团	2019	58	—
	西藏	4000	21	87
西南	云南	4060	25	28
	广西	637	8	26

（二）边境一线市镇经济发展情况

从GDP数据分析,云南和广西边境一线市镇经济发展最好,辽宁、吉林、黑龙江次之,新疆再次之,内蒙古和西藏最滞后。边境一线市镇依托区位条件、自然资源、生态环境和民族文化等独特优势,普遍发展边境贸易、生态文化旅游、资源初级加工、农牧业生产加工等产业。比如,额济纳旗策克口岸年进出口货物达 1200 万吨;漠河市依托中国最北和极地天象开发旅游线路,年接待游客达 200 万人次;满洲里市依托进口木材、粮食和矿产资源,发展资源加工产业集群。

（三）边境一线市镇发展平台情况

边境一线非行政区发展平台主要有重点开发开放试验区、沿边国家级口岸、边境和跨境经济合作区。这些平台与周边国家合作较深,是发展活力较强的区块。目前,重点开发开放试验区有 5 个,沿边国家级口岸有 72 个(铁路口岸 11 个、公路口岸 61 个),边境经济合作区 17 个,跨境经济合作区 1 个。此外,还有一批边境互市贸易区和边民互市贸易点,如黑龙江有 2 个边境互市贸易区,西藏和云南省文山州分别有 49 个、24 个边民互市贸易点。

二、边境一线市镇发展面临的四大困境

（一）人口不断减少

边境地区普遍地广人稀,140 个边境县(旗、市、区)土地面积占全国比例为 21%,但人口占比不足 1.5%,人口密度仅为 10 人/平方公里。在人口基数本就很小的情况下,近些年存量人口不断外流、增量人口寥寥无几,如 2010 年以来黑龙江边境一线市镇减少了 8 万人,2005 年以来辽宁省丹东市减少了 7 万人。青壮年和学龄儿童减少更严重,如 2016 年内蒙古阿尔山市小学生为 1200 人左右,比 2009 年减少了 1/4。原住人口向城市和县城集中的趋势明显,如吉林省 29 个、辽宁省 10 个边境一线小城镇的镇区人口平均仅约 4000 人,人口超过 1 万人的小城镇很少。

（二）先进要素缺乏

人才、技术、金融资本和工商资本等先进要素,是市镇发展的根本动力。边境一线市镇普遍缺乏这些要素,限制了产业发展和增长后劲。边境市镇

高技术人才引不来、本地人才留不住,本地户籍大学生毕业后普遍不愿返回就业,公务员、教师和医生招录困难,招来后过段时间也迁往区域中心城市,如近3年额尔古纳市体制内人员招录中的28个岗位因报名人数不足而取消,还有81人以调转、考出、辞职等方式离开。赴边投资兴业的优质企业很少,本土成长起来的企业也在流出,即使是较发达的广西东兴市,规模以上工业企业也只有30多家,平均工资远低于沿海地区。金融机构较少,并且大多是资金抽水机,吸储多、放贷少,很少为当地发展注入源头活水。

(三)产业形态初级

产业是市镇发展的核心所在,决定了人民就业收入和财政来源。大多数边境一线市镇处于工业化初级阶段,产业基础普遍薄弱,建成区多是源于生活、行政管理或军事的需要而形成,功能以承担行政职能为主,非农就业主要集中于行政和公共服务等非生产部门。与区域中心城市没有太多的产业联系,难以依靠承接产业转移和功能疏解而发展。自身产业初级低端,产业链条短,如一些市镇旅游产业只有简单的住宿餐饮功能,服务配套不足;一些市镇边贸产业是单一的通道经济,出口货物主要来自外省,进口货物也大多直接转送外省、很少留在本地加工,成为"酒肉穿肠过、哥们照样穷"的运输大队。

(四)承载能力较差

先进的基础设施、良好的公共服务和善治的社会治理,是市镇发展的基础条件,也是使原住人口过得好、先进要素进得来的基石。绝大多数边境一线城市的财政总收入在10亿元以下,没有能力持续改善城市功能,难以在"一带一路"建设中承担更加综合、更为多元的枢纽功能。一些市镇尤其是西南和西北地区的交通设施滞后,对外与毗邻国家的铁路和公路跨境通道建设缓慢,对内与区域中心城市的快速公路和铁路通道缺乏,交通对经济发展的引领作用没有充分体现。口岸基础设施配套能力不足,不能完全适应进出口货物通关的需求,多数口岸货运量和客运量较小。边境一线小城镇供热、供排水、污水和垃圾处理设施缺失,住房相对较差,尤其是普遍缺乏专业的饮用水处理设施,居民基本直接取地表径流为饮用水源,在降雨季节只能饮用混浊的水。

三、边境一线市镇发展面临的三大制约

（一）具有先天脆弱性

边境地区大部分是民族地区,大部分是生态脆弱地区,大部分是贫困地区。边境一线市镇位处地理上的神经末梢,不仅远离国家的政治、经济和文化中心,也与沿海发达地区相距甚远,很难受到正面辐射带动。大多数边境市镇所处的地理和气候条件比较恶劣,除云南和广西相对较好外,东北和新疆边境市镇冬季严寒期长,西藏边境市镇地处高原高寒地带,如内蒙古额尔古纳市冬季取暖期长达 9 个月,难以对人口来此发展产生吸引力。大多数边境市镇较短的施工期以及较高的运输成本、建设成本、人工成本等,使企业赴边投资的积极性大打折扣。

（二）受制于邻国发展

边境一线市镇所处的地理位置决定,其发展必然受毗邻国家经济和政治的影响。陆上 14 个邻国发展基本落后于我国,经济韧性不强、更易受国际经济形势波及,连锁反应会影响与边境市镇的贸易往来,使边境市镇发展较难从邻国获益。比如,2015 年蒙古国大旱后,立即禁止珠恩嘎达布其口岸饲草出口;缅甸军方对资源性产品实行出口管控,我国至今无法进口缅甸木材;阿富汗时常有局部武装冲突,造成贸易中断、物资损毁和工程停工。这些不确定不稳定因素,既不利于边境市镇发展,也降低了企业赴边投资的预期。

（三）财政投入不足

近些年来,中央和省级财政资金对边境一线市镇的支持不少,但距离实际需求还远远不足,边境市镇公共基础设施、服务设施和社会治理能力普遍较差。新疆和内蒙古不少边境市镇不通铁路,高等级公路也不多,与毗邻国家的交通连接更差。不少边境一线小城镇因面积大、人口散导致公共服务半径大、人员多、成本高,如呼伦贝尔市新巴尔虎左旗约 4.2 万人、财政供养人员达 4000 人,阿拉善盟额济纳旗人口约 1.8 万人、财政供养人员达 3200人,财政供养人员万人配比分别高达 952 人、1777 人,远高于 357 人的全国

平均水平。

四、推动边境一线市镇发展的政策建议

（一）统筹安排市镇规划布局

维护边境安全，战争时期靠部队、和平时期靠边民。改变单纯绑现有边民于土、定点才是守边的传统思路，在发展既有居民点的前提下，规划好家门口的城镇化，通过培育边境一线市镇来吸引更多的非边境地区人口，稳步实现人口稳中有增。以联系紧密的附近区域性中心城市为带动，以边境县级市和区所属地级市为核心，以边境口岸和小城镇为节点，以依托军民融合和特色资源等建设的"非镇非区"边境特色小镇为散点式支撑，增强从镇到市到区域性中心城市整个体系的连接性，形成对内对外横向有呼应、纵向有支撑的边境一线市镇廊带。选择培育一批全国性和区域性边境一线市镇，发挥在整个廊带中的引领带动作用。制定支持边境一线市镇发展的意见。

（二）推动潜力型市镇以产聚人

引导有基础有潜力的边境一线市镇按照与自身禀赋符合、与国内配套、与毗邻国家互补的原则，合理谋划产业定位，防止脱离实际追求重化工业和高精尖产业。支持与毗邻国家合作发展跨境旅游和边境贸易，因地制宜发展特色资源加工、进口能源资源加工等产业。推进通关便利化，统筹口岸分工，完善边境贸易、金融服务、交通枢纽等基本服务功能。承接好沿海地区产业转移及毗邻国家产业回流，以口岸为重点与沿海和内陆城市合建产业园区、发展飞地经济。

（三）推动战略节点型市镇以城聚产

对缺乏发展潜力但居于战略节点的市镇，加大真金白银的财政投入，支持其改善基础设施和公共服务，增强对人口的吸引力和承载力，进而依托新增人口消费需求的增长，发展壮大服务业等产业，实现以城聚产、以公共服务聚人，确保与其战略作用相适应。支持水电路气热讯等公共基础设施、教文卫体养老等公共服务设施建设，推动基础设施互联互通、公共服务均等享

有、社会治理扩面提质。完善沿边境市镇铁路和公路网络,构建多点链接、沿边贯通的边防公路网络。能由社会资本出资的,要提供各项政策支持;没有社会资本参与的,要由中央和省级托底,取消省以下资金配套要求。设立国家边境一线市镇专项资金,重点支持全国性和区域性边境一线市镇加快发展。

(四)强化各类发展要素支撑

把到边境一线市镇锻炼作为培养干部的重要途径,推动沿海和内陆教文卫体等人员定期服务边境市镇。合理保障用地需求,适度扩大建设用地供给,对重大项目新增建设用地计划指标单列,并探索免征新增建设用地有偿使用费。全面收集各类建设用地产权和城乡建设用地增减挂钩节余指标、耕地占补平衡指标,推动其在全国范围内流转交易。强化金融服务,引导丝路基金、亚洲基础设施投资银行、金砖国家新开发银行等金融机构,以及开发性、政策性、商业性金融机构加强融资支持。优化营商环境,放宽投资准入限制,探索在有条件的边境城市设立自由贸易港。

(五)建立城际对口合作机制

按照谁受益谁支援的原则,推进边境一线市镇与沿海和内陆城市对口合作,优先推动开通中欧班列地区对边境口岸的支持。建立边境地区省际会商机制,对沿边跨省区基础设施等重大项目予以协调推进。组建边境一线市镇合作联盟,交流典型经验、破解共性问题、共商行动方案。

第三节 城市产业布局调整优化研究

工业和信息化部赛迪研究院赛迪顾问股份有限公司

在我国大力推动城镇化建设的背景下,城市集聚了大量的创新资源、产业资源和人力资源,其较好的基础设施配套和管理服务体系,成为我国经济建设与产业发展的核心力量。"十三五"期间,我国城市产业布局在区域协调战略的引导下加速优化,在构建支撑现代化经济体系空间格局、加快新旧动能转换与高质量发展方面起到了重要支撑作用。

一、我国城市产业布局总体情况及特点

在城市建设与发展的过程中,在市场规律和政策引导的作用下,各地充分发挥城市禀赋优势,逐步形成了当前我国的城市产业布局。

(一) 从整体来看,我国城市产业呈现"东部沿海引领、中西协调发展"的格局态势

东部沿海城市依托其较好的区位优势和开放环境,在改革开放后快速发展,经济总量与活力在全国领先。中西部城市在中部地区崛起、西部大开发等区域协调战略的带动下加速发展,基本形成了以中心城市带动城市群发展的协同发展态势。

(二) 从产业结构来看,传统资源型产业布局特点明显,新兴产业在全国较为均衡

从产业大类来看,能源化工、钢铁、有色金属冶炼、建材等产业分布表现出较强的资源导向特点;食品产业、纺织产业等产业的分布则呈现出市场导向和劳动力导向的特点。受国家促进战略性新兴产业发展的有关政策引导,各省市均出台促进战略性新兴产业发展的规划及指导意见,因此电子信息、新材料、医药产业、智能制造等战略性新兴产业在全国布局呈现较为均衡,充分体现了政策对城市产业分布的引导作用。

(三) 从发展阶段来看,我国城市已全部进入工业化阶段,部分已经步入后工业化阶段

以人均地区生产总值为衡量标准,我国位于工业化后期及后工业化阶段的城市占比达到49.1%,主要集中在东部和东北地区;工业化中期城市占比达到44.1%,且大部分处于工业化中期的后半阶段,主要集中在中部和西部地区。工业化初期的城市占比仅为6.8%,主要集中在西部边疆地区。

（四）从演进趋势来看，我国城市产业重心加速南移，呈现出经济增长"东快西慢"和经济总量占比"南升北降"的分化格局

2015—2017年，地区生产总值增量超过500亿元以上的城市主要集中分布在东南沿海地区，以及相对零散分布的中西部地区。其中，增量超过千亿以上的城市29个，全部为华北沿海、华东沿海、珠三角等城市。"十三五"期间，依靠创新驱动的东部沿海城市保持了较为稳定的增长，表现出了更强的韧劲和惯性，而主要依赖投资拉动、资源驱动的内陆城市则经历了一轮较大幅度的经济增速下滑，加速了经济增长"东快西慢"和经济总量占比"南升北降"的区域分化。

（五）从经济密度特征来看，城市群中心城市单位产出高，经济密度大

从我国城市产业布局特点来看，省会城市、城市群中心城市单位产出与经济密度远高于其他城市。从地均生产总值来看，我国区域中心城市经济密度均超过2000万元/平方千米，京津冀、长三角、珠三角等重点中心城市更是超过5000万元/平方千米。同时我们也可以看出，不同的城市群发展水平对城市群内部城市的经济密度分化也具有较大影响。长三角、珠三角、山东半岛等城市群已经初步形成了面状辐射的发展格局，而中西部城市群仍以郑州、武汉、长沙、西安、成都等区域性中心城市为点状经济集聚核心，中心城市产业溢出效应相对较低，对周边城市的布局牵引能力较弱。

二、三次产业及重点行业城市布局特点

（一）第一产业：东北及西部城市比重较高，东部沿海及华中地区城市密度较大

当前，第一产业增加值占地区生产总值的比重大于25%的城市地区有20个，以东北、西北城市为主；农业高效发展的城市集中分布在东部沿海以及华中、川渝等地区，第一产业增加值密度在400万元/平方千米以上的城

市多集中于山东、浙江、广东等沿海地区。作为国民基本生活保障的重要支撑,在控制耕地红线、保护耕地资源的同时,集约用地是平原城市实现高质量发展的重要路径。

(二)第二产业:新老工业基地比重较高,东部沿海城市密度较大

沿海新工业基地和中西部老工业基地的第二产业增加值比重大于45%,第二产业增加值密度在2000万元/平方千米以上,以东部沿海城市带为主。新兴工业城市是引领我国制造业高质量发展的核心力量。以高新技术为支撑的沿海新生代工业基地发展潜力和势头强劲,逐步成为我国先进制造业发展的前沿阵地。

(三)第三产业:高比重城市呈"川"字形带状分布,城市群核心城市产业密度大

第三产业增加值占地区生产总值的比重大于55%的城市有35个,以发展高端服务业的沿海城市比重最高。从密度来看,第三产业增加值密度均在2600万元/平方千米以上的主要为沿海城市群核心城市。

(四)重点行业城市布局各具特点

其中,资本密集型、技术密集型的装备制造业在全国"集中连片"分布,沿海城市群成为高端装备制造业基地;医药产业均衡布局,中西部更多属于原材料集聚型,技术密集型的沿海城市以生物医药和医疗器械为主;汽车产业集中分布在工业规模较大、资本密集、人才密集的中、东部地区;电子信息产业在全国均衡分散布局,人工智能、新一代信息技术和大数据等高新技术产业主要分布在东部沿海城市;网络安全产业主要围绕奇安信等龙头企业分布,主要集中在北京、广东等地区;节能环保产业沿江沿河呈"带"状分布;新材料产业集群空间范围较广,除西藏、海南外,在全国"集中连片"布局;轨道交通产业多分布在新老工业基地城市,呈"点"状分散布局;海洋装备产业沿海依江分布;知识密集型和高端技术密集型的航空航天产业受政策影响较大,主要分布在东部、东北和西部地区的少数城市;新能源产业在北部沿边及东北呈"横向"城市条带,在东部沿海、中部沿京广铁路的"纵向"城市产业集群带;智能制造产业主要分布在少数工业基础好、资本密

集、人才集中的城市。

三、合理引导城市产业布局的政策举措

合理引导大、中、小城市产业布局应坚持贯彻落实党中央及习近平总书记提出的"推动形成优势互补高质量发展的区域经济布局"总体要求,进一步落实新形势下促进区域协调发展的工作要求,坚持"尊重客观规律、发挥比较优势、完善空间治理、保障民生底线"的总体原则,既关注在城市产业发展和区域经济发展分化过程中各个城市已经形成的产业基础和比较优势,也关注新时代我国区域战略下赋予各个城市的战略功能与使命,加快构建高质量发展的产业布局体系和动力系统。

（一）加快区域协调发展战略下城市产业整体布局的统筹引导

在我国加速实施区域协调发展战略的新时代,城市产业布局引导与优化应加强全盘谋划,围绕区域协调发展战略加快做好城市产业布局的统筹协调、应重点关注三个方面:一是"东部沿海产业走廊"和"京广内陆产业走廊"两条纵向产业带的优化调整;二是长江经济带、黄河生态经济带与"一带一路"境内段三条横向经济带的统筹布局;三是对京津冀城市群、长三角城市群、粤港澳大湾区、成渝地区双城经济圈、中原城市群等区域协调发展战略中大、中、小城市的产业功能定位与重点布局方向的规划引导。

（二）提高大城市和城市群核心城市产业能级和产业链水平

新时代促进大中小城市产业合理布局,应尊重客观规律,加快推动高端产业资源向大城市尤其是城市群核心大城市集中,中心城市以发展先进制造业、高端服务业等高附加值产业及产业链高端环节为核心,形成带动区域乃至全国高质量发展的动力源。在发展产业的过程中,要进一步增强大城市的产业创新功能及产业资源配置功能,以产业承载提升人口承载、经济发展与价值创造能力。在城市群外围的中小型城市应加快承接承载大城市产业功能外溢,以产业链协同与产业功能协同提升大城市及城市群整体产业链水平。

（三）提升中小型城市特色产业对城市功能的支撑水平

中小城市是我国城市的重要组成部分,占比高、总量大。在新时代引导产业布局的过程中,应充分发挥中小城市的城市功能、产业基础和资源禀赋条件,推进特色产业的转型升级和民生发展,提升中小城市保障粮食安全、生态安全、边疆安全等方面的功能。对于资源型中小城市,应进一步进行宏观规划,在建设专业性资源开采、冶炼和深加工基地的同时,设置开发底线,建立市场化管理机制保障资源安全与生态安全。对于老工业基地,应有效整合资源,主动调整经济结构,发展新技术、新业态、新模式,加快推进民生保障质量提升的同时培育产业新增长点。对于资源枯竭型城市,应以延链、补链、强链为核心,加快培育一批具有当地特色的接续替代产业。对于地处边疆的中小型城市,应在产业资源投入方面有所倾斜,形成一定的特色产业集聚,加强人口和经济体量支撑。

第四节　创新型城市建设发展研究

科技部成果转化与区域创新司

区域创新是创新型国家的基础和依托,创新驱动发展战略的实施和科技改革发展的各项部署,最终都要落在区域上。抓好区域创新,提升区域经济创新力和竞争力,落实创新驱动发展战略、建设创新型国家才有保障。习近平总书记在 2016 年召开的全国科技创新大会、两院院士大会、中国科协第九次全国代表大会上指出,要尊重科技创新的区域集聚规律,因地制宜探索差异化的创新发展路径,加快打造具有全球影响力的科技创新中心,建设若干具有强大带动力的创新型城市和区域创新中心。城市作为创新资源的集聚地和创新活动的主阵地,是区域创新的关键节点,在建设创新型国家进程中发挥着举足轻重的作用。

2008 年以来,科技部、国家发展改革委分别选取部分创新基础良好、优势特色突出、区域辐射作用明显的城市开展创新型城市试点。2016 年,科技部、国家发展改革委联合印发《建设创新型城市工作指引》,对创新型城市建设作出系统部署。2017 年,科技部创新发展司、国家发展改革委高技术产业司联合印发《科技部创新发展司　国家发展改革委　高技术产业司关于进一步做好 2017 年创新型城市建设有关工作的通知》,并委托科技部中国科学技术信息研究所、国家科技评估中心于 2017 年上半年集中对此前支持的 61 个试点城市组织开展评估。评估认为,61 个城市总体上完成了试点建设实施方案既定的全部或大部分任务,取得了显著成效,实现了试点建设目标。在此基础上,2018 年,国家发展改革委、科技部联合发文支持新一批 17 个城市开展创新型城市建设。截至目前,国家发展改革委、科技部共支持 78 个城市建设国家创新型城市,其中包括 72 个地级市,北京市海淀区、上海市杨浦区、天津市滨海新区、重庆市沙坪坝区 4 个直辖市城区,以及昌吉市、石河子市 2 个县级市。

一、创新型城市建设成效显著

总体看来,各创新型城市以实施创新驱动发展战略为主线,着力营造创新创业良好生态,着力提升创新能力,推动经济高质量发展,推动社会民生不断改善,探索各具特色的城市创新发展路径,辐射带动区域经济发展,发展成效显著。

（一）成为区域创新发展的主阵地

78 个创新型城市以占全国 1/10 的国土面积、1/3 的人口,汇聚了全国 80%的研发经费投入和地方财政科技投入,拥有全国 80%以上的有效发明专利和高新技术企业,成为区域创新发展的主阵地和创新型国家建设的战略支撑。以北京、上海、深圳、广州为代表的创新型城市跻身全球顶尖竞争力的城市行列,成都、南京、杭州、武汉、天津、重庆、苏州、宁波、西安、青岛等一大批创新型城市成为我国参与国际竞争的重要门户城市。

（二）成为高质量发展的动力源

北京市、上海市、粤港澳大湾区三大科技创新中心初步形成了创新型国家的三大核心支柱和高质量发展动力源。北京市以"三城一区"为主平台，强化原始创新，推进核心技术攻关，大力发展"高精尖"产业。2018年研发经费投入强度和每万人发明专利拥有量稳居全国之首；国家进步科技奖和技术市场合同成交额占全国的1/3左右，其中，独角兽企业占全国近一半；战略性新兴产业增加值对工业增长的贡献率超过一半。上海市系统推进全面创新改革试验，大力建设上海张江综合性国家科学中心和关键共性技术研发和转化平台，截至2018年建成和在建的国家重大科技基础设施数量、投资金额领先全国，在"核高基"、集成电路装备、大飞机等领域取得一系列突破，刻蚀机、光刻机等战略产品已达到或接近国际先进水平。粤港澳大湾区积极构建开放型区域协同创新共同体，打造高水平科技创新载体，优化区域创新环境，截至2018年粤港澳大湾区拥有高新技术企业数量超过3万家，位居全国第一，"广州—深圳—香港—澳门"科技创新走廊加速形成，电子信息、汽车、智能家电、机器人等世界级产业集群初步形成。

（三）成为新动能的主要发源地

2017年，78个创新型城市高新技术企业总数超过10万家，主营业务收入达到24万亿元，均占全国的80%左右，一大批在国内乃至全球市场上领先的"综合冠军"和"单项冠军"不断涌现，成为新动能的主要发源地。北京市先后培育出联想、百度、京东、小米、京东方、寒武纪、地平线、旷视科技等一批具有全球竞争力的企业。深圳市孕育出全球最大的通信设备商华为、最大的即时通信服务提供商腾讯、最大的新能源汽车电池生产商比亚迪、最大的基因测序及分析中心华大基因研究院，以大疆公司为代表的高成长性的创新型中小企业也在迅速崛起。以苏州纳微科技公司等为代表的企业在微纳制造、第三代半导体、创新药物等领域进入全球价值链中高端。

（四）成为差异化创新发展模式的探路者

各创新型城市根据自身科技基础、资源禀赋、产业特征、区位优势和发展水平等条件，探索适合自身的创新驱动发展模式和路径，初步形成了各具特色的创新发展格局。北京、上海、南京、广州、武汉、西安、合肥等城市，充分发挥科教资源富集优势，积极承接国家重大科技改革和发展任务，不断强化基础研究和关键核心技术突破，积极谋划发展量子通信、人工智能、区块链、3D打印、物联网、基因测序(精准医疗)、高端机器人等一批未来产业,走供给推动型创新发展道路。深圳、杭州、苏州、无锡、常州、宁波等城市,充分发挥市场活跃度较高、产业基础较好的优势,积极对接科教资源富集地区的科技成果,不断强化产学研深度融合和产业技术创新,大力培育高新技术企业和战略性新兴产业,走需求拉动型创新发展道路。大连、沈阳、太原、湖州、马鞍山、徐州、洛阳等城市,充分发挥能源矿产资源丰富、工业基础雄厚的优势,不断优化营商环境,加大科技成果转移转化力度,发展新技术、新业态、新模式,促进传统制造业升级改造,加快发展现代农业,走科技支撑产业升级型创新发展道路。贵阳、乌鲁木齐、银川、西宁、拉萨等城市,充分利用区域联动和对口支援等机制增加科技创新力量,加快科技成果在生态保护、特色产业发展、人民健康福祉方面的推广应用,走东西科技合作型创新发展道路。

二、创新型城市建设的主要做法和经验

创新型城市通过深化改革、完善激励机制、优化创新体系,营造有利于创新发展的制度和政策环境,调动全社会参与建设创新型城市的积极性,形成了一批可复制推广的经验做法。

(一) 强化组织保障,加快实施创新驱动发展战略

将创新型城市建设作为推进全市落实创新驱动发展战略的总抓手,统筹科技、经济、社会各领域创新发展和省、市、县各级党委政府创新治理,构建上下联动、左右协同的良好工作格局。部分创新型城市将科技创新作为"一把手"工程来抓,并纳入对市级机关和县(市)区党政领导班子绩效考核的重要内容,有力地调动了各方面建设创新型城市的积极性。如合肥市成立由市委书记任组长,市长任第一副组长,市委副书记、分管副市长为副组长,市直相关部门及各县(市)区、开发区主要负责人为成员的自主创新工作领导小组,研究部署创新型城市建设有关工作。宁波市成立由市委书记、市长任组长,市级部门主要领导为成员的创新型城市建设领导小组。

（二）强化政策协同，细化完善配套政策

围绕创新型城市建设出台决定、规划、意见以及配套细则，突出创新型城市建设的系统性、整体性和协同性，为确保建设工作取得实效提供重要保障。如成都市制定《成都市创新型城市建设 2025 规划》，并陆续出台细化政策措施，形成了较为完备的创新政策体系。武汉市出台《中共武汉市委武汉市人民政策关于加快推进全面创新改革建设国家创新型城市的意见》以及 6 个配套文件。南京市连续三年以市委"一号文件"的形式，发布建设创新名城的政策措施，明确创新名城建设的目标、方向、路径和政策举措。

（三）改革财政科技投入方式，撬动社会资本投入

完善多元化、多渠道、多层次的科技创新投入体系，综合运用创业投资、风险补偿、贷款贴息等多种方式，充分发挥财政资金的杠杆作用，引导金融资金和民间资本进入创新领域。如杭州市设立市工信和科技创新发展专项资金，整合扶持企业的各专项资金，并通过拨改投、拨改贷、拨改保，更好地发挥财政资金"四两拨千斤"的杠杆作用。厦门市改革科技投入方式，科技投入从无偿资助向贷款贴息、担保贷款、股权投入转变，以财政科技资金为引导，撬动银行、企业、社会资金加大对科技的投入。青岛市综合采用"拨、投、贷、补、奖、买"等方式支持科技创新，放大财政科技资金使用效益，建立财政科技投入与社会资金搭配机制，撬动各类社会资本共同支持科技创新。

（四）强化创新载体建设，营造创新创业生态

以构建新型研发机构、专业化众创空间等创新创业服务平台和提升孵化服务能力为突破口，营造良好的创新创业生态。如深圳市引进培育中科院深圳先进技术研究院、清华大学深圳研究院、光启高等理工研究院等新型研发机构，实现科学发现、技术发明、产业发展"三发"一体化，提升创新能力和竞争实力，成为引领源头创新和新兴产业发展的重要力量。西安市大力推进"四主体一联合"研发平台建设，促进高校自由探索的科研与企业目标导向的研发、高校科技人员不离开校园与赴企业创新、企业进校园与成果出校园、培养学者与工匠、横向研发课题与纵向科研项目等的有机统一。

（五）创新人才工作体制机制，集聚创新创业人才

以人才政策突破和体制机制创新为重点，优化人才创新创业综合环境，

以更积极、更开放、更有效的政策集聚海内外人才。如杭州市探索实施"人才+资本+项目"的市场化引才路径,大力发展人力资源产业园,大力引进培育一批风投机构、孵化器等中介组织,引导市场主体走上招才引智的第一线,发挥人才、项目、资本之间的桥梁纽带作用。成都市积极构建招商引资与招才引智良性互动机制,聚焦重点发展产业细分领域,推动"大数据全球人才搜索系统"与"招商云网"数据共享、资源共用,形成与产业链动态耦合的人才链,创新"人才+项目+资本"协同引才模式,形成"引进一个人才,带来一个团队,兴办一个企业,形成一个产业"的链式效应。

三、创新型城市建设中存在的问题和建议

总体上看,创新型建设取得了积极成效,探索出一批好的经验和做法,但与建设创新型国家、高质量发展的要求相比,仍存在一些问题和不足,需要进一步改进和完善。

（一）创新型城市的创新能级有待进一步提升

与国外先进城市相比,我国大部分创新型城市的创新能级不高,辐射带动作用还不够强。新时代高质量发展对创新型城市建设提出了更高的要求。各创新型城市都需要加强顶层设计和整体谋划,深入实施创新驱动发展战略,进一步提升城市创新能级,增强辐射带动能力。特别是中心城市和城市群,要加快建设一批具有世界先进水平的科研机构、高等院校和重大创新平台,在源头创新上持续发力,打造区域创新高地,为我国跻身创新型国家前列和建设世界科技强国提供有力支撑。

（二）创新型城市的空间布局有待进一步优化

78 个创新型城市中,38 个位于东部地区,16 个位于中部地区,19 个位于西部地区,5 个位于东北地区。东部地区创新型城市人口和 GDP 覆盖率分别为 56.5% 和 74.8%,远高于中部地区的 25.5% 和 43.0%、西部地区的 29.1% 和 45.8%,以及东北地区的 34.8% 和 51.1%。要进一步优化创新型城市的空间布局,统筹东、中、西部和东北地区,支持更多城市开展创新型城市建设,扩大覆盖面,全面支撑区域协调发展。

（三）创新型城市的监测评价有待进一步完善

要按照高质量发展的要求,进一步完善创新型城市监测评价指标体系,加强创新型城市的监测评价,探索建立动态调整机制,充分发挥指标体系定靶子、瞄方向、指挥棒的作用,引导城市根据自身优势,走差异化创新发展道路。加强对创新型城市好经验、好做法的总结凝练,形成一些可复制、可推广的经验予以宣传和推广。

第五节　智慧城市建设发展研究

国家发展改革委创新和高技术发展司

党的十八大以来,以习近平同志为核心的党中央高度重视智慧城市建设。习近平总书记多次对智慧城市建设作出重要部署。为贯彻落实习近平总书记重要指示精神,按照党中央、国务院决策部署,国家发展改革委、中央网信办等 26 个部门建立了促进智慧城市健康发展部际协调工作组,进一步统筹推进新型智慧城市建设。据不完全统计,截至 2019 年 12 月底,全国所有副省级及以上城市、95%以上地级及以上城市、50%以上县级及以上城市已启动开展智慧城市建设的相关工作。

一、国家顶层设计引领新型智慧城市稳步推动

习近平总书记多次就新型智慧城市建设作出重要指示。2016 年 4 月,在网络安全和信息化工作座谈会上,习近平总书记指出"要以信息化推进国家治理体系和治理能力现代化,统筹发展电子政务,构建一体化在线服务平台,分级分类推进新型智慧城市建设"[1]。2016 年 10 月,在中共中央政治

---

[1]　习近平:《在网络安全和信息化工作座谈会上的讲话》,人民出版社 2016 年版,第 6 页。

局第三十六次集中学习中,习近平总书记强调要"以推行电子政务、建设新型智慧城市为抓手,以数据集中和共享为途径,建设全国一体化的国家大数据中心,推进技术融合、业务融合、数据融合,实现跨层级、跨地域、跨系统、跨部门、跨业务的协同管理和服务"①。2019 年 10 月,习近平总书记在中共中央政治局第十八次集体学习时指出"要推动区块链底层技术服务和新型智慧城市建设相结合,探索在信息基础设施、智慧交通、能源电力等领域的推广应用,提升城市管理的智能化、精准化水平"②。习近平总书记关于新型智慧城市建设多次发表重要讲话,为推进新型智慧城市建设工作提供了根本遵循。

李克强总理多次就新型智慧城市建设提出明确要求。2016 年 3 月,李克强总理在政府工作报告中强调要"打造智慧城市,改善人居环境,使人民群众生活得更安心、更省心、更舒心"。2017 年 12 月,李克强总理在武汉考察时指出"用好大数据不仅可以有效缓解城市堵点,也会让城市变得更'聪明',更好服务市民"。

国家相关政策体系逐步完善。2014 年 3 月,中共中央、国务院印发《国家新型城镇化规划(2014 —2020 年)》,明确提出"推进智慧城市建设"。2014 年 8 月,国家发展改革委、工业和信息化部等 8 部委联合印发《关于促进智慧城市健康发展的指导意见》,组成 26 个部委在内的促进智慧城市健康发展部际协调工作组,指导各部门和地方从概念引入、分散建设逐步向统筹协调和整体规划建设过渡。2016 年 3 月,中共中央办公厅、国务院办公厅印发了《中华人民共和国国民经济和社会发展第十三个五年规划纲要》,明确提出"以基础设施智能化、公共服务便利化、社会治理精细化为重点,充分运用现代信息技术和大数据,建设一批新型示范性智慧城市"。2016年 7 月,中共中央办公厅、国务院办公厅印发了《国家信息化发展战略纲要》,要求"加强顶层设计,提高城市基础设施、运行管理、公共服务和产业发展的信息化水平,分级分类推进新型智慧城市建设"。2016 年 12 月,国

---

① 习近平:《在网络安全和信息化工作座谈会上的讲话》,人民出版社 2016 年版,第 6 页。
② 习近平:《在网络安全和信息化工作座谈会上的讲话》,人民出版社 2016 年版,第 6 页。

务院正式发布《"十三五"国家信息化规划》,明确了新型智慧城市的建设行动目标。此外,2012 年以来相关部委也从不同角度出台发布了一系列相关政策文件(见表 8-2),有力地推进了我国智慧城市应用体系建设和产业健康发展,形成了支撑我国新型智慧城市建设的政策体系。

表 8-2　国家层面智慧城市相关政策文件

序号	文件名称	时间	出台部门
1	《国家智慧城市试点暂行管理办法》	2012-11	住房和城乡建设部
2	《国家智慧城市(区、镇)试点指标体系》	2012-11	住房和城乡建设部
3	《国务院关于促进信息消费扩大内需的若干意见》	2013-08	国务院
4	《关于推进社区公共服务综合信息平台建设的指导意见》	2013-10	民政部、国家发展改革委、工业和信息化部、公安部、财政部
5	《国家新型城镇化规划(2014—2020年)》	2014-03	中共中央、国务院
6	《智慧社区建设指南(试行)》	2014-05	住房和城乡建设部
7	《关于促进智慧城市健康发展的指导意见》	2014-08	国家发展改革委、工业和信息化部、科技部、公安部、财政部、国土资源部、住房和城乡建设部、交通运输部
8	《关于促进智慧旅游发展的指导意见》	2015-01	国家旅游局
9	《关于推进数字城市向智慧城市转型升级有关工作的通知》	2015-06	国家测绘地理信息局
10	《关于开展智慧城市标准体系和评价指标体系建设及应用实施的指导意见》	2015-11	国家标准委、中央网信办、国家发展改革委
11	《中共中央　国务院关于进一步加强城市规划建设管理工作的若干意见》	2016-02	中共中央、国务院
12	《关于推进"互联网+"智慧能源发展的指导意见》	2016-02	国家发展改革委、国家能源局、工业和信息化部
13	《"互联网+"现代农业三年行动实施方案》	2016-05	农业部、国家发展改革委、中央网信办等
14	《教育信息化"十三五"规划》	2016-06	教育部

序号	文件名称	时间	出台部门
15	《国家信息化发展战略纲要》	2016—07	中共中央办公厅、国务院办公厅
16	《2016—2020年建筑业信息化发展纲要》	2016—08	住房和城乡建设部
17	《智慧家庭综合标准化体系建设指南》	2016—11	工业和信息化部、国家标准委
18	《"互联网+人社"2020行动计划》	2016—11	人力资源和社会保障部
19	《"十三五"国家战略性新兴产业发展规划》	2016—11	国务院
20	《关于组织开展新型智慧城市评价工作务实推动新型智慧城市健康快速发展的通知》	2016—11	国家发展改革委、中央网信办、国家标准委
21	《"十三五"国家信息化规划》	2016—12	国务院
22	《"十三五"全国旅游信息化规划》	2016—12	国家旅游局
23	《电子商务"十三五"发展规划》	2016—12	商务部、中央网信办、国家发展改革委
24	《新型智慧城市评价指标(2016年)》	2016—12	国家发展改革委、中央网信办、国家标准委
25	《推进智慧交通发展行动计划(2017—2020年)》	2017—01	交通运输部
26	《智慧健康养老产业发展行动计划(2017—2020年)》	2017—02	工业和信息化部、民政部、卫生健康委
27	《国务院关于进一步扩大和升级信息消费持续释放内需潜力的指导意见》	2017—08	国务院
28	《智慧交通让出行更便捷行动方案(2017—2020年)》	2017—09	交通运输部办公厅
29	《智慧城市时空大数据与云平台建设技术大纲(2017版)》	2017—09	国家测绘地理信息局
30	《关于促进"互联网+医疗健康"发展的意见》	2018—04	国务院办公厅
31	《教育信息化2.0行动计划》	2018—04	教育部
32	《扩大和升级信息消费三年行动计划(2018—2020年)》	2018—07	工业和信息化部、国家发展改革委
33	《关于进一步推进以电子病历为核心的医疗机构信息化建设工作的通知》	2018—08	卫生健康委办公厅

续表

序号	文件名称	时间	出台部门
34	《"物联网与智慧城市关键技术及示范"重点专项2018年度项目申报指南》	2018-10	科技部
35	《关于继续开展新型智慧城市建设评价工作 深入推动新型智慧城市健康快速发展的通知》	2018-12	国家发展改革委、中央网信办
36	《自然资源部办公厅关于印发〈智慧城市时空大数据平台建设技术大纲(2019版)〉的通知》	2019-01	自然资源部办公厅
37	《2019年新型城镇化建设重点任务》	2019-03	国家发展改革委
38	《数字乡村发展战略纲要》	2019-05	中共中央办公厅、国务院办公厅
39	《"物联网与智慧城市关键技术及示范"重点专项2019年度项目申报指南》	2019-06	科技部
40	《数字交通发展规划纲要》	2019-07	交通运输部
41	《关于促进在线教育健康发展的指导意见》	2019-11	教育部等11个部门
42	《数字农业农村发展规划(2019—2025年)》	2019-12	农业农村部、中央网信办
43	《关于成立部科学技术委员会智慧城市专业委员会的通知》	2019-12	住房和城乡建设部办公厅
44	《关于加快煤矿智能化发展的指导意见》	2020-02	国家发展改革委、能源局、应急管理部等
45	《新冠肺炎疫情社区防控工作信息化建设和应用指引》	2020-03	民政部办公厅、中央网信办秘书局、工业和信息化部办公厅、国家卫生健康委办公厅

建立部际协调机制形成推进合力。2016年4月,经国务院领导批示,国家发展改革委、中央网信办联合教育部、科技部、工业和信息化部等23个相关部门,将"促进智慧城市健康发展部际协调工作组"升级为"新型智慧城市建设部际协调工作组",进一步强化部门工作合力,明确各成员单位的职责和义务,共同研究新型智慧城市建设过程中跨部门、跨行业的重大问题,加强

对各地区新型智慧城市建设的指导和监督,协调组织开展对外交流合作。
2016 年年初,研究制定了《新型智慧城市建设部际协调工作组 2016—2018
年任务分工》,围绕新型智慧城市建设与顶层设计、行业智慧应用、网络基
础设施建设、标准与评价、宣传与国际合作等方面,提出了 26 项重点工作,
明确了任务分工和时间要求,进一步强化国家层面统筹推进建设力量。

开展标准体系顶层布局与建设工作。2015 年 11 月,国家标准委联
合中央网信办、国家发展改革委印发了《关于开展智慧城市标准体系和评
价指标体系建设及应用实施的指导意见》,为智慧城市标准制定、综合及
分项评价指标制定指明了目标和方向。在部际协调工作组、国家标准委
统筹指导下,中国电子技术标准化研究院、中国信息通信研究院等国内相
关标准化机构在国际、国家层面取得了丰富的研究成果。自 2016 年发布
智慧城市第一项国家标准 GB/T 33356-2016《新型智慧城市评价指标》
以来,已经陆续立项了总体、基础设施、支撑技术与平台、建设与宜居、管
理与服务、安全与保障六大类 40 项国家标准,其中已发布的标准见表
8-3。我国已经成为多个国际标准化组织智慧城市领域工作组的发起国
或主导国,智慧城市评价指标、参考框架等国家标准成果已上升为国际标
准项目,国际标准话语权逐年提升。同时,我国在大数据、物联网、云计算、
区块链等相关技术领域的标准成果也是智慧城市标准体系的重要补充。此
外,工业和信息化部、民政部、交通部、水利部、能源部等相关部委也在各自
业务范畴内开展了相关细分领域的标准研制工作,比如工信部与国标委联
合印发了《智慧家庭综合标准化体系建设指南》;水利部研究制定了《智慧
水利总体方案》。

表 8-3　已发布智慧城市国家标准

序号	标准号	标准名称	归口单位
1	GB/T 34678-2017	智慧城市技术参考模型	全国信息技术标准化技术委员会
2	GB/T 34680.1-2017	智慧城市评价模型及基础评价指标体系第 1 部分:总体框架及分项评价指标制定的要求	全国信息技术标准化技术委员会

续表

序号	标准号	标准名称	归口单位
3	GB/T 34680.3-2017	智慧城市评价模型及基础评价指标体系第3部分:信息资源	全国信息技术标准化技术委员会
4	GB/T 34679-2017	智慧矿山信息系统通用技术规范	全国信息技术标准化技术委员会
5	GB/T 35776-2017	智慧城市时空信息基础设施　基本规定	国家测绘地理信息局
6	GB/T 35775-2017	智慧城市时空信息基础设施　评价指标体系	国家测绘地理信息局
7	GB/T 36333-2018	智慧城市　顶层设计指南	全国信息技术标准化技术委员会
8	GB/T 36332-2018	智慧城市　领域知识模型核心概念模型	全国信息技术标准化技术委员会
9	GB/T 36445-2018	智慧城市　SOA标准应用指南	全国信息技术标准化技术委员会
10	GB/T 34680.4-2018	智慧城市　评价模型及基础评价指标体系第4部分:建设管理	全国智能建筑及居住区数字化标准化技术委员会
11	GB/T 36334-2018	智慧城市　软件服务预算管理规范	全国信息技术标准化技术委员会
12	GB/T 36342-2018	智慧校园总体框架	全国信息技术标准化技术委员会
13	GB/T 36620-2018	面向智慧城市的物联网技术应用指南	全国信息技术标准化技术委员会
14	GB/T 36622.1-2018	智慧城市　公共信息与服务支撑平台第1部分:总体要求	全国信息技术标准化技术委员会
15	GB/T 36622.2-2018	智慧城市　公共信息与服务支撑平台第2部分:目录管理与服务要求	全国信息技术标准化技术委员会
16	GB/T 36625.1-2018	智慧城市　数据融合第1部分:概念模型	全国信息技术标准化技术委员会
17	GB/T 36625.2-2018	智慧城市　数据融合第2部分:数据编码规范	全国信息技术标准化技术委员会
18	GB/T 36621-2018	智慧城市　信息技术运营指南	全国信息技术标准化技术委员会
19	GB/T 37043-2018	智慧城市　术语	全国信息技术标准化技术委员会
20	GB/T 36622.3-2018	智慧城市　公共信息与服务支撑平台第3部分:测试要求	全国信息技术标准化技术委员会

序号	标准号	标准名称	归口单位
21	GB/T 36625.5−2019	智慧城市　数据融合第5部分:市政基础设施数据元素	全国信息技术标准化技术委员会
22	GB/T 37971−2019	信息安全技术　智慧城市安全体系框架	全国信息安全标准化技术委员会
23	GB/T 38237−2019	智慧城市　建筑及居住区综合服务平台通用技术要求	全国智能建筑及居住区数字化标准化技术委员会

统筹开展全国新型智慧城市建设评价指导工作。为引导各地新型智慧城市建设取得实效,按照"以评促建"的工作思路,新型智慧城市建设部际协调工作组先后研究制定了2016年版、2018年版《新型智慧城市评价指标》,积极推动新型智慧城市建设评价工作。自2016年以来,国家发展改革委会同中央网信办等部门,在全国范围内组织地方开展了2次新型智慧城市评价工作,其中2019年组织全国275个地级及以上城市完成指标数据填报工作,根据参评城市数据分析及案例分析情况,总结整体发展形势,筛选部分地方城市优秀案例,编制形成了我国智慧城市评价分析报告,为新型智慧城市相关参与方提供了重要的决策参考。

二、各地推进新型智慧城市成效显现

近两年,互联网、大数据、人工智能、5G、区块链等新技术加速应用到城市治理领域,通过对城市治理全民性、全时段、全要素、全流程的覆盖,实现了城市治理的转型与升级。新型智慧城市已经进入全面落地的新阶段,数字科技多要素全面驱动城市治理朝着更加人性化、智能化、便捷化的目标持续提升,各地区、各部门、各行业也展开了应用实践。

(一)"互联网+城市治理","共享驱动"治理要素互联

利用互联网共享驱动城市治理中各环节、各要素的互联互通,使得服务便捷化、资源均等化。党的十八大以来,党中央、国务院加快推进政务信息化建设,打通信息壁垒,构建全流程一体化在线服务平台,助力建设人民满

意的服务型政府。一些部门和地方积极探索，深入推进"互联网+政务服务"，加强信息共享，优化政务流程，一批堵点难点问题得到初步解决，重庆市"渝快办"、福建省"一号式"、广州省"一窗式"、浙江省"最多跑一次"等创新典型不断涌现，引领政务服务创新改革不断取得新成效。各地试点的"互联网+教育""互联网+人社"、互联网医院、互联网法院等一批创新举措，在推进资源均衡化和方便群众办事等方面也发挥着越来越重要的作用。

（二）"大数据+城市治理"，"数据驱动"治理模式创新

将大数据引入城市治理，充分挖掘大数据价值，利用数据驱动城市管理决策手段更加全面科学，治理模式得到不断创新。一方面，大数据能够有效促进城市治理决策模式创新，真正做到基于数据的科学决策，提高城市治理的精准性和有效性。应用大数据，可以将数据信息、政策仿真、社情民意呈现在决策者面前，揭示出传统方式难以展现的关联关系，为城市治理带来重要突破，形成"用数据说话、用数据决策、用数据管理、用数据创新"的管理机制。例如，国家发展改革委在推动"互联网+政务服务"的过程中，通过开展"群众办事百项堵点疏解行动"，向民众征集办事堵点、难点问题，实现基于数据的精准决策。另一方面，大数据能够推动城市治理监管模式变革，实现城市治理从事前审批向事中事后监管转变。通过高效采集、有效整合、深化应用政府数据和社会数据，将市场监管、检验检测、违法失信、企业生产经营、销售物流、投诉举报、消费维权等数据进行汇聚整合和关联分析，统一公示企业信用信息，预警企业不正当行为，提高事中事后监管的针对性、有效性。比如，南昌市开发运行了"南昌市企业监管警示系统"，汇总监管信息1200多万条，推动阳光执法和有效监管。

（三）"人工智能+城市治理"，"智力驱动"治理质量精准

人工智能技术及其应用可以整合城市的各种系统和服务，提升资源利用的效率、优化城市管理和服务，正在改变人们的生活方式，推动城市治理向纵深方向发展。公共服务方面，人工智能在教育、医疗卫生、家政服务等领域的深度应用，为满足公共服务精准化提供了抓手。开发适用于政务服务的人工智能系统，能够为市民各项活动提供精准服务。例如，浙江杭州、衢州引进 AI 机器人助力"最多跑一次"业务，办事群众满意率高达 94.7%。

此外,人脸精准识别技术让刷脸支付、刷脸进门成为日常,也让张学友成为"追逃大神"。智能管理方面,人工智能技术优化城市管理,推动城市智慧化发展。在人工智能加持下,管理人员可以对城市各个角落进行实时精准管控,根据具体情况,快速整合分配城市资源,使城市运转更流畅。例如,杭州城市大脑通过人工智能调度城市交通有效提升出行效率,在全国最拥堵城市的排行榜上,杭州排名从 2016 年的第 5 名下降到 2018 年的第 57 名。

（四）"移动通信+城市治理","效率驱动"治理效果提升

5G 具有广连接、大带宽、低时延、高可靠等特性,不仅加快了网络速度,也将终端全部纳入网络,实现"万物皆可联"的状态,为城市治理提供了更多可能性。一方面,5G 能够助力提升城市治理效率。随着"天网工程""雪亮工程""蓝天保卫战"等一系列政府工程的推进,大量数据、视频通过采集、传输、应用到公安、综治、环保等领域,业务的纵深拓展使得数据传输量更大、安全性要求更高、执法时效性更强,对网络侧提出了更高的挑战。例如,在应急、安保等城市综合治理应用场景上,远程视频回传、4K 高清视频实时共享、信息化执法等推广应用,增大网络带宽、降低网络时延等方面需求迫切,5G 网络让这些问题迎刃而解。另一方面,5G 能够助力提升城市治理效能。5G 的广连接特性让万物互联成为现实,对城市实现动态监控、风险管理、突发事件预测预警、应对及处理提供了便利。借助各类传感器、监控器、计算器及实时定位系统,将可实现对各类物品智能化感知、识别与管理,给城市管理、照明、抄表、停车、公共安全与应急处置等行业带来新型智慧应用,使得基于数据的决策有了来源,人工智能的应用有了"血液",推动城市治理精准高效。

（五）"区块链+城市治理","可信驱动"治理结构优化

区块链通过新的信任机制改变了数据和信息的连接方式,带来生产关系的改变,为不同参与主体间、不同行业的可信数据交互提供了有效的技术手段,优化城市治理结构。一方面,区块链构建了数据共享新模式。智慧城市要解决过去分散在不同的政府部门、不同行业里的数据,实现跨领域、跨地域、跨部门、跨业务的技术融合、数据融合和业务融合,基于联盟链的区块链服务网络能够构建一个公用的平台,支撑不同的应用数据进行共享、交换、使用,通过技术保障能够真正实现可信。例如,北京市利用区块链将全

市 53 个部门的职责、目录以及数据高效协同地联结在一起,打造了"目录区块链"系统,为全市大数据的汇聚共享、数据资源的开发利用等提供了支撑。另一方面,区块链建立了协同互信新机制。共识机制确保数据难以篡改,从而保证数据的完整性和稳定性;时序区块结构保证数据全程留痕,实现事件追踪的可追溯。基于区块链的数据治理,可广泛应用于政府重大工程监管、食品药品防伪溯源、电子票据、审计、公益服务事业等领域。例如,雄安新区建成区块链资金管理平台,对招投标决策等全过程信息留档并可实时调取查看证据,出现问题依法问责。

三、深入推进建设实践

近年来,我国新型智慧城市建设不断深化,全国各城市在城市治理、产业经济、惠民服务等领域建设取得了显著成效、积累了丰富经验,但同时在顶层设计、数据共享整合、多元协同共治、技术深度融合等方面仍需多方发力,深入推进智慧城市建设。

(一)加强顶层设计

强化智慧城市建设总体规划引导,因地制宜做好规划设计,避免不科学、盲目谋划而造成资源浪费。推进标准体系建设,强化在数据共享交换、网络安全防护、大数据应用平台建设、监督管理等多方面标准、规范建设,适应新技术、新应用、新场景、新业态的融合发展,推进跨层级、跨区域、跨行业、跨业务的协同联动。

(二)强化数据支撑

围绕提升城市治理和服务水平,推进政务信息化建设和信息系统整合共享。一方面,强化集约共建,统筹整合各地分散数据中心,按照"物理分散、逻辑集中"的原则构建国家一体化政务数据中心体系;另一方面,强化信息系统整合共享,以"互联网+政务服务"为抓手,探索利用区块链数据共享模式,实现政务数据跨部门、跨区域共同维护和利用,促进业务协同办理。

(三)推进多元协同

探索构建全社会共同参与的协同共治机制,探索多元协同模式,依托市场化力量,充分发挥城市运营管理机构、综合性服务平台企业和第三方评价机构作用。强化市民参与治理,调动群众积极参与城市治理和服务,通过共建共享共治形成多元协同的良性互动。

（四）用好数字科技

一方面,推广新技术应用,推动人工智能、区块链等新一代信息技术和新型智慧城市建设相结合,探索在信息基础设施、智慧交通、能源电力等领域的推广应用,提升城市管理的智能化、精准化水平;另一方面,加强规范管理,强化新兴技术应用风险防范,结合新技术发展演化路径,有序开展试点示范应用,形成新技术试验示范、推广应用的机制,防范新技术应用引发系统性安全风险。

（五）保障网络安全

明确各政企数字化运营者的网络安全责任与义务。按照同步规划、同步建设、同步运营的原则,以新一代网络安全框架推动网络安全与5G网络/高速网络、物联网、云计算数据中心、大数据平台、工业互联网等新基建的深度融合,构建覆盖关键基础设施、要害信息系统,以及面向教育、医疗、卫生等公共服务信息系统的网络纵深防御体系;推动网络安全产业园建立,建立智慧城市集约化、专业化、市场化、本地化的智慧城市网络安全运营中心;推动信创领域的产品和密码应用,加强网络安全相关部门的协同,提升城市网络空间安全监测预警、指挥调度、合规监管、犯罪打击方面的能力。

四、新型智慧城市重点领域进展和案例

（一）惠民服务领域

惠民服务领域涵盖政务服务、交通服务、医疗服务、教育服务等方面,总体呈现出线上化、集成化、多渠道、广覆盖的特征,各细分领域建设全面深化,创新模式不断涌现,服务场景持续融合,优质服务资源有效下沉。从各地惠民服务建设经验来看,一是注重以人为本,从市民需求出发开展应用建设。如重庆市"渝快办"、福建省"一号式"、广州省"一窗式"、浙江省"最多

跑一次"、江苏省"不见面审批"等模式深入推进,着力解决民生热点痛点问题,简政便民成效明显。二是强化服务意识,开展覆盖居民、企业全生命周期的主动式服务。如多地推行的证件到期提醒服务、基于居民电子健康档案的个性健康管家服务等,市民满意度持续提升。三是灵活应用技术,提升服务质量。位置服务、移动支付、人脸识别、区块链、人工智能、物联网等技术有力支持"互联网+教育"、"互联网+人社"、互联网医院、互联网法院等模式创新,实现惠民服务快速提质增效。

案例8-1　嘉兴市"智慧医疗"建设实践

针对大医院就诊量大,群众就医挂号时间长、候诊与取药时间长、看病时间短等问题,嘉兴市开展"智慧医疗"建设,初步建成"嘉兴健康云",有效突破数据存储容量限制,实现与市级公安、民政、社保等部门间围绕居民的健康数据共享、协同应用,并与省平台对接。开发区域影像、区域心电、健康档案等9大应用子系统,全面覆盖全市各级各类医疗机构、公卫机构和卫生行政部门。优化"健康嘉兴"掌上平台(见图8-1),为群众提供智能导诊、预约挂号、排队叫号、查医生、查费用、在线支付、满意度评价等集成服务。开发检查自动预约和"智慧药房"系统,开通检查和取药"BRT",在各级医院全面推广自助结算、诊间结算、掌上支付等就医结算方式,逐步取消门诊挂号付费窗口,显著提升了群众对就医服务的获得感和满意度。

图8-1　"健康嘉兴"掌上平台

高峰时期窗口排队平均时间从20分钟缩短到**4.05分钟**

五家县级示范医院缩短到**9.16分钟**

区域影像和心电系统覆盖**108家**医疗机构，提供共享调阅**10.6万人次**，远程会诊**1.1万余人次**

市级双向转诊系统已转诊**2万余人次**

图 8-2　嘉兴市智慧医疗特色亮点与建设成效

（二）城市治理领域

全国各地总体呈现出以数据驱动城市治理各环节各要素的互联互通，决策手段更加全面科学的特点，并探索出不少经验做法。一是利用数字科技驱动城市治理全方位提升。大数据、人工智能、云计算、5G等信息技术在各地城市治理领域应用进一步深化，通过整合城市的各种系统和服务，提升资源利用的效率、优化城市管理和服务，实现了城市治理的转型与升级，推动城市治理向纵深方向发展。二是加快数据共享推动城市治理监管模式变革。通过高效采集、有效整合、深化应用政府数据和社会数据，多地探索将市场监管、检验检测、违法失信、企业生产经营、销售物流、投诉举报、消费维权等数据进行汇聚整合和关联分析，统一公示企业信用信息，预警企业不正当行为，实现城市治理从事前审批向事中事后监管转变。三是探索数据分析推动城市治理精准高效。借助传感器、监控器、计算器及实时定位系统，实现对各类物品智能化感知、识别与管理，并应用在城市管理、照明、抄表、停车、公共安全与应急处置等行业，将数据信息、政策仿真、社情民意呈现在决策者面前，揭示出传统方式难以展现的关联关系，为城市治理带来重要突破，形成"用数据说话、用数据决策、用数据管理、用数据创新"的管理机制。

案例8-2　杭州市社会信用体系建设实践

随着杭州市社会信用体系建设的逐步推进，信用化消费生活理念已悄然植根于杭州市民的生活中。杭州不断持续深化国家信用示范城市建设，全面建成面向社会治理和公共服务的信用大数据平台，已形成"一网三库三系统"，即"信用杭州"网站、法人信用数据库、自然人信用数据库、综合管理与应用数据、城市服务信用辅助管理系统、城市治理信用支撑系统、信用大数据分析应用系统。杭州市打造"最讲信用城市"，把分散在部门的信用信息归集整合至公共信用信息平台，实现了与全国信用信息共享平台、浙江省公共信用信息服务平台、兄弟城市信用平台、"浙江省企业信用信息辅助系统"、芝麻信用的对接，并延伸至 13 个区、县（市），以信用助力数字技术在社会民生服务领域的创新应用，为新型智慧城市建设路径提供"杭州模式"。

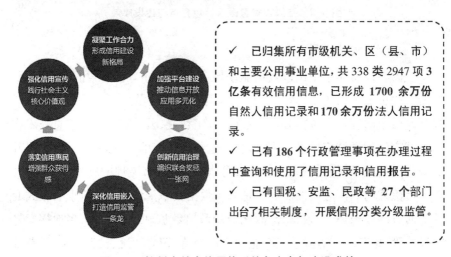

图 8-3　杭州市社会信用体系特色亮点与建设成效

（三）信息资源领域

信息资源领域发展水平整体有了显著提升。各地在破除体制壁垒、加强基础设施支撑、统一建设标准、促进数据资源利用等方面进行了积极创新探索。如从制度法规层面规范政府信息资源共享，将政府信息共享纳入部门考核，着眼细节明确信息资源共享标准和规范，以专项业务和特定应用场景驱动政府信息资源共享等，取得了不少经验成果。

案例 8-3　合肥市构建大数据平台促进政务资源整合共享

合肥市建立了大数据平台项目统筹推进和长效管理的领导组织架构，编制了合肥市统一的政务信息资源目录，构建贯穿数据接入、治理、共享、开发全数据生命周期的"1+5"大数据平台体系，编制并印发了《合肥市政务数据资源共享开放管理暂行办法》《合肥市信息化建设项目管理办法》等政策规范，通过加强统筹、细化指导、健全制度，取得丰硕建设成果，目前已实现了国家、省、市、县区四级资源共享交换,汇聚了全市接近百家政务单位、双百亿条数据,以大数据平台为依托,向全市各委、办、局提供数据共享服务,累计数据近百亿条,为政务服务、民生服务、交通管理服务、城市安全治理、公共资源交易、教育管理服务、数字化城市管理、市民个人信用等领域政府精细化管理和精准化服务提供重要支撑。目前城市生命线工程监测每天采集和分析的数据量达 500 亿条,合肥"城市大脑"每天为"交通超脑"项目提供近 2000 万条交通数据。

（四）生态宜居领域

全国各地在智慧环保方面有了很多创新性探索,取得了不少经验成果。一是"互联网+环保"新模式应用成效凸显。各地政府充分发挥互联网平台开放、参与、整合的优势,推动污染防治工作科学化、正规化、常态化,探索"互联网+环保"新模式,通过搭建智慧环保管理平台实现分析研判、指挥调度、督导督察、考核考评,逐步实现智慧环保、智慧生态新格局。二是逐步构建了跨区域联动环保精准治理体系。许多地方环保部门致力于建立大数据共享与协同指挥平台,将分属于不同部门单位、不同系统的各种数据,集中整合在统一平台上,利用多种数据进行综合分析,制定针对性管控措施,解决区域跨度大、污染成因复杂、调度指挥不及时等现实困难,实现动态调度、跨区域多部门联动,形成全区域、多方位的环境精准治理体系。三是智慧环保更加落地,积极创新智能垃圾分类。为响应国家垃圾分类工作的重要指示,各地在智能垃圾分类新模式应用上不断突破。积极采用智能感应设备,完善可回收利用模式,有效实现前端分类信息化、流程管理云端化、就地处置减量化、循环利用资源化等,为垃圾分类工作落地推广提供了良好的经验。

案例 8-4　黄石市智慧环保系统

"智慧环保"是黄石市第一批智慧城市项目,充分运用云计算、物联网、移动互联网、大数据和信息化领域等方面最先进的技术,主要建设环保云平台,建立办公门户和服务门户,建立三大保障体系,提供环境监测监管、环境管理、环境执法、环境社会服务、环境应急、决策支持六大应用,实现一张网监管、一张图作战、一个平台指挥、多系统交互、公众和多部门联动,促进条线业务协同和执法联动,助力智慧环保从"多头管理"向"综合治理"全面转型。

（五）智能设施领域

全国各地在智能设施方面逐步加强建设。一是搭建二维、三维及实景一体化的时空信息服务。各地多渠道积极汇聚二维基础数据、专题数据、三维数据、视频资源、高空全景、卫星遥感影像等数据,叠加地图数据录入该平台,以城市中的建筑物、人口、企业、视频监控点、安全隐患和重大危险源等为对象,并制作成三维模型,有力地支撑了各部门智慧应用,促进形成了智慧城市建设全面开花的态势。二是探索基于"一张图"的数据共享与业务协同。各地积极以多样化的技术手段支撑应用部门的业务,并且将业务部门的数据与公共平台的地理空间数据融合应用,有序推进与应用部门的政务合作共享,探索通过将楼栋编码建立与人口、家庭、法人、房屋等数据的时空关联,实现"人房法"一体化管理,为各单位实现"以房找人、以人查房"的需求提供数据支撑和决策支持,最大化地体现各类资源价值。三是注重标准和制度建设。在充分采用国家、行业相关技术标准规范的基础上,多地因地制宜,统一建设标准、共建共享机制和二次开发接口,并配套出台数据标准及数据、数据分类与编码规范、专题数据、应用、数据交换共享等多个方面的标准规范,形成符合本地实际的合理、实用、开放、先进、可操作的平台标准,为平台更新与拓展提供保障。

案例8-5 "数字成都"地理信息公共平台建设与应用实践

地理空间数据是公共平台应用的基础。成都公共平台在国家规范的基础上,配套出台了12个数据标准和5个应用规范,发布了4个专题数据规范。强调公共平台使用权利和数据更新义务的统一,建立了定期更新与动态更新相结合的数据更新机制。面向服务的软件架构(SOA),多层次、多维度的地理空间数据共享服务,个性化的数据定制和应用定制,全生命周期的数据统一管理技术等,创造了富有特色的数据质检、入库一体化、数据发布以及历史版本数据管理模式,通过统一的数据库管理模块对全部空间数据和非空间数据进行全生命周期的统一管理维护。拓展数字成都地理信息公共平台的服务模式,以多样化的技术手段支撑应用部门的业务,并且将业务部门的数据与公共平台的地理空间数据融合应用。从转变服务模式入手,成都市成立了公共平台运维和推广应用服务团队,主动了解分析应用部门的需求,寻求深入应用的合作点和合作方式。

（六）网络安全领域

全国各地在网络安全领域有了很多建设与创新性探索成果,夯实关键信息基础设施单位以及智慧城市整体的网络安全体系建设,为智慧城市的数字化构建安全基座,全面实时掌握智慧城市网络安全态势,准确把握城市关键信息基础设施的安全威胁、风险和隐患,及时预警网络安全威胁情况,有效应对网络安全的严峻威胁和挑战,完善网络治理体系,提升网络空间安全感知和应急指挥能力。

从城市网络安全体系中的态势感知,通过数据驱动,把大数据智能分析用于网络安全领域,充分发挥平台的信息资源整合能力,在重大保障或重大事件应急期间,通过威胁信息共享、专家资源共享、情报资源共享机制,以平台为枢纽建立以城市为主导的联合指挥中心,更高效地解决安全隐患及问题。

案例8-6　城市网络安全态势感知平台建设与应用实践

青岛市"网络安全态势感知平台"实现对网络安全的态势感知、跟踪和分析,全面掌握网络安全态势、威胁、风险和隐患;实时监测漏洞、网络攻击情况;及时通报预警重大网络安全威胁;以实时态势感知、准确安全监测、及时应急处置为目标。形成各组织机构之间协调联动,实现"数据协同、情报协同、业务协同"的协同创新政务模式,推动网络社会综合治理向深层次发展。

第六节　城市基础设施建设进展

住房和城乡建设部建筑节能与科技司

2019年,各级住房和城乡建设部门坚持以习近平新时代中国特色社会主义思想为指导,全面贯彻党的十九大和十九届二中、三中、四中全会精神,深入学习贯彻习近平总书记关于住房和城乡建设工作的重要指示批示精神,认真贯彻落实党中央、国务院决策部署,稳步推进新型城镇化。

一、着力推进城市基础设施体系化建设

一年来,住房和城乡建设部门认真学习贯彻落实新发展理念,紧紧围绕"民生导向、系统建设、安全底线",统筹推进城市基础设施系统化建设,市政基础设施供给保障能力持续增强,推动城市高质量发展取得新进展新成效。截至 2019 年年底,城市用水普及率 98.24%,燃气普及率 96.82%,污水处理率 95.56%;全国城市供水综合生产能力 32142 万立方米/日,年增长 2.98%;用气人口 50844 万人,年增长 2.79%;城市道路总里程 44.34 万公里,年增长 2.59%;污水处理厂处理能力 17719 万立方米/日,年增长 4.97%;生活垃圾清运量 24717 万吨,年增长 8.4%;建成区绿地面积 227 万公顷,年增长 3.28%;供排水地下管道长度 162 万公里,年增长 7 万公里;90% 的地级及以上城市建立了城市管理信息化平台。总体来看,城市承载力不断增强,人居环境更加生态宜居,较好地支撑了城市建设区城镇人口快速增长的生产生活需求。

二、大力推进城市水系统建设

(一)继续推进海绵城市建设

组织实施《海绵城市建设评价标准》,开展海绵城市建设成效评估。总结推广 30 个国家海绵城市建设试点的经验。全国 94% 的地级及以上城市编制实施了海绵城市建设专项规划。

(二)奋力攻坚黑臭水体治理

督导各地落实《城市黑臭水体治理攻坚战实施方案》,开展 2019 年城市黑臭水体整治环境保护专项行动,以长江经济带沿线城市为重点,开展黑臭水体专项督察。遴选 60 个城市开展城市黑臭水体治理示范,探索系统治理和长效机制。地级及以上城市建成区黑臭水体消除的比例达 86.7%。

(三)全面启动城市污水处理提质增效

会同生态环境部、国家发展改革委印发《城镇污水处理提质增效三年

行动方案(2019—2021年)》,召开电视电话会议专题部署,并组织开展专题培训,指导各地因地制宜编制本地区行动方案。2019年期间,新建改造污水管网3万多公里,消除污水管网空白区1000多平方公里。

(四) 加快排水防涝设施补短板

落实城市排水防涝安全及重要易涝点整治责任人制度,加强城市排水防涝工作,妥善应对"利奇马"等超强台风。目前60个补短板重点城市易涝区段消除的比例达95.9%。

(五) 积极推进城市供水、节水工作

组织专家对10个省份的城市供水规范化管理情况进行现场检查,切实消除安全隐患,积极推进节水型城市建设,提高城市用水效率。截至2019年年底,全国85.1%的地级及以上缺水城市达到国家节水型城市要求。

三、全面开展城市生活垃圾分类工作

(一) 部署地级以上城市全面开展生活垃圾分类工作

住房和城乡建设部等9部门联合印发《关于在全国地级及以上城市全面开展生活垃圾分类工作的通知》,在直辖市、省会城市、计划单列市和部分地级城市先行先试的基础上,部署各省、自治区抓紧启动其他地级城市生活垃圾的分类工作。截至目前,共有272个地级以上城市启动生活垃圾分类工作。

(二) 46个重点城市生活垃圾分类取得成效

强化指导、跟踪调度、季度通报46个重点城市生活垃圾分类工作进展,压实城市政府工作责任,加快分类系统建设。截至2019年年底,46个重点城市生活垃圾分类居民小区覆盖率平均达67.8%,上海、厦门、杭州、宁波、广州和深圳等26个城市覆盖率超过70%。

(三) 垃圾分类标准得到完善

及时回应社会关切,修订《生活垃圾分类标志》国家标准,已于2019年12月1日正式实施,明确生活垃圾应分为可回收物、有害垃圾、厨余垃圾和其他垃圾四类,统一全国垃圾分类标准。

四、持续加强市政基础设施建设

（一）扎实开展瓶装液化石油气安全专项治理

联合应急管理部、市场监管总局等部门,调研指导广东等 7 省份瓶装液化石油气安全管理工作,对河北等 10 省份瓶装液化石油气治理等燃气安全工作进行督查。据地方上报,在开展安全专项整治中共排查隐患 7.4 万处,已整改 7 万处。

（二）加强采暖期城镇供热采暖保障

全面部署北方采暖地区今冬明春的城镇供热采暖工作,调度指导各地城镇供热采暖运行和应急处置等工作。加强部门协调联动,保障供热用气、用煤等能源供应。持续开展"访民问暖"活动,畅通群众投诉渠道,保障群众利益。配合相关部门积极推进城镇清洁供暖。

（三）因地制宜推进综合管廊建设

印发《关于进一步加强城市地下管线建设管理有关工作的通知》《城市地下综合管廊建设规划技术导则》,明确推进干支缆线综合管廊系统建设,创新管线建设管理方式的要求。开展全国城市地下综合管廊总结评估和 15 个试点城市地下综合管廊建设绩效评价。2019 年全国新开工管廊 321 公里,累计建设总长 5100 多公里,形成廊体 3400 多公里。

（四）不断加强园林绿化管理

修订印发《中国国际园林博览会管理办法》,积极推动中国国际园林博览会转型发展。开展国家园林城市系列创建工作,2019 年新命名 8 个国家生态园林城市、39 个国家园林城市、72 个国家园林县城和 13 个国家园林城镇。

五、有序推进城市更新和城镇老旧小区改造

（一）指导各地制定实施 2019 年改造计划

经国务院同意,将城镇老旧小区改造纳入城镇保障性安居工程,并安排

中央补助资金给予支持。2019年支持各地改造城镇老旧小区1.9万个,涉及居民352万户。着力改造提升水电路气信等基础设施,有条件的积极加装电梯、配建停车场(库)等,并结合改造发展养老、托育、助餐等服务,切实改善群众居住条件和生活环境。

（二）开展专题调研

2019年,住房和城乡建设部会同20个部门和单位,深入调研30个省、自治区、直辖市(西藏除外)及新疆生产建设兵团93个市县的213个城镇老旧小区,梳理分析城镇老旧小区改造现状、改造需求、经验做法、主要问题,提出政策建议。2019年11月至12月,住房和城乡建设部会同教育部等部门,对河南、山东、安徽等10个省区、24个市州、69个幼儿园开展调研,了解城镇小区幼儿园治理工作情况,摸清问题和短板,通报各地工作进展,宣传推广地方经验。2019年2月和7月,住房和城乡建设部会同国家体育总局,赴山东、辽宁、湖北、广州、内蒙古自治区开展调研,针对足球场地选址难、建设难、运营难进行深入分析,研究对策建议。

（三）组织深化试点

2019年,组织山东、浙江2个省及上海、青岛、宁波、合肥、福州、长沙、苏州、宜昌8个城市开展深化试点工作,重点探索推进城镇老旧小区改造工作统筹协调、改造项目生成、改造资金政府与居民合理共担、社会力量以市场化方式参与、金融机构以可持续方式支持、动员群众共建、改造项目推进、存量资源整合利用、小区长效管理9个方面体制机制。承担试点任务的2省8市,围绕试点任务大胆探索,已形成不少可复制可推广的试点成果。2019年4月和11月,住房和城乡建设部会同国家体育总局,分两批将武汉、大连、呼和浩特、烟台、孝感、梅州、深圳、福州、延边朝鲜族自治州列为城市社区足球场地设施建设试点城市,截至2019年12月,各试点城市共建设足球场地设施440片(新建360片、改建80片),探索积累了一些好经验、好做法、好案例。

第 四 篇

特色小镇篇

第九章　特色小镇建设年度进展分析

国家发展改革委发展战略和规划司

2019 年,国家发展改革委组建 11 个调研组赴已开展特色小镇工作的二十多个省份实地调研,组织开展各省份拉网式排查和媒体调查暗访。在此基础上,全面梳理近况及问题,深入剖析内在原因,认真研究下一步的措施。

一、基本情况

习近平总书记高度重视特色小镇和特色小城镇建设工作,多次作出重要批示指示。国家发展改革委认真贯彻落实,聚焦突出问题、强化纠偏纠错,会同有关部门于 2017 年、2018 年印发《关于规范推进特色小镇和特色小城镇建设的若干意见》《关于建立特色小镇和特色小城镇高质量发展机制的通知》两份纠偏性文件,2019 年召开全国特色小镇现场会,推动各地区各有关部门强化规范管理,促进特色小镇和特色小城镇走上理性发展轨道。

（一）数量盲目扩张势头得到遏制

规范纠偏前,住房和城乡建设部、国家体育总局、国家林业和草原局命名或创建的特色小镇共有 549 个,省级创建培育的特色小镇有 1197 个,还有不少市县级政府创建的特色小镇、市场主体自行命名的特色小镇。截至 2019 年 9 月,国家发展改革委推动淘汰整改了错用概念或质量不高的 897 个"问题小镇"（包括将住房和城乡建设部命名的 403 个"全国特色小镇"整体更名为全国特色小城镇），暂时保留了国家体育总局、国家林业和草原局创建的特色小镇 112 个，以及省级创建培育的特色小镇 1115 个。此外，省级创建培育的特色小城镇有 362 个。

（二）类型更具创新性多元性

规范纠偏后，各地区从"学表象"转向"学本质"，创新性地借鉴浙江经验，认真学习国家发展改革委推广的第一轮全国特色小镇典型经验，探索符合自身实际的特色小镇发展路径。浙江、江苏等东部发达地区依托块状经济和县域经济优势，发展形成一批先进制造类和信息、科创、金融等现代服务类特色小镇。安徽、吉林等一些中部和东北地区依托农业基础，建设一批农业田园类特色小镇。云南、陕西等一些西部地区依托生态文化优势，以城市周边为主、兼顾远离城市但条件良好的区域，打造一批文化旅游类特色小镇。

（三）发展质量效益更加突出

规范纠偏后，很多省份从"抓数量"转向"抓质量"，涌现出不少精品特色小镇，成为经济高质量发展的新平台、新型城镇化建设的新载体、城乡融合发展的新支点。经济贡献尤为明显，以浙江省和江西省为例，2018 年浙江省级特色小镇以占全省 1.5% 的建设用地，贡献了全省 14% 的产值增长、10% 的税收增长，年产值超过 100 亿元、年税收超过 10 亿元的特色小镇数量分别达 20 个和 11 个；江西特色小镇总产值达 1300 亿元左右。

（四）政策措施逐步调整优化

两份纠偏性文件印发后，大部分省份制定落实性文件，调整工作推进方式和规范管理措施。河北、辽宁等省份将推进方式从"命名制"转为"创建制"。天津、福建等省份强化监测监管和指导引导，动态进行拉网式排查整改，发布特色小镇发展导则。大部分省份更加注重市场化运作，并将政策工具从事前支持转向事中事后弹性奖补，形成以企业投入为主、政府有效投资为辅的特色小镇投资运营模式。

二、存在的问题

尽管开展了以上大量工作，大幅缓解了扩张过快、一哄而上、照搬照抄、政府大包大揽等突出问题,但在此次全覆盖式的调研中,发现还有一些问题没有得到完全解决。

（一）"虚假特色小镇"仍然存在

一是在省级部门命名的特色小镇、市县级政府创建的特色小镇、市场主体自行命名的特色小镇中,存在不少错用概念的"虚假特色小镇",如省级住建部门将一些行政建制镇命名为"特色小镇",体育、农业、文化和旅游、卫生健康、民委等部门分别命名了一些体育小镇、农业小镇、旅游小镇、健康小镇和少数民族特色小镇等。二是一些省、市、县在各类文件中提出发展若干特色小镇,但很多是停留于纸面的投资主体缺失、并未动工建设的"虚假特色小镇"。三是一些企业打着建设"特色小镇"的旗号,单纯搞房地产开发。

（二）部分特色小镇的特色产业不强

发展特色产业是特色小镇建设的核心,但少数省级创建培育的特色小镇,以及不少市县级政府创建的特色小镇、市场主体自行命名的特色小镇,对特色产业的论证不到位,产业特色不明显、规模小、链条短、技术差,缺少主导领军企业,实际发展状况与规划预期存在明显差距,未来难以形成集聚效应和特色产业集群。加之由于特色小镇数量依然偏多,地方政府支持不够聚焦,也不利于特色产业的培育发展。

（三）部分特色小城镇的主导功能不足

提升主导功能是特色小城镇建设的根本,但对如何发展特色小城镇缺乏整体谋划和系统指导,住房和城乡建设部及省级命名的不少特色小城镇存在主导功能不足、千镇一面的现象。一些承担经济功能的镇,镇域经济转型升级步伐缓慢。一些承担商贸流通、交通枢纽、文化旅游和稳边戍边功能的镇,公共资源配置不到位,特定功能发挥不足。一些承载城乡融合发展的镇,带动城市要素下乡和农民就地就近城镇化的作用不明显。

三、原因剖析

以上问题没有得到完全解决的原因是多方面的,既有工作机制不畅的主观原因，也有发展阶段不同的客观原因。

（一）市县层面对概念内涵把握不准

一些市县没有准确理解特色小镇的先进理念和精神实质，不知特色小镇"是什么、为什么、怎么干"，也没有将特色小镇理念与自身经济发展阶段及产业基础有机结合起来，盲目跟风、相互攀比，导致发展路径不清晰、发展重点不明确。

（二）各地发展阶段存在客观差异

很多中西部地区还处于工业化城镇化加速发展阶段，先进要素支撑不足、产业基础薄弱分散、比较优势不够突出、招商引资比较困难，都市圈、中心城市和县域经济发展不充分，培育创建特色小镇和特色小城镇的难度远大于东部发达地区，容易产生一些质量不高的现象。

四、政策考虑

（一）把握好特色小镇的基本原则

一是坚持理性发展、质量第一。立足不同地区的发展阶段和实际能力，遵循经济规律、城镇化规律和城乡融合发展趋势，不下指标、不搞平衡、控制数量、提高质量，防止一哄而上、一哄而散。

二是坚持因地制宜、突出特色。依托不同地区的区位条件、资源禀赋和产业基础，适合什么发展什么，合理谋划特色小镇主导产业和特色小城镇主导功能，防止东施效颦、千镇一面。

三是坚持市场主导、政府引导。厘清政府与市场的关系，引导市场主体扩大有效投资，创新投资运营管理方式，更好地发挥政府公共设施配套和政策引导等作用，防止政府大包大揽。

四是坚持统一管理、奖优惩劣。把握发展与规范的关系，实行正面激励与负面纠偏"两手抓"，实行部门指导、省负总责、市县落实，强化统筹协调和政策协同，防止政出多门。

（二）把握好特色小镇的发展重点

一是准确把握发展定位。特色小镇是现代经济发展到一定阶段的产物,是高质量创新创业平台和微型产业集聚区的升级版,规划范围面积一般为几平方公里。要以培育主导产业为发展重点,注重空间集约高效、产业细分高端,体现生产、生活、生态"三生融合",产业、社区、文化、旅游"四位一体",在城市群、都市圈、城市周边等优势区域和其他有条件区域,科学培育特色小镇,为经济转型升级和新型城镇化建设提供新载体。

二是聚力发展主导产业。提高特色小镇产业质量效益,增强核心竞争力和吸纳就业能力。聚焦行业细分门类,科学定位主导产业,错位发展先进制造类特色小镇,信息、科创、金融、教育、商贸、文化和旅游、森林、体育、康养等现代服务类特色小镇,以及农业田园类特色小镇,打造行业"单项冠军"。聚焦高端产业和产业高端环节,吸引先进要素集聚发展,助推产业基础高级化和产业链现代化。

三是促进产城人文融合。推进特色小镇多元功能聚合,打造宜业宜居宜游的新型空间。叠加现代社区功能,结合教育医疗养老区域整体布局提供优质服务,建设15分钟便捷生活圈,完善社区服务、商业配套设施和交通站点。叠加文化功能,挖掘工业文化等产业衍生文化,促进优秀传统文化与现代生活相互交融,合理建设展示整体图景和文化魅力的公共空间。叠加旅游功能,因地制宜开展绿化、亮化、美化,打造彰显地域特征的特色建筑。

四是突出企业主体地位。推进特色小镇市场化运作,以企业投入为主、以政府有效投资为辅,建立多元主体参与的特色小镇投资运营模式。培育一批特色小镇投资运营优质企业,鼓励有条件、有经验的大中型企业独立或牵头发展特色小镇,实行全生命周期的投资建设运营管理,探索可持续的投融资模式和盈利模式,带动中小微企业联动发展。

（三）健全激励约束机制

一是强化底线约束。各地区发展特色小镇要严守"四条底线"。严格节约集约利用土地,单个特色小镇规划范围原则上控制在1—5平方公里,文化旅游、体育和农业田园类特色小镇规划范围上限可适当提高,保持生产生活生态空间的合理比例关系,保持四至范围清晰、空间相对独立,不得违法违规占用永久基本农田。严守生态保护红线,不得破坏生态、污染环境。严防地方政府债务风险,县级政府债务风险预警地区原则上不得通过政府举债建设。严控"房地产化"倾向，除原有传统民居外，特色小镇建设用地中住宅用地占比原则上不超过 1/3。

二是强化纠偏纠错。各地区要对触碰上述底线的特色小镇予以淘汰或限期整改，对主导产业薄弱的特色小镇、主导功能不强的特色小城镇予以整改，对停留在纸面上、缺失投资主体的"虚拟特色小镇"予以清理，对以"特色小镇"之名单纯进行房地产开发特别是在农业园区建设豪华住宅区的行为予以制止。

三是强化政策激励。在有条件的区域，引导培育一批示范性的精品特色小镇和特色小城镇。省级政府可通过下达新增建设用地计划指标、设立省级专项资金等方式，予以倾斜支持。国务院有关部门要健全政银企对接机制，把有一定收益的基础设施、公共服务设施、产业培育公共设施等纳入地方政府专项债券的支持范围，支持特色小镇投资运营企业发行债券，鼓励政策性商业性金融机构在债务风险可控的前提下对其整体授信并加大中长期贷款投放力度，合理发挥中央预算内投资和国家城乡融合发展基金的引导作用。

四是强化正面引导。国务院有关部门要组织制定特色小镇发展导则，在特色小镇规划等方面提出具有普适性和操作性的基本指引；持续挖掘成效突出、经验先进的特色小镇，总结提炼典型经验，发挥示范带动作用。主流媒体要充分宣传好做法，客观正确报道新情况，营造健康规范的舆论氛围。

第十章 特色小镇建设典型案例

第一节 浙江省特色小镇建设案例

国家发展改革委发展战略和规划司

特色小镇发源兴起于浙江省,是现代经济演进到一定阶段的产物,是发展路径契合客观规律的先进经济体形态,是空间布局高效合理的小型产业集聚区升级版,有很强的生命力和很大的发展空间。总结推广浙江特色小镇经验,引导全国特色小镇高质量发展,对经济转型升级和新型城镇化建设具有重要意义。

一、发展经验

浙江省把特色小镇作为深入践行新发展理念的高端平台,以产业特而强、功能聚而合、形态小而美、机制新而活为导向,推动特色小镇生产、生活、生态"三生融合",产业、社区、文化、旅游"四位一体",产生不少有益经验。

(一) 突出空间高效

"形态小而美"是浙江发展特色小镇的空间准则。一是形态非镇非区,既不是土地面积大、行政功能全的建制镇,也不是产业庞杂、工厂密集、产城分离的传统产业园区。二是小平台高效率,立足 3 平方公里左右的小区域打造小型产业集聚区升级版,最大限度地汇集先进生产要素,最高效率地利用土地空间,大幅提升亩均效益,形成"螺蛳壳里做道场"的有效探索。2018 年,浙江省级特色小镇以全省 1.5% 的建设用地面积,贡献了全省 14% 的产值增长和 10% 的税收增长。

（二）突出产业特色

"产业特而强"是浙江省发展特色小镇的核心内涵。一是专注于细分,每个特色小镇选择一个最具优势的细分行业作为主导特色产业,深耕细作培养行业"单打冠军"。二是专注于高端,推动高端产业和产业高端化发展,或立足原有基础改造升级茶叶、丝绸、黄酒等传统产业,或"无中生有"地培育集聚物联网、地理信息、新能源等新兴产业,创造新的比较优势。三是专注于创新,建立研发服务、创新孵化、人才引入、金融导入相结合的创新创业服务体系。2018 年,浙江省级特色小镇平均拥有国家级高新技术企业 7.2 家、发明专利 121 件,总量分别占全省的 10% 和 11%。

（三）突出功能融合

"功能聚而合"是浙江省发展特色小镇的重要内容。一是叠加现代社区功能,完善公共服务和商业配套,建设 4 公里教育圈和 15 分钟医疗圈,努力引来人、留住人、做活特色小镇。二是叠加文化功能,挖掘特色产业衍生文化,传承发展优秀传统文化,赋予每个特色小镇独特的文化内核、文化属性和文化印记。三是叠加旅游功能,结合地形地貌和产业特点,科学设计形象风格和建筑形态,按 3A 级景区标准建设"颜值高、气质美"的特色小镇。2018 年,浙江特色小镇旅游接待人次高达 1.7 亿人,超过一半的特色小镇创成 3A 级及以上景区。

（四）突出市场主导

"机制新而活"是浙江省发展特色小镇的内生动力。一是发挥企业主体作用,把企业作为特色小镇建设主力军,激发企业投资热情、引导企业落地项目,要求每个特色小镇明确投资主体、非政府投资占比不得低于 70%。2018 年,浙江省级特色小镇固定资产投资超过 1200 亿元,其中民间投资占比高达 73%。二是发挥政府引导作用,当好"谋划者、改革者、服务者",重在编制规划、确立标准、出台政策、建设公共设施,重在优化营商环境,以企业投资项目审批制改革为突破,凡与企业相关的改革率先在特色小镇实践,依托"小镇客厅"为企业提供"店小二"式服务。

总体上看,浙江省特色小镇建设取得明显成效,涌现出一批先进要素集聚、产业专特高精、产城人文融合、体制机制创新的精品特色小镇。一些特色小镇成为供给侧结构性改革的新平台,促进了产业基础高级化和产业链现代化。一些特色小镇成为新型城镇化建设的新空间,促进了农业转移人口市民化和农民就地就近城镇化。一些特色小镇成为城乡融合发展的新支点,促进了城乡要素双向流动和城乡产业协同发展,带动了农民持续增收。

二、有效做法

浙江省在特色小镇建设的实践过程中,不断完善奖优惩劣并行、指导规范并重、各方协同联动的工作机制。

（一）实行创建达标机制

一是分阶段建设,设定培育、创建、命名三阶段,不设硬性数量指标,自愿申报、分批纳入、年度考核、验收命名,明确投资标准、产出标准和景区标准,已产生五批省级创建特色小镇 110 个、四批省级培育特色小镇 62 个、三批省级命名特色小镇 22 个。二是事中事后奖补,改变以往的事前直接"给牌子、分银子、戴帽子"的做法,对通过年度考核的特色小镇奖励 50% 左右的新增建设用地指标,对特色小镇新增财政收入上缴省财政部分"三免两减半"。三是实行有进有退,开展年度考核评估,每年淘汰或降格"不达标小镇",警告"发展滞后小镇",已淘汰 13 个、降格 18 个、警告 50 个。

（二）建立正面指导机制

一是加强顶层设计,出台《浙江省特色小镇创建规划指南（试行）》《浙江省特色小镇创建导则》和全国首个特色小镇地方标准《特色小镇评定规范》，引导市县准确深刻理解特色小镇内涵。二是评价亩均效益，出台《浙江省级特色小镇"亩均效益"领跑者行动方案（2018—2022年）（试行）》，每年公布领跑者名单，鼓励提高发展效率。2018年，浙江省级特色小镇亩均税收、亩均产出分别高达52万元、781万元，分别是全省规模以上工业的1.9倍和1.6倍。三是总结推广经验，举办全省特色小镇"比学赶超"现场会和"镇长论坛"，指导市县对标一流、学习先进。

（三）构建协同联动机制

一是省级部门协同，建立浙江省特色小镇规划建设工作联席会议制度，省发展改革委（联席会议办公室）抓总，统一工作步调、统筹政策集成。省级行业主管部门对本领域特色小镇予以政策支撑，15个部门已出台扶持性政策，如组建运行浙江特色小镇产业金融联动发展基金等。二是县级政府抓落实，压实县级责任，统筹做好要素保障、项目落地、政策落实、政务服务等各项具体工作。三是地市级政府作纽带，强化地市承上启下作用，11个地市已出台扶持性政策，有效放大了省级政策效应。

三、对全国的启示

浙江省特色小镇是一项有益探索，一些先进理念经验做法有很好的示范作用和推广价值。在推广中，要把握好以下几个问题，切实把好经念正、好事办好。

（一）坚持理性发展、质量优先，防止一哄而上、一哄而散

浙江省块状经济和县域经济相对发达，技术、资金和产业等基础比较雄厚，为发展特色小镇提供了现实条件。就全国而言，各地区经济发展阶段各不相同，应按照经济规律办事，实事求是、量力而行、严控数量、提高质量，避免超越发展阶段和实际能力，一哄而上地创建过多特色小镇，在发展难以为继后又一哄而散。特别是部分中西部地区应一切从实际出发，走"少而精"的特色小镇发展路子，追求慢工出细活、出精品，避免盲目跟风、急于求成。

（二）坚持因地制宜、突出特色，防止千镇一面

浙江省发展特色小镇以先进制造类和数字经济类为主、以市郊区位为主。就全国而言，各地区优势产业的门类和空间分布各不相同，应结合产业积淀和区位特点发展特色小镇，重在借鉴浙江特色小镇的理念方法，避免脱离实际照搬照抄。从类型来看，东部地区可重点发展高端制造类和现代服务类特色小镇，中西部和东北地区可适合什么就发展什么，如商贸类、文旅类和农业田园类等特色小镇，不要同质化地盲目追求高大上产业。从区位来看，各地区发展特色小镇应以优化原有产业集聚区为主、以培育新兴区域为辅，重点关注沿线、围城、靠景区域，重点选择城市周边区域或新区。

（三）坚持企业主体、市场运作，防止政府大包大揽

浙江省民营经济发达、民间资金丰厚，为发展特色小镇提供了更多可选择的投资运营主体。就全国而言，各地区发展特色小镇也应遵循政府引导、企业主体、市场化运作，以企业投入为主、以政府有效投资为辅，特别要避免投资主体缺失的地区由政府大包大揽投资建设；鼓励央企、地方国企和大中型民企独立或牵头发展特色小镇，实行全生命周期的投资建设运营管理，探索可持续的投融资模式和盈利模式，培育一批特色小镇投资运营优质企业。

（四）坚持统一管理、奖优惩劣，防止政出多门

特色小镇是新生事物，其发展既要正向激励也要监管约束。从浙江省来看，奖优惩劣是其引导特色小镇发展的一项关键政策抓手。就全国而言，既应建立底线约束机制，严防地方政府债务风险，严格节约集约利用土地，严控"房地产化"倾向，严格划定特色小镇边界，持续开展纠偏纠错；也应建立正向激励机制，设立中央预算内投资城乡融合发展专项，按照"少而精"和扶优扶强原则，将部分资金用于支持高质量特色小镇建设。建立中央指导、省负总责、市县抓落实的工作机制，国务院有关部门应加强政策协同和工作整合，省级主管部门应建立名单、统一管理，市县政府应做好指导引导和纠偏纠错等具体落实工作。

第二节　河南省、江苏省特色小镇建设案例

国家发展改革委发展战略和规划司

河南、江苏两省把特色小镇建设作为推进新型城镇化与乡村振兴战略的重要结合点,坚持以人为本、因地制宜、突出特色,强调政府引导作用,注重发挥市场主导作用,基本做到以特色产业发展为核心、以功能集聚为基础、以体制机制创新为保障,积极补齐城镇基础设施、公共服务和生态环境短板。现将两省的经验做法总结如下。

一、总体情况

河南省共有各级各类特色小镇34个,其中国家体育总局公布的国家级运动休闲特色小镇试点项目3个,国家林业和草原局公布的国家森林小镇试点2个,省级运动休闲特色小镇8个,省级森林小镇7个,市(县、区)级特色小镇14个;住房和城乡建设部命名的国家级特色小城镇15个。江苏省共有各级各类特色小镇165个,其中国家体育总局公布的国家级运动休闲特色小镇试点项目4个,国家林业和草原局公布的森林小镇试点1个,省级发展改革委创建培育特色小镇56个,市级发展改革委创建培育特色小镇88个,省级运动休闲特色小镇16个;住房和城乡建设部命名的全国特色小城镇22个。56个省级特色小镇按形态分类,城郊镇23个、镇中镇15个、园中镇18个。此外,江苏省选择83个具有潜力的重点中心镇和特色小城镇开展试点示范,指导苏北53个省重点中心镇建设。

河南、江苏两省特色小镇建设进展良好,培育形成了一批特色鲜明、要素集聚、宜业宜居、富有活力的特色小镇。南京未来网络小镇依托江苏未来网络创新研究院、东南大学通信技术国家实验室等核心资源,致力于打造全

国领先、世界知名的新一代信息技术产业集聚地；无锡太湖影视小镇立足现代影视产业，围绕"科技拍摄+后期制作"，着力打造科技化、工业化的电影产业链；苏州苏绣小镇引进了以研发、培训、体验等为主题的刺绣工作室，集聚了丝线、木架、装裱包装等上下游产业，实现苏绣全产业链协同发展。濮阳清丰极限运动小镇主要建设冲浪、滑板、小轮车、攀岩 4 个奥运项目和摩托车障碍越野 1 个非奥运项目的比赛及训练设施，其中，人工造浪池规模为世界第三、亚洲第一；洛阳智能装备制造小镇主要围绕装备制造业和电子信息与通信业发展所需超（高）纯金属材料及其相关智能装备，打造科创综合服务小镇。

二、经验做法

河南、江苏两省在培育创建特色小镇工作的创新体制机制上，进行了积极有益的探索。

（一）完善工作机制

河南省发展改革委依托省城镇化工作领导小组，建立了推进特色小镇和特色小城镇高质量发展厅际联席会议制度，协调解决重大问题、强化跨部门沟通和信息共享、推进监测评估。起草完成河南省推进特色小镇和特色小城镇高质量发展的实施意见，拟于近期印发实施。江苏省虽未成立省级统筹协调机制，但市（县、区）级建立了由主要领导挂帅的工作推进机制。江苏省政府办公厅印发了《关于规范推进特色小镇和特色小城镇建设的实施意见》，强调以高质量发展为鲜明导向，以引导特色产业发展为核心，以严格遵循发展规律、严控房地产化倾向、严防政府性债务风险为底线，建立江苏省特色小镇和特色小城镇高质量发展机制。

（二）创新创建模式

河南、江苏两省都有省市两级创建体系。河南省级特色小镇由省体育局和省林业局创建，省体育局创建了 8 个省级运动休闲特色小镇，省林业局创建了 7 个省级森林小镇，5 个地市牵头创建了 14 个市级特色小镇。在江苏，根据《省政府关于培育创建江苏特色小镇的指导意见》，由江苏省发展改革委牵头负责省级特色小镇创建,省文旅厅牵头负责省级旅游风情小镇创建,目前共有省级特色小镇 56 个、省级旅游风情小镇 33 个,省体育局还牵头创建了 20 个体育健康特色小镇,各市县发展改革部门牵头负责市（县、区）级特色小镇的创建。

（三） 强化服务支撑

河南、江苏两省都对特色小镇在资金、土地、人才等方面给予支持。河南省发展改革委引导金融机构逐年为特色小镇在债务风险可控的前提下提供长周期低成本融资服务,支持产业发展及基础设施、公共服务设施、智慧化设施等建设。江苏省对经考核合格的省级特色小镇,在创建期间及验收命名后累计 3 年内,省财政给予每年 200 万元奖补,总额 600 万元,同时省国土资源厅奖励不超过上一年新增建设用地面积 50% 的土地利用指标。同时,通过多元化融资产品及模式对省级特色小镇给予融资支持,如省国信集团发起成立总规模 1000 亿元的江苏特色小镇发展基金,组织召开镇银对接会,6 家商业银行与 22 个小镇签署了 556 亿元的意向融资协议。各小镇也设立了相关产业引导基金,积极引入外部创投基金,56 个小镇集聚了股权投资资本 2617 亿元。

（四） 推进规范发展

河南、江苏两省都在创建过程中加强规范纠偏。河南省发展改革委起草形成了全省特色小镇规范性文件,建立规范纠偏机制,对全省现有特色小镇和特色小城镇定期开展评估督导和优胜劣汰,适时公布整改名单;明确要求各类省级特色小镇创建命名要经省特色小镇和特色小城镇高质量发展厅际联席会议同意,市（县、区）级特色小镇创建命名要经所在市（县）政府审定,并报省城镇化工作领导小组办公室备案。江苏省在特色小镇创建初始就明确了"五个坚持"和"五个防止"的总原则,并在创建过程中加强动态监测,逐年对特色小镇的创建进行考核评估,对年度考核情况不佳的小镇进行约谈;开展特色小镇拉网式排查统计及清理工作,要求各市（县、区）和镇级政府不得单独发布创建培育名单,小城镇不得再以特色小镇的名义开展招商和宣传工作,各类社会组织和企业不得自行命名特色小镇,已命名的由项目所在市（县、区）组织清理取消并劝其更名。近期,江苏省委牵头开展了面向基层创建示范活动项目的清理规范工作,初步明确了省级各部门开展的"江苏省体育健康特色小镇""江苏省旅游风情小镇"纳入"江苏省级特色小镇创建"项目,由省发展改革委牵头,江苏农业部门命名的 105 个农业小镇全部取消。

三、主要问题

河南、江苏两省特色小镇建设总体态势良好,但仍存在以下四个方面的问题。

(一) 对特色小镇理解存在偏差,概念不清

此次调研的有些地区(包括省市和县镇)对特色小镇认识不清、概念模糊。有些地方的书面材料里存在将特色小镇和特色小城镇概念混淆的问题,汝州蟒川镇、苏州昆山陆家镇甚至将住房和城乡建设部命名的全国特色小城镇镇区内的特色小镇宣传为"国家级特色小镇"。

(二) 产业特色不突出,对"三生融合"理念认识不到位

河南、江苏两省特色小镇的特色产业发展参差不齐。很多地方都提出要打造文化旅游、生态宜居、创业创新等复合功能的小镇,但是核心的产业技术和产业基础并没有形成,产业特色不鲜明。很多特色小镇都是围绕历史文化、农业、旅游等资源进行项目开发,存在同质化问题。甚至有的地区从外省购买古建筑材料到当地重新打造古镇(城),产生资源浪费。江苏省不少小镇是由产业园区转型而来,对"三生融合"的建设理念认识还不到位,导致生活生态上的功能设置不完善。

(三) 特色小镇可持续发展面临挑战

河南、江苏两省普遍存在特色小镇土地指标紧缺、融资渠道单一、专业人才匮乏等问题。目前河南省共有各级各类特色小镇 34 个;江苏省共有56 个省级特色小镇,仅南京市就有 33 个市级特色小镇。打造特色产业、培育特色小镇需要小镇主体运营商的较大资金投入,如果小镇项目进展不尽如人意或收益不佳,运营商的持续投资则具有不确定性。尤其是对于镇中

镇类型的特色小镇,很难有效聚集各类资源,未来此类特色小镇的可持续发展将面临挑战。

四、下一步政策举措

河南、江苏两省将继续压实主体责任、加强部门协调,紧抓规范纠偏、推进典型引路,更好地推动特色小镇高质量发展。

（一）准确把握特色小镇内涵及其发展规律

严格认清特色小镇和特色小城镇的差异,特色小镇是集聚特色产业、"三生融合"的创新创业平台,特色小城镇是特色产业鲜明的行政建制镇。要遵循城镇化发展规律,科学把握浙江经验的可复制和不可复制内容,中西部地区尤其要注重少而特、少而精、少而专。各地要对特色小镇实行分类指导,结合产业空间布局优化和产城融合,因地制宜发展"市中镇""市郊镇""园中镇""镇中镇",谨慎发展"飞地镇"。要结合本地实际情况编制特色小镇发展指南,具体引导指导特色小镇建设。

（二）坚持特色小镇规范健康发展

要从实际出发,遵循客观规律,实事求是、量力而行,控制数量、提高质量,体现区域差异性,提倡形态多样性,不搞区域平衡、产业平衡、数量要求和政绩考核。立足要素禀赋和比较优势,挖掘最有基础、最具潜力、最能成长的特色产业,做精做强主导特色产业。以特色产业为核心,兼顾特色文化、特色功能和特色建筑,防止内容重复、形态雷同、特色不鲜明和同质化竞争。科学编制特色小镇规划,节约集约使用土地,严控建设用地规模。

（三）压实地方政府主体责任

省级发展改革委要承担主体责任,整合各方力量,及时规范纠偏,调整优化实施方案、创建数量和配套政策,加强指导和监督监测。鼓励改革和体制机制创新,全面优化营商环境,创新财政资金支持方式,优化供地用地模式,合理配套公用设施,完善金融支持政策。

（四）加强部门沟通协作

充分发挥城镇化部际联席会议机制作用,由国家发展改革委牵头,住房和城乡建设部、国家体育总局、国家林业和草原局等有关部门参与,共同推进特色小镇建设工作。国家发展改革委加强统筹协调和跟踪督导,各有关部门通力支持、统一行动,把握节奏、久久为功。

（五）加强示范引领和舆论宣传

坚持典型引路,挖掘特色小镇典型案例,总结提炼、树立标杆、推广经验、正面引导。组织召开现场经验交流会,指导有关方面开展培训。发挥主流媒体的舆论宣传导向作用,持续跟踪报道建设进展,总结好样板、好案例,形成全社会关注关心的良好氛围。

第三节　海南省、福建省特色小镇建设案例

国家发展改革委城市和小城镇改革发展中心

海南省、福建省将特色小镇作为推进经济转型升级、新型城镇化建设和乡村振兴的重要平台和抓手,其中,海南省重点立足本地旅游和农业资源,发展旅游和特色农业小镇;福建省围绕优势产业和龙头企业,以小镇为载体,打造产业集群。两省都建立了完善的工作机制、出台了有效的政策举措,产生了有益的经验成效。

一、特色小镇建设总体情况

海南、福建两省健全工作机制、完善政策体系、明确工作目标,并及时跟踪特色小镇建设情况,适时开展规范纠偏,总体上保证了特色小镇规范健康发展。

（一）形成较为完善的工作机制和政策体系

海南省建立了由常务副省长担任召集人、涵盖19个部门的特色产业小镇联席会议制度,联席会议统筹研究提出支持政策、审定建设规划、提出考

核办法和验收办法等。自2015年以来,海南省先后出台了百个特色产业小镇建设工作方案、三年行动计划等文件。福建省依托推进新型城镇化工作联席会议,由省发展改革委牵头,其他16个部门参与,统筹推进特色小镇和小城镇建设。自2016年以来,先后出台了特色小镇规划建设指导意见、创建指南、规划编制指引等文件,目前正在协调各部门围绕省政府意见,细化落实"1+X"综合扶持政策体系。

（二）明确特色小镇创建目标和支持措施

海南省公布了100个特色产业小镇建设名单,将特色小镇项目纳入各市县"多规合一"予以用地保障;省财政出资15亿元,联合国家开发银行、光大银行等,设立200亿元的特色产业小镇支持基金。福建省分两批公布了55个特色小镇创建名单,通过新增财政收入返还、支持规划编制费用、引入政策银行贷款等方式对特色小镇给予支持。2016年以来,省级部门支持55个特色小镇规划经费2750万元,协调农发行和国开行投放贷款近28亿元;除省级部门支持政策以外,部分市县还对纳入创建名单的小镇给予2000万元的财政补助,或每年50亩的新增用地指标。

（三）及时开展跟踪评估和纠偏工作

针对特色小镇发展中存在的突出问题,两省不断加大对特色小镇工作的规范和指导。2017年以来,海南省对特色产业小镇发展开展考核评估,对名单内的小镇开展优胜劣汰和动态调整。2018年,海南省将规划无法落实的万宁东澳燕窝小镇剔出名单。福建省将市县区级命名的、不符合发展要求的32个特色小镇,各级政府创建名单外、市场主体自行命名的16个特色小镇纳入淘汰名单。

（四）特色小镇建设取得一定成绩

一些特色小镇成为带动地区发展和产业升级的重要载体,部分小镇实现了行业"单打冠军"的目标。海南省万宁市兴隆华侨农场,依托热带植物园和中国热带农业科学院香料所,发挥区域内归国华侨来源国多、人数多的优势,打造东南亚风情小镇,每年吸引游客近百万人,仅香料所技术转化产业产值就超过6000万元,并带动当地就业500余人。福建省自2016年以来,实现特色小镇投资 920 亿元,镇均投资近 20 亿元。福州东湖数字小镇瞄准互联网等数字经济,成为区域创新策源地;福州金牛互联网小镇引入国家"万人计划"1 人、省"百人计划"团队 1 组;区域内已废弃的福州大学机械厂改造为文化创意园区,园区入驻文创商户上百家。宁德不锈钢小镇产值过千亿元,是全球最大的不锈钢生产基地,小镇通过合理布局生产、生活、生态区,营造良好的配套环境,与大学合作建立产业研究院,实现了产学研的有效融合。

二、存在问题与主要原因

特色小镇建设总体态势良好,但一定程度上还存在概念不清、数量偏多、特色不鲜明等问题。

(一) 越往基层越容易出现概念不清的问题

从省级层面来看,各省都明确特色小镇"非镇非区",不同于建制镇、产业园区和房地产项目。但在市县和小城镇政府的操作层面,仍存在把小城镇等同于特色小镇的情况。海南省 2015 年公布的 100 个特色产业小镇名单中,有 85 个是行政建制镇,虽然在之后的规范工作中,要求在建制镇中打造特色小镇片区,但多数市县仍把建设重点放在道路建设、镇区风貌改造等方面。万宁市龙滚镇,在 6000 万元的建设投入中,有 2000 多万元用于镇区建筑外立面改造。

究其原因,一是从中央层面上,部门统筹协调不够,不同部门提出不同类型的小镇,一些相似又不同的概念导致基层认识错乱;二是特色小镇概念本身容易产生误解,社会公众普遍容易将特色小镇理解为小城镇;三是政策解读和权威培训不够,一些社会组织借机开展培训和不实舆论,不仅没有"指明"方向,反而加剧了地方认识上的混乱。

(二) 部分小镇特色不鲜明、产业发展徘徊不前

一些小镇对自身认识不清、夸大优势、盲目自信,确定的主导产业缺乏竞争力,产业培育基本处于停滞状态,这在旅游类小镇中尤其明显。海口市旧州古镇规划依托区域内的清代古建筑发展旅游,但并没有市场主体愿意

投资，也没有吸引到大量游客。一些小镇产业定位不准、摇摆不定。万宁市龙滚侨乡小镇，从规划之初提出的发展互联网产业，到博鳌论坛配套区，再到发展侨商交流和产品展示平台，目前仍未明确核心产业。一些小镇特色产业附加值不高、带动能力不强，没有形成规模效应。海南省确定的多数旅游类和农业类特色小镇，缺乏龙头企业带动，产业规模小、链条短，基本上还停留在风景走马观花、产品卖菜卖瓜的初级阶段。

究其原因，主要是政府主导过多、市场主体作用发挥不足。特别是在小镇前期规划和产业谋划阶段，部分小镇政府一厢情愿搞发展，既没有充分了解市场需求，也没有充分听取市场投资主体的意见，导致小镇规划落不了地，产业发展无特色、缺支撑。

（三）政策协调力度不够，对高质量小镇的支持不足

从国家层面来看，不同部门从各自工作角度开展了类似特色小镇的工作，但对特色小镇的支持政策未形成合力。有关部门通常以行政区为支持单位，"非镇非区"的省级创建特色小镇很难得到支持。比如，福建省有17个乡镇被有关部门列入农业产业强镇示范，而省级特色小镇创建名单内的10个农业类小镇并未获得支持。此外，国家层面虽然由国家发展改革委牵头建立了特色小镇的典型引路、规范纠偏、服务保障三大机制，但目前总体以规范纠偏为主，部分地区和特色小镇对未来政策导向感到迷茫。一些有较好产业前景的小镇，在发展中也面临着政策变化的困扰，宁德不锈钢小镇建设中已经列入国家计划的用海项目推进困难，海南编制"多规合一"的规划中，很多在建项目未列入规划，形成半拉子工程。

究其原因，一是特色小镇目前仍处在探索阶段，还没有普遍适用的建设模式，各部门认识还不统一。二是部门支持政策以行政区为基础，对支持"非镇非区"、没有明确的政府管理机构"新单元"还"无从下手"。三是国家层面上缺少高层统筹机制。

三、着力推动特色小镇高质量发展

为更好地推动特色小镇高质量发展，必须抓住关键问题、解决突出矛

盾,既要规范纠偏,也要出台更加有效的支持政策。

（一）提升中央层面统筹层次

一是建立国家层面的统筹指导机制,协调解决特色小镇发展的重大问题,研究提出支持特色小镇发展的政策体系。二是进一步明确各部门分工,由牵头部门组织,协同开展特色小镇的创建培育工作,原则上各部门不得另起炉灶建设特色小镇。三是加大对高质量特色小镇在建设用地配置、公共服务平台建设、重大技术攻关等方面的支持力度。

（二）强化省级层面责任

一是各省成立由相关领导担任负责人的工作小组,统筹本省特色小镇建设工作。二是由各省根据经济发展阶段、产业特点、资源禀赋等,按照"少而精"的原则,确定特色小镇培育创建名单,形成数量适度、布局合理、错位发展的发展格局,市县层面上原则上不再公布特色小镇名单。三是突出特色小镇实体产业发展,围绕实体产业细化配套支持政策,原则上不以旅游景区为依托打造特色小镇。

（三）协调好政府、企业和居民关系

一是把政府资源支持与引入市场主体更加紧密地结合起来,政府重点搞好环境营造、基础设施建设。二是鼓励以混合所有制形式组建特色小镇建设运营主体,整体建设运营特色小镇,避免碎片化开发。三是创造条件让小镇所在地居民参与特色小镇建设发展工作,将小镇打造成多方利益共同体。四是在充分吸收小镇龙头企业和居民意见的基础上,由政府、特色小镇运营企业共同编制特色小镇产业规划。

（四）加强正确舆论引导

一是国家有关部门和机构应充分利用各类媒体,围绕特色小镇重点政策进行权威、精准解读,定期组织研讨会、经验交流会、现场会,有针对性地促进地区间的交流互动,确保各级政府和相关主体准确理解特色小镇的实质内涵。二是完善特色小镇建设跟踪、评估、监督机制,及时了解特色小镇建设总体情况,强化事中事后监管。三是依托有关智库,建立涵盖政策、金融、产业、理论等多领域的高水平专家队伍,加强对有关方面的专业性指导。

第四节　云南省特色小镇建设案例

云南省发展改革委

云南省依托山水瑰丽、生态优美、民族众多、历史悠久、区位独特等天然禀赋优势,将特色小镇作为云南实施乡村振兴战略的重要途径、建设中国最美丽省份的重要抓手、打造世界一流健康生活目的地的重要平台、打赢脱贫攻坚战的重要措施,高标准高质量推进全省特色小镇创建工作。

一、云南省推进特色小镇工作举措

云南省在特色小镇创建中,全面贯彻落实习近平总书记关于特色小镇的重要批示精神,省委常委会会议、省政府常务会议对全省特色小镇创建工作多次进行了专题研究,提出"新一轮特色小镇建设不是房地产开发,要着力在特色产业培育、特色生态优化、绿色发展上下功夫"。全省成立了特色小镇发展领导小组,统筹推进特色小镇创建工作,努力建设具有鲜明的云南特色、达到世界一流水平的特色小镇。

(一)突出云南地方特色

紧扣多样的民族文化、众多的古城古镇、优美的自然风光、良好的生态环境等优势,以旅游文化等特色产业培育为核心,建设"田园牧歌、民族风情、历史文化、特色产业、绝妙景观"五种类型的特色小镇。在每种类型的特色小镇建设中,瞄准"世界一流、中国唯一"的目标,聚焦"特色、产业、生态、易达、宜居、智慧、成网"七大要素,高质量高标准开展创建工作。一是特色。充分挖掘25个少数民族多姿多彩的民族文化、众多的古城古镇等历史文化、优美的生态环境等特色优势,打造独一无二、不可复制的特色,避免盲目模仿、照抄照搬、千镇一面。二是产业。以产业培育为核心,聚焦旅游文化、高原特色现代农业等8大重点产业和打造世界一流的"绿色能源""绿色食品""健康生活目的地"三张牌,走"旅游文化+"的路子,瞄准产业发展新前沿,顺应消费升级新变化,促进产业转型升级。三是生态。坚持绿色发展,牢固树立"绿水青山就是金山银山"的理念,注重生态环境打造,营造天蓝、山绿、水清的人居环境,实现镇在山中、房在林中、人在景中。四是易达。加快交通基础设施建设,提高特色小镇对外交通的通达性和便捷性,确保对外交通便捷,内部交通顺畅,方便游客和产品进出。五是宜居。坚持以人民为中心的发展思想,配套建设供排水、污水垃圾处理等基础设施和公共服务设施,满足当地居民和游客的宜居需求,增强人民群众的获得感、幸福感、安全感。六是智慧。通过"一部手机游云南"平台,提供智能化管理服务,建设集宣传、导游导览、诚信、购物、投诉处理等于一体的智慧小镇。七是成网。坚持错位竞争、差异发展,避免同质化,与周边特色小镇、城镇村庄、景区景点形成有机联系、功能互补、联动发展的格局。

（二）牢牢守住"四条底线"

坚持"不触碰生态红线、不占用永久基本农田、不通过政府违规举债建设、不搞变相房地产开发"四条底线,实行一票否决制,凡是与各级各类自然保护区、风景名胜区、森林公园、地质公园、水源保护地、自然文化遗产等生态管控红线和管控要求相冲突的,占用永久基本农田的,违规举债的,以特色小镇之名行房地产开发之实的,坚决予以淘汰。

（三）充分发挥市场主体作用

坚持"政府引导、企业主体、群众参与、市场化运作",在创建工作中,坚持规划引领,高水平、高质量编制特色小镇规划,邀请国内外知名专家对特色小镇的总体规划和修建性详细规划进行严格评审,严把规划关。通过举办招商引资推介会、政银企深入对接、赴国内外精准招商等方式,积极引入有情怀、有实力的国内外一流投资主体,避免政府大包大揽,鼓励多元化投资主体参与特色小镇建设,大力吸引社会资本和当地群众参与特色小镇建设。比如,红河州建水县在建水古城提升改造中,通过政府每户补助3万元,带动当地群众投入3万元,对古城内民居进行提升改造,取得了较好效果。

（四）实行特色小镇创建制

统一采取"宽进严定、宁缺毋滥、动态管理"的创建制方式来推进特色小镇建设,解决过去只为了争项目、争资金,"戴上帽子"后不注重后续建设和运营管理的弊端,建立了鼓励先进、鞭策落后的创建激励机制。在具体操作上,明确了特色小镇创建标准,出台了《云南省人民政府办公厅关于印发〈云南省示范特色小镇评选办法(试行)〉的通知》,对照创建标准,按照"自查自评、自愿申请、考核评选、审定发布"等环节,每年从严开展一次考核工作。根据考核结果,对考核结果排名靠前创建成效显著的特色小镇进行省级奖补支持,对考核不合格的退出创建名单,考核存在突出问题的给予黄牌警告。2018 年,对创建成效显著的 15 个特色小镇,省财政给予了每个小镇1.5 亿元的奖补支持,对考核不合格的 6 个特色小镇进行了淘汰,收回了共计 6000 万元的启动资金。2019 年,对 2018 年获得奖补支持后,2019 年又取得新成效的 12 个特色小镇每个给予了 1 亿元的重复奖补支持,对 9 个创建成效显著的新增特色小镇每个给予了 1.5 亿元的奖补支持;对 2018 年获得奖补支持,但在创建工作存在突出问题的 3 个特色小镇进行了黄牌警告,整改不落实的,将收回奖补资金。

（五）坚持体制机制创新

坚持解放思想、高位统筹、改革创新,通过体制机制创新激发特色小镇发展的活力。制定出台了《云南省人民政府关于加快特色小镇发展的意见》《云南省人民政府关于加快推进全省特色小镇创建工作的指导意见》等一系列目标导向明确、标准要求严格、奖惩激励分明的文件。云南省政府按照"大干大支持、不干不支持"的原则,从 2018 年开始至 2020 年,每年评选出 15 个左右创建成效显著的特色小镇,省财政给予每个 1.5 亿元以奖代补资金支持,省政府每年召开特色小镇现场推进会,通过现场观摩和交流学习借鉴,充分调动各地创建特色小镇的积极性。

（六）坚持典型示范引领

深入挖掘各地特色小镇的成功典型,认真总结提炼分析典型案例的经验做法,树立高质量推进特色小镇创建的标杆,逐步实现正面示范、典型推广、以少带多,引领特色小镇高质量、可持续发展。先后总结了以传承古老中原汉文化、翡翠文化、抗战文化等多元纷呈出彩,实现共建共享、和谐共赢的和顺古镇模式;以挖掘、传承和展示彝族阿细文化为核心,带动实施乡村振兴战略和脱贫攻坚的可邑小镇模式等。

二、云南省特色小镇创建成效

通过企业投资主体的积极参与,通过全省上下的共同努力,一批特色鲜明、环境优美、发展势头强劲、示范效应明显的特色小镇正逐步显现,特色小镇的溢出效应和带动作用也日趋明显。

（一）助推民族地区发展

云南省特色小镇创建对民族地区给予倾斜支持,获得省级奖补支持的24个特色小镇,已覆盖了云南省11个世居少数民族,极大地促进了民族地区的发展,有力地支撑了民族团结进步示范区的建设。

（二）带动区域脱贫攻坚

弥勒可邑小镇、元阳哈尼小镇、普者黑水乡、宁洱那柯里茶马古道小镇等特色小镇的创建,通过吸纳周边村落劳动力和把产业植入小镇,促进了小镇及周边乡村的经济社会发展,带动当地群众实现脱贫致富。可邑小镇的创建,把可邑村从原来一个贫困的小山村,发展成为实施乡村振兴战略和脱贫攻坚的成功典范,实现农村人均可支配收入达2万元,辐射带动72户225名贫困人口增收致富。普者黑水乡特色小镇的创建,带动特色小镇所在的仙人洞村、普者黑村农村常住居民人均可支配收入超过万元。

（三）促进民族文化保护传承

民族地区的特色小镇创建重点在小镇历史文化的保护、传承、挖掘上下功夫,前所未有地激发了地方传统文化的保护传承和活化利用。如大理喜洲古镇通过白族古院落文化的活化,充分展现了喜洲地方民族特色和院落文化的精神价值。

（四）助推人居环境改善

红河州元阳哈尼梯田小镇通过传统村落的保护改造,大理州喜洲古镇通过市政基础设施提升改造,文山州普者黑水乡小镇通过对沿湖自然村环保设施和基础设施提升改造,保山市和顺古镇通过对大盈江环境整治,弥勒市太平湖森林小镇通过石漠化治理,极大地改善了生态环境,提升了宜居宜游水平。

（五）促进新型城镇化发展

一批特色化、产业化、智慧化的小镇已初具雏形和规模,喜洲古镇、和顺古镇、建水西庄紫陶小镇等位于城市周边的特色小镇,成为连接城乡的桥梁和纽带,丰富了城市边缘结构;哈尼梯田小镇、可邑小镇、鲁布革布依风情小镇等特色小镇,促进小镇当地就地就近城镇化。特色小镇创建助推红河州弥勒市新型城镇化发展水平迈上了一个新台阶。2019年,预计弥勒市城镇化率达到58%,高出云南全省平均水平近10个百分点。

（六）推动全域旅游发展

文旅类特色小镇的创建,强化了"城市—景区—特色小镇—乡村"全域旅游产业链建设,成为全省旅游产业发展新的增长极,有力地支撑了全域旅游的深入发展,特色小镇已成为云南旅游的新热点地区,促进全域旅游再创新高。2019年,昆明凤龙湾小镇接待游客60余万人次,同比增长50%;红河州建水县通过临安古城、西庄紫陶小镇的创建,2019年,带动全县接待游客达到1401万人次,同比增长34%,实现旅游总收入185亿元,同比增长75%。

（七）搭建产品展销新平台

通过特色小镇创建,红河州建水紫陶的知名度得到了大幅度提升,建水西庄紫陶小镇组团参加"第十一届中国陶瓷艺术大展",24件作品获国家级大奖。紫陶的销售收入年均增长50%,产品远销美、法、日、韩等国和全国各地,紫陶从业人员3.61万人,从事紫陶生产销售的企业和个体户达1631户。大理州鹤庆新华银器小镇,以银器加工为特色,聚集了国家级大师、国家级和省级非遗传承人等各类人才47人,销售收入达到21亿元。小镇通过数字化建设带动农村电商发展,银器网络销售在总销售额中的占比达到30%,部分商户网络销售占比达到70%。

三、下一步政策举措

云南省将继续坚持走符合地方实际的特色小镇创建路径,高标准高质量推进特色小镇创建工作。

（一）坚持符合实际的特色路径

云南特色小镇创建要结合省情实际,充分发挥云南资源禀赋多样性的优势,走具有云南特色的"文化+"、"民族+"、"生态+"、"特色产业+"和"特色小镇+数字"的多样性特色小镇建设路径。"文化+"特色小镇,重点要在小镇历史文化的保护、传承、挖掘上下功夫;"民族+"特色小镇,重点要在民族文化传承、展示、做活做真做精上下功夫;"生态+"特色小镇,重点要在自然山水景观保护利用、生态环境建设上下功夫;"特色产业+"特色小镇,重点要加强创业创新,借助现代科技和信息化手段,推动传统产业在新时代焕发出新的生机与活力;"特色小镇+数字",以资源数字化、数字产业化、产业数字化为主线,通过云南"一部手机游云南""一部手机云品荟""一部手机办事通"平台,加速推进信息技术与特色小镇的深度融合,加快推进特色小镇的 5G 应用,全面提升特色小镇智慧化水平。

（二）坚持高标准高质量推进工作

云南省将继续瞄准"世界一流、中国唯一"的发展目标,牢牢守住"不触碰生态红线、不占用永久基本农田、不通过政府违规举债建设、不搞变相房地产开发"四条底线,聚焦"特色、产业、生态、易达、宜居、智慧、成网"七大要素,以奖补支持的特色小镇为重点,兼顾其他特色鲜明、工作基础较好、打造潜力大的部分特色小镇,以问题为导向,进一步将工作落小落细落实,实施"一镇一策"精准指导,管好用好省级奖补资金,从严开展特色小镇考核评选工作。广开言路、集思广益,以云南省特色小镇专家委员会为依托,充分发挥好各类专家在云南省特色小镇建设中的决策咨询、技术把关、专业指导等智力支撑作用,进一步提高云南省特色小镇建设的质量和水平,高标准、高质量推进好全省特色小镇创建工作。

第五节　吉林省特色小镇建设案例

吉林省发展改革委

　　吉林省依托自身资源优势,聚焦特色产业,打造产业集群,统筹省内东中西三大板块和"一主、六双"产业空间布局,在全省创建一批特色产业鲜明、竞争优势突出的特色产业小镇,形成新的经济增长点,培育壮大县域经济,在吉林大地布下燎原星火。

一、工作进展

　　吉林省健全工作机制、完善创建程序、分类滚动推进特色小镇建设,有效引导特色小镇规范健康发展。

　　(一)　加强顶层设计

　　为充分挖掘资源优势潜力,着力培育新的经济增长点,吉林省总结省级示范城镇建设成功实践,学习借鉴浙江特色小镇建设理念和经验,作出了在全省打造一批特色产业小镇的工作部署。2019年2月,省政府办公厅印发《吉林省加快特色产业小镇创建实施方案》,公布了55个首批创建名单,同时,省政府印发了《支持特色小镇和特色小城镇建设的若干政策》。

　　(二)　明确创建标准

　　为确保特色小镇的建设质量,确定了"五有"创建标准。一是有鲜明的聚焦产业。突出一镇一主业,落地项目、引进的企业要围绕主导产业实施,延长产业链条,形成上下游配套、具有一定规模的产业。二是有高水平的规划。规划要符合当地城镇体系规划、土地利用总体规划、主体功能区规划、国家及省有关生态环保要求和保护区相关规定等,突出特色、产城融合、多规合一,具有前瞻性、先进性和可行性。三是有明确的建设主体。坚持市场化导向,建设主体既可以是国有企业,也可以是民营企业和混合所有制企业等。四是有一定的投资规模。高质量策划实施主导产业及其配套设施建设项目,主导产业投资(不含商品住宅和商业综合体项目)占比不能低于总投资的50%。五是有创新的管理体制。可以根据工作实际由企业和政府分别派出人员构成管理组织,承担协调服务等工作。

(三) 确定创建程序

按照"五有"标准,在小镇自愿,所在市、县政府申报的基础上,经过专家评审论证、现场复核等方式初步确定创建名单,报省政府审定后公布。对列入创建名单的小镇,由第三方评估机构进行年度评估考核,评估考核达标的小镇,由省政府认定为省级特色产业小镇。

(四) 分类滚动推进

在推进方式上,根据发展阶段将小镇分为成长、培育、规划三类,因类施策、滚动推进。对主导产业特色鲜明、达到一定规模的成长类小镇,重点在规划提升、产业升级、智能化改造等方面加大工作力度,聚焦高端产业和产业高端方向提升产业层次。对已开工建设、形态初步显现、主导产业初具规模的培育类小镇,重点在产业培育、破解建设资金瓶颈等方面加大工作力度,支持企业拓宽融资渠道、扩大融资规模,加快产业发展,延长产业链,构建产业集群。对已有比较成熟的高水平规划、主导产业发展潜力大但项目尚未落地的规划类小镇,重点在规划编制、引进战略投资者等方面加大工作力度,推动项目尽早落地,尽快形成规模。

(五) 健全工作机制

建立季度调度机制,及时掌握特色产业小镇项目建设情况;搭建全方位服务平台,设立特色小镇服务热线,为小镇配备服务秘书;与省直相关部门建立沟通对接机制,共同研究深入交流,助力小镇发展;与中国城镇化促进会、杭州数亮科技股份有限公司等第三方合作,搭建企业对接和产业引入服务平台。

二、经验做法

吉林省围绕特色产业小镇培育要求,以特色产业为核心,经过一年多的实践,现已取得积极进展,初步建成一批冰雪、人参、矿泉水等独具吉林特色的小镇。

(一)注重规划提升

规划是小镇建设之根。坚持规划先行,充分体现市场导向,与小镇的建设运营主体共同编制规划,做好空间布局、产业布局和生态布局,以规划指导建设,突出"一镇一特色、一镇一风貌",注重规划的可行性和可操作性。

敦化市吉港澳中医药健康小镇加强顶层设计规划,形成了"一区五园"大格局,依托大湾区建设,携手港澳共享"一带一路"建设发展成果,整合医药健康产业链,大力发展种植、加工、仓储、流通等相关产业,建成人参、平贝母、灵芝和梅花鹿4个种养殖基地2300多公顷,推动博雅特医食品、延边药业口服液智能车间、凯莱英绿色制药等一批重大项目落地实施。

长春市红旗绿色智能小镇聘请了清华大学和苏州盖斯特等国内一流规划设计团队,形成了功能配套、层级有序、科学合理的规划指导体系。小镇通过传统产业转型升级,发展智能网联、无人驾驶等,拉长汽车产业链条,以红旗品牌转型升级带动红旗汽车产业发展,产能由3万辆提升至10万辆,为吉林省中部创新转型区建设提供了引领带动和示范,为吉林省供给侧结构性改革和经济高质量发展提供了新模式。

(二)注重产业集聚

产业是小镇建设之本。立足区域要素禀赋和比较优势,在"个性"上下功夫,充分挖掘每个小镇最有基础、最具潜力、最能成长的产业,打造特色主导产业,提升特色产业小镇的活力、竞争力和吸引力,实现"一镇一产业",避免同质化竞争。

公主岭市大岭汽车物流小镇以汽车物流产业为主导,建成1.5平方公里整车仓储物流园区,建成现代综合汽车物流产业集群、现代汽车专业物流基地、农业及特种车辆生产加工基地、物流产业"互联网+"实践基地等,现已入驻物流企业21家,累计完成投资4.22亿元,产值6亿元,利税2.1亿元,吸纳就业6800人。

长春市鹿乡梅花鹿小镇依托良好的梅花鹿产业发展基础,现已建成全国唯一的梅花鹿"标准化养殖示范区",生产研发类企业已经发展到40家,地市级以上龙头企业 11 家,省级以上知名品牌 10 余个,产品已覆盖保健品、食品等 7 大类 140 多个品种,有专业经销业户 670 余户,年客流量超百万人次,年吞吐鲜鹿茸达 300 吨,鹿副产品 5800 吨,交易额在 35 亿元左右,鹿产品成交价格是全国鹿业市场走向的"晴雨表"和"风向标"。

安图县红丰矿泉水小镇依托长白山天然矿泉水资源,以培育打造世界一流矿泉水基地为目标,先后引进了广州恒大、台湾统一、韩国农心等 10 户企业,建成工业厂房 24 万平方米,累计完成投资 34.5 亿元。2018 年矿泉水产能达到 300 万吨、产量 70 万吨、产值 10 亿元,利税 0.8 亿元,小镇培养特色产业,打造产业集群,为助力乡村振兴提供了新经验,为县域经济发展提供了新的增长点,为吉林省东部绿色转型区建设提供了新支撑。

(三)注重市场主体

市场主体是小镇建设之魂。充分发挥市场在资源配置中的决定性作用,以企业为主体推进特色产业小镇建设,最大限度地激发市场主体活力和投资创业者活力。注重用好政府"有形之手",一方面做好"加法",为企业提供专业化、社会化、全方位服务,提供公平的发展环境;另一方面做好"减法",不搞"大包大揽",过度干预。

集安市清河野山参小镇采取政府引导、企业建设的模式,依托野山参资源引进江苏澳洋集团、中庆集团等企业入驻,致力于提升野山参产业能级,现已建成中国·清河澳洋野山参国际交易中心与中国·东北(澳洋)道地中药材产业园,野山参种植总面积达 5060 万平方米,年交易量 770 吨,交易额 27 亿元,是全国最大的林下参基地、中国最大的野山参交易市场。

蛟河庆岭冰酒小镇依托长白山脉松花湖畔北纬 43 度独特的自然条件,以吉林华兰德酒庄有限公司为龙头企业,按照"生态立镇、产业兴镇"的发展思路,致力于发展葡萄种植与冰酒产业,小镇现已建成了 1200 亩标准生态葡萄园、2000 亩候鸟湿地公园、世界第一个冰酒博物馆等,承办了 2017 年华兰德冰酒节开幕式等大型论坛活动。

吉林市大荒地稻香小镇,在东福集团带领下集中流转土地 2860 公顷,深耕绿色稻米产业,做大做强"大荒地"大米品牌,并利用当地温泉资源,开发农业休闲旅游观光项目,打造集生态农业观光、温泉休闲等为一体的神农温泉品牌,实现年接待游客 50 万人次。

（四）注重设施配套

配套设施是小镇建设之基。按照适度超前、综合配套、集约利用的原则,注重"生产、生活、生态"融合发展,加大道路、给排水、供电、供气、供热、通信、环卫等基础设施建设力度,不断提升小镇功能和承载能力。统筹布局建设学校、医疗卫生机构、文化体育和餐饮购物场所等公共服务设施和检测、认证、服务中心等配套服务设施,构建起便捷"生活圈"、完善"服务圈"和繁荣"商业圈"。坚持绿色发展理念,加强环境综合整治,打造宜居宜业宜游的优美环境。

（五）注重政策保障

政策是小镇建设之助。为大力培育特色小镇,有针对性地提出扩大示范城镇管理权限、实施优惠的土地政策、鼓励农民进城、支持产业发展、加强基础设施建设、加强财税扶持、鼓励改革创新七个方面共 40 条政策。在土地政策方面,实行"点供"政策,对特色产业小镇投资 10 亿元以上的工业项目。在产业支持方面,特色小镇农村集体经济组织能以土地使用权入股,与其他经济组织联营、联建举办企业。在财税扶持方面,利用省级新型城镇化建设专项资金,通过补助、贴息等方式,支持小镇主导产业培育及配套设施建设。在鼓励创新方面,特色产业小镇可优先实施国家和省里先行先试的相关改革试点政策,充分利用东北振兴金融合作机制,搭建与金融机构合作的对接平台,为特色产业小镇提供长周期低成本融资服务。

三、推进措施

推进特色小镇高质量发展离不开强有力的保障措施,吉林省通过统筹规划引导、完善政策保障、开展培训指导等方式,确保特色产业小镇建设有序推进。

（一）召开现场推进会

吉林省政府召开全省特色产业小镇建设现场推进会,现场考察小镇特色产业的建设情况,对全省特色产业小镇建设工作提出了突出产业支撑、突出项目落地、突出生产生态生活"三生"融合、突出模式创新四个方面工作要求,同时也为各小镇提供了经验交流平台。

(二)完善资金保障

为加快推动特色产业小镇规划建设,吉林省运用省预算内基本建设资金(新型城镇化建设),2019年共补助资金2.4亿元,重点支持特色产业小镇主导产业及其配套设施建设项目。组织召开小镇与浙江南方设计院、阿里云等浙商企业的对接交流会,帮助小镇推介项目、寻求合作,为吉林特色小镇注入新活力。

(三)加强培训指导

组织召开全省特色产业小镇培训会,省直相关部门结合部门职能,对《支持特色小镇和特色小城镇建设的若干政策》做了最新政策解读,对小镇建设相关人员进行培训。在杭州市举办了两期"吉林省特色产业小镇交流培训班",深入学习浙江省特色小镇在规划设计、投融资模式、开发建设及运营管理等方面先进的创建经验,邀请浙江省发改委和浙江省南方建筑设计院等有关专家进行专题授课。

(四)强化宣传引导

吉林省发改委在《省长热线回声》栏目推出《精彩吉林 特色小镇》专栏,选取了12个具有典型意义的特色产业小镇进行专题报道,充分发挥主流媒体舆论导向作用,集中展示吉林省特色产业小镇建设情况,宣传好经验好做法,推荐先进模式,营造吉林省特色产业小镇建设发展的良好社会氛围。

第 五 篇

城乡融合发展篇

第十一章 城乡融合发展的新图景

国家发展改革委副主任 胡祖才

改革开放以来,我国在统筹城乡发展、推进新型城镇化方面取得了显著进展,但城乡要素流动不顺畅、公共资源配置不合理等问题依然突出,影响城乡融合发展的体制机制障碍尚未根本消除。2019 年 4 月,《中共中央国务院关于建立健全城乡融合发展体制机制和政策体系的意见》正式印发,为推动城乡融合发展进行了顶层设计、描绘了新图景。如何理解和落实这一新图景? 对此,我们需要进行深入分析,以更好地领会中央精神。

一、新高度:城乡融合发展事关现代化建设全局

习近平总书记在党的十九大报告中提出,要建立健全城乡融合发展体制机制和政策体系,加快推进农业农村现代化。在新时代建立健全城乡融合发展体制机制和政策体系,更好地处理工农关系和城乡关系,在一定程度上决定着我国建设现代化强国的成败,对于顺利实施乡村振兴战略和当前应对中美经贸摩擦等外部风险也有重要意义。

在我国的现代化建设中,农业现代化是薄弱环节。只有推动城乡融合发展补上这一短板,才能实现"四化"同步。西方发达国家的现代化历时两百余年,是工业化、城镇化、农业现代化、信息化顺次发展的串联式过程。我国要在新中国成立 100 周年时建成社会主义现代化强国,决定了现代化是工业化、城镇化、农业现代化、信息化、绿色化同步发展的并联式过程。对于

拥有 14 亿人口的大国来讲,在发挥好工业化总动力、把握好城镇化大趋势的同时,通过建立健全城乡融合发展体制机制来夯实农业现代化这个根基尤为重要。

由于欠账过多、基础薄弱,我国城乡发展不平衡不协调的矛盾依然比较突出,主要体现为乡村发展不充分,我国仍处于并将长期处于社会主义初级阶段的特征很大程度上表现在乡村。要解决这个问题,不能就农业谈农业、就乡村谈乡村,必须走以城带乡、以工促农的路子,加快建立健全城乡融合发展体制机制和政策体系,为顺利推进乡村振兴提供制度保障。

提高城乡融合发展水平有利于培育强大的国内市场、积极应对外部风险挑战。当今世界处于百年未有之大变局,美国主动挑起中美经贸摩擦并逐步升级,损害两国和全球利益,威胁全球经济增长。现阶段集中精力办好自己的事情,培育强大的国内市场,既能为经济发展与技术进步提供巨大潜力,也能为对外经贸磋商提供重要筹码。从消费来看,当前 5.6 亿农民、2.3 亿未落户城镇的常住人口人均消费支出分别仅为城镇居民的 47%、68%,若能加快人口市民化、解除消费后顾之忧,消费支出将以几千亿元的规模逐年递增;乡村拥有优美生态和优质农产品,若能供应适合市民下乡消费的产品和服务,将释放出极为可观的增长潜力。从投资来看,当前城乡基础设施和公共服务设施存在多处弱项、多块短板,农民人均公共设施投入仅是城镇居民的 1/5,若能推动城乡基础设施和公共服务一体化发展,将开辟出巨大的投资空间。建立健全城乡融合发展体制机制和政策体系,特别是推动乡村资源与全国大市场相对接,有效提高供给质量、拓展需求空间,正是形成强大的国内市场的重点所在。

二、新起点:新时代历史方位上的城乡融合发展

习近平总书记强调,要走城乡融合发展之路,向改革要动力,加快建立健全城乡融合发展体制机制和政策体系。党的十八大以来,一系列重大改革举措相继推出,取得了历史性成就,新时代我国城乡融合发展站上了新起点。

第一，农业转移人口市民化取得重大进展，户籍制度改革持续深化，农业转移人口进城落户的门槛不断降低、通道逐步拓宽，九千多万农业转移人口成为城镇居民。

第二，农村土地制度改革取得新突破，农村承包地"三权"分置取得重大进展，农村宅基地"三权"分置改革方向已经明确，农村集体经营性建设用地入市制度在试点地区取得明显成效，大大提高了农村土地利用效率。

第三，城乡一体的基本公共服务提供机制逐步建立，统一的城乡义务教育经费保障机制、居民基本养老保险、基本医疗保险、大病保险制度逐步建立，城乡基本公共服务向着制度接轨、质量均衡、水平均等的方向迈出了一大步。

第四，城乡一体化基础设施建设取得显著成效，城乡基础设施统筹规划和多元投入机制正在探索并逐步完善，城市、小城镇和乡村基础设施的互联互通程度正在提高，农民生产生活条件得到了很大改善。

第五，脱贫攻坚战取得决定性进展，农村贫困人口累计减少了8239万人，贫困发生率从10.2%下降到了2018年年底的1.7%，贫困地区农民人均可支配收入增速持续快于全国平均水平。

与此同时，我们也要清醒地看到，城乡融合发展体制机制还不够健全，存在一些明显的制度短板和薄弱环节。

第一，城乡要素流动仍然存在障碍，城乡二元的户籍壁垒没有根本消除，城乡统一的建设用地市场尚未建立，城乡金融资源配置严重失衡，导致人才、土地、资金等要素更多地单向流入城市，乡村发展缺乏要素支撑。

第二，城乡公共资源配置仍不合理，农村基础设施和公共服务设施的历史欠账仍然较多、短板依旧突出，如城市的污水、生活垃圾处理率分别为95%、97%，而农村仅为22%、60%。

第三，现代农业产业体系尚不健全，生产体系、经营体系和组织体系还不完善，农业的产业链短、附加值低、竞争力弱，农产品的阶段性供过于求和供给不足并存，供给质量和效益都亟待提高。

第四，农民增收长效机制有待完善，虽然城乡居民收入比从最高点2007年的3.14倍，持续下降到2012年的2.88倍，进而下降到2018年的

2.69倍,但近几年的缩小幅度逐渐收窄,农民持续增收面临较大挑战。

三、大方向:建立新型工农城乡关系

建立健全城乡融合发展体制机制和政策体系,要明确总体思路和顶层设计,以建立工农互促、城乡互补、全面融合、共同繁荣的新型工农城乡关系为方向,以促进城乡要素自由流动、平等交换和公共资源合理配置为重点,持续发力、久久为功,为农业农村现代化提供可靠的制度保障。

（一）坚持农业农村优先发展

我国处在城镇化较快发展阶段的中后期,农民进城还是大趋势,但即使城镇化率达到70%,也还有4亿左右的人口生活在乡村。这一国情决定了改革的大方向,是在顺应城镇化这个经济社会发展客观规律的同时,坚持农业农村优先发展,以协调推进乡村振兴战略和新型城镇化战略为抓手,推动现代化城市发展与现代化乡村建设互促共进,既不断释放城乡经济的增长潜力,又不断缩小城乡发展差距和居民生活水平差距,统筹满足城乡居民日益增长的美好生活需要,统筹提高城乡人民福祉。

（二）找准体制机制障碍

城乡融合发展体制机制涉及城乡两个地理空间,涉及农民、市民等多个群体,涉及"人地钱技"等多种要素,是一项系统工程。改革需要在整体谋划、全盘考虑的同时,找准主要矛盾和矛盾的主要方面,找准关键的体制机制障碍,进行有针对性的攻关突破,进而以点带面、盘活全局。一方面,发挥市场"无形之手"的作用,推动城乡要素自由流动和平等交换,促进乡村经济多元化发展;另一方面,发挥政府"有形之手"的作用,推动城乡公共资源合理配置,促进城乡基本公共服务普惠共享和基础设施一体化发展,为城乡要素自由流动特别是要素入乡提供基础性支撑,最终实现农民收入的持续增长。

（三）科学设计改革时间表

城乡融合发展体制机制改革既具有长期性特点,是将持续较长时间的历史任务;又具有差异性特征,需要考虑大部分东部沿海地区已处于工业化后期,而很多中西部地区仍处于工业化中期的发展阶段差别。应科学合理设计改革的时间表和优先序,大体可划分为三个阶段,按照三步走:到2022年,城乡融合发展的体制机制初步建立,城乡要素自由流动的制度性通道基本打通,其中经济发达地区、都市圈和城市郊区在体制机制改革上率先取得突破;到2035年,城乡融合发展的体制机制更加完善,城镇化进入成熟期,基本公共服务均等化和农业农村现代化基本实现,城乡发展差距和居民生活水平差距显著缩小;到2050年,城乡融合发展的体制机制成熟定型,城乡全面融合、乡村全面振兴、全体人民共同富裕基本实现。

(四) 守住底线红线

四十多年前,我国从农村拉开了改革开放的大幕,创造了令人瞩目的改革成就,成功经验之一就是始终坚持农民主体地位、维护农民权益。现阶段的城乡融合发展体制机制改革事关几亿农民的利益,覆盖面广、影响面大。在推进体制机制破旧立新的过程中,需要传承既有的成功经验,处理好改革发展稳定的关系,既充分发挥农民主体作用,让农民切实得到改革红利;又充分尊重农民意愿,把不损害农民利益作为不可触碰的底线,为改革行稳致远提供支撑。同时,还必须守住土地所有制性质不改变、耕地红线不突破的底线,守住生态保护的红线,守住乡村文化的根脉,高度重视和有效防范各类风险,坚决防止乡村繁荣了、产业兴旺了,但耕地减少了、土地浪费了、环境破坏了、乡愁没有了的情况出现。

四、政策核心:促进城乡要素自由流动和平等交换

生产要素是经济发展和产业升级的基石。推进城乡融合发展,需要推进"人地钱技"等多种要素在城乡间的双向自由流动,建立健全统一有序的城乡要素市场,发挥市场在资源配置中的决定性作用,提高要素利用效率和经济社会运行效率,促进新发展理念落地和经济高质量发展。

(一) 畅通城乡人口流动渠道

允许劳动力在城乡间有序流动,是顺应人口自主就业选择、提高劳动生

产率的必要条件，也是提高人民福祉的必要措施。为此，需要统筹抓好农民进城和人才入乡两个方面的工作。农民进城方面，需要健全农业转移人口市民化机制，放开放宽除个别超大城市外的城市落户限制，通过建立"人地钱挂钩"等配套激励政策和农村"三权"自愿有偿退出机制，提高城市政府愿意吸纳落户和农业转移人口愿意在城市落户的"两个积极性"。人才入乡方面，需要建立相关激励机制，引导乡村打好"乡情牌"、念好"引才经"，鼓励本地外出的各类人才返乡创业兴业，建立城乡人才合作交流机制，并允许农村集体经济组织探索人才加入机制，吸引人才、留住人才。破除农民进城和人才入乡的体制机制障碍，短期看能够立竿见影地释放经济增长潜力，中长期看能够畅通经济循环、提高人民生活水平。

（二）深化农村土地制度改革

农村土地制度是我国基础制度之一，改革既要积极又要稳妥。农村承包地是粮食生产的命根子，必须确保中国人的饭碗里主要装中国粮，落实好第二轮土地承包到期后再延长 30 年的政策，完善承包地"三权"分置制度，平等保护并进一步放活土地经营权，强化对农业的社会化服务。农村宅基地是保障农民住有所居的基础和农民最重要的财产载体，要探索宅基地"三权"分置制度，提高宅基地利用效率，探索对增量宅基地实行集约有奖、对存量宅基地实行退出有偿。农村集体经营性建设用地入市是释放农村土地价值的试金石、建立城乡统一建设用地市场的突破口，应依法合规允许就地入市或异地调整入市，并允许闲置宅基地、废弃的集体公益性建设用地转变为集体经营性建设用地入市。推动上述改革措施落地生效，能够大幅提高土地资源的利用效率，做到地尽其用。

（三）强化乡村发展资金保障

乡村发展既需要引导市场资金积极投入，也需要投入财政资金以弥补市场失灵。财政补贴或转移支付是乡村发展政策的核心，必须发挥财政支农的先导作用，进一步加大财政资金投入，加强涉农资金的统筹整合，支持地方政府在债务风险可控的前提下发行政府债券，积极吸引社会资本投入。金融是乡村发展的催化剂，亟须健全适合农业农村特点的农村金融体系，建立乡村信用体系，扩大乡村抵押物范围，建立农业信贷担保体系，引导设立城乡融合发展基金,把更多的金融资源配置到乡村。工商资本能把城市先进要素带入乡村,既要营造法治化便利化的基层营商环境,强化政策支持引导,激发工商资本入乡的积极性;又要完善利益联结机制,让农民和村集体合理分享收益,不能富了老板、丢了老乡。以上述政策措施为施政重点,将破解乡村资金瓶颈,为乡村发展注入源头活水。

（四）推动科技成果入乡转化

农业的根本之路在于科技。鼓励引导涉农科技成果入乡,关键在于推动科研院所面向市场需求开展技术创新,改革科研成果转移转化机制,把科研成果转化为实践成果,把专家成果体现在广阔的乡村土地上。要建立对涉农科研人员的激励机制,赋予科研人员科技成果所有权,建立科研人员到乡村兼职和离岗创业制度,激发其活力动力和积极性。建立这些体制机制,将从根本上改变农业生产效率低下的问题,为发展现代农业插上科技的翅膀。

五、政策重点:促进城乡公共资源合理配置

乡村公共服务和基础设施是重要的公共产品,也是乡村发展的明显短板。走城乡融合发展之路,需要加大对乡村的公共资源投入,推动公共服务和基础设施向乡村延伸、社会事业向乡村覆盖,改善农民生活质量和承接城市要素下乡,为农业农村现代化提供有力支撑。

（一）推动城乡基本公共服务普惠共享

基本公共服务事关人民切身利益和社会公平正义,城乡基本公共服务逐步标准统一、制度并轨是大方向。教育公平是社会公平的重要基础,要提高乡村教师岗位吸引力,推进优质教育资源在城乡间共享,建立以城带乡、整体推进、城乡一体、均衡发展的义务教育发展机制。乡村医疗卫生服务是农民生命健康的安全网,应增强基层医务人员的吸引力,推动职称评定和工资待遇向乡村医生倾斜,实现优质医疗资源在城乡间共享。社保制度对保障城乡居民基本生活、调节社会收入分配具有重要作用,必须完善城乡统一的居民基本医疗保险、大病保险、基本养老保险制度,推进低保制度的城乡

统筹以及人身损害赔偿标准的城乡统一。实施好这些改革,能够有效解决城乡居民最关心、最直接、最现实的利益问题。

(二) 推动城乡基础设施一体化发展

城乡基础设施事关城乡要素顺畅流动和乡村的产业发展、民生改善,必须把公共基础设施建设重点放在乡村,坚持先建机制、后建工程,实现城乡基础设施统一规划、统一建设、统一管护。统一规划就是以市县域为整体,统筹设计城乡路网和水、电、讯、污水垃圾处理等设施。统一建设就是健全分级分类投入机制,政府主要抓道路、水利等公益性设施,市场主要着力于供电、电信和物流等经营性设施。统一管护就是区分公益性设施和经营性设施,由产权所有者建立管护制度、落实管护责任,保障设施长期发挥效益。实现城乡基础设施一体化发展,既能为乡村经济发展提供有力支撑,又能切实改善乡村的生产生活条件。

(三) 建立健全乡村治理体系

社会治理的基础在基层、薄弱环节在乡村,乡村治理事关党和国家大政方针的落实,事关农民主观能动性的调动和切身利益的保障。关键是建立健全党组织领导的自治、法治、德治相结合的乡村治理体系,强化农村基层党组织的领导作用,发挥群众参与治理主体作用,健全以财政投入为主的稳定的村级组织运转经费保障机制,打造一门式办理、一站式服务、线上线下结合的村级综合服务平台,加快推动乡村治理体系和治理能力现代化。完善好乡村治理体系,能够为乡村经济发展和社会稳定提供坚强的基层组织保障。

六、政策落脚点:促进农民收入持续稳定增长

"三农"问题的核心是农民问题,农民问题的核心是收入问题。提高城乡融合发展水平,需要多途径不断提高农民收入,持续缩小城乡收入差距,满足农民群众日益增长的美好生活需要,使其获得感、幸福感、安全感更加充实、更有保障、更可持续。

（一）提高农业劳动生产率

我国农业增加值占 GDP 的比重为 7.2%，农业就业人员占比却高达27%，偏低的农业劳动生产率制约了农民增收。一方面，要推动有能力在城镇稳定就业生活的农业转移人口市民化，减少乡村的剩余劳动力，使乡村劳动者拥有更多的生产资料，进而推进适度规模经营、提升农业生产效率。另一方面，要构建以现代农业为基础、以新产业新业态为补充的多元化乡村经济，既以市场需求为导向健全现代农业产业体系、生产体系、经营体系，推进农业机械化全面发展；又构建农村一二三产业融合发展体系，健全乡村旅游和休闲农业等新业态，探索生态产品价值实现机制和文化保护利用机制，统筹提高乡村经济综合效益和农民收入。这是统筹提高农业竞争力和农民收入的治本之策，能够真正让农民的钱袋子鼓起来。

（二）拓宽农民收入增长渠道

农民有工资性、经营性、财产性、转移性四方面收入，应针对不同收入的特点分类施策。在工资性收入方面，落实农民工与城镇职工平等就业制度，加强对农民工的公共就业创业服务和职业技能培训。在经营性收入方面，完善财税、信贷、保险、用地等政策，加强职业农民技能培训，培育发展新型农业经营主体，提高农产品品质和附加值。在财产性收入方面，完善农民对集体资产股份占有、收益、有偿退出及担保、继承权，探索集体资产保值增值多种实现形式，推动资源变资产、资金变股金、农民变股东。在转移性收入方面，履行好政府再分配调节职能，在统筹整合涉农资金的基础上，探索建立普惠性农民补贴长效机制。做好上述四方面分类施策，能够为农民获得多元化收入提供体制机制保障，使农民更好地分享改革发展成果。

推动城乡融合发展事关全局和长远，任务艰巨、责任重大。只要按照中央部署的顶层设计科学施策、攻坚克难，城乡融合发展的"三步走"战略目标就一定能够实现。

第十二章　城乡融合发展研究

第一节　城乡融合发展体制机制改革研究

国家发展改革委发展战略和规划司

党的十九大提出了实施乡村振兴战略的重大历史任务,并强调要建立健全城乡融合发展体制机制和政策体系,这在我国发展进程中具有划时代的里程碑意义。

一、新时代推进城乡融合发展的重大意义

在新时代建立健全城乡融合发展体制机制和政策体系,更好地处理工农关系和城乡关系,既有长远的历史意义,又有重要的现实意义。

（一）有利于顺利推进现代化建设进程

我国要在新中国成立 100 周年时建成现代化强国,决定了现代化是工业化、城镇化、信息化、农业现代化同步发展的并联式过程。通过城乡融合发展体制机制改革,统筹推进城镇化和农业现代化,既是现代化的必由之路,也是一个拥有 14 亿人口大国的必然选择。

（二）有利于破解新时代社会主要矛盾

我国最大的不平衡就是城乡发展不平衡,最大的不充分就是乡村发展不充分。要解决这个问题,必须通过城乡融合发展体制机制改革,走以城带乡、以工促农的新路子,推动工农互促、城乡互补、全面融合、共同繁荣。

（三）有利于培育和促进形成强大的国内市场

推动城乡融合发展体制机制改革,特别是推动乡村资源与全国大市场相对接,有助于培育强大的国内市场,也为对外经贸磋商提供了重要筹码。

二、发达国家推进城乡融合发展的经验分析

一些发达国家在工业化城镇化发展的不同阶段,采取了形式多样的政策措施。

（一）英国促进城乡融合发展的主要做法

一是农业规模化经营与发展农村中小企业并举。二是加大农村基础设施建设和公共事业投入力度。三是建立城乡一体、平等的社会保障体系。四是实行城乡统一规划。

（二）法国促进城乡融合发展的主要做法

一是分类进行城乡土地空间规划。二是推进旅游与农业发展深度融合。三是加大农业保护和补贴力度。四是建设高度发达的城乡交通网络。

（三）美国促进城乡融合发展的主要做法

一是加强农村基础设施的规划建设。二是坚持农业工业协调发展的城镇化道路,鼓励城市工厂迁往郊区。三是推出了提高农民收入、发展农村教育、实行向农业农村倾斜的税收政策等重要法案。

（四）日本促进城乡融合发展的主要做法

一是制定法规政策,鼓励城市工业向农村转移。二是保护孵化农业骨

干农户。三是实施六次产业支持政策,促进农产品"地产地消"和就地加工。四是充分发挥农协作用,为成员提供技术支持和销售服务。

（五）韩国促进城乡融合发展的主要做法

一是开展"新村运动",由政府投入财政资金,改善农村生活环境。二是推动工业反哺农业,鼓励农民发展畜牧业、农产品加工业和特色农业。三是大力发展乡村旅游。四是建立城乡一体的社会保障制度。

三、党的十八大以来城乡融合发展的实践回顾及问题分析

党的十八大以来,一系列重大改革举措相继推出,取得了历史性成就。

（一）农业转移人口市民化取得重大进展

户籍制度改革持续深化,农业转移人口进城落户的门槛不断降低、通道逐步拓宽,九千多万农业转移人口成为城镇居民。

（二）农村土地制度改革取得新突破

农村承包地"三权"分置取得重大进展,农村宅基地"三权"分置改革方向已经明确,农村集体经营性建设用地入市制度在试点地区取得明显成效,大大提高了农村土地利用效率。

（三）城乡一体的基本公共服务提供机制逐步建立

统一的城乡义务教育经费保障机制、居民基本养老保险、基本医疗保险、大病保险制度逐步建立,城乡基本公共服务向着制度接轨、质量均衡、水平均等的方向迈出了一大步。

（四）城乡一体化基础设施建设取得显著成效

城乡基础设施统筹规划和多元投入机制正在探索并逐步完善,城市、小城镇和乡村基础设施的互联互通程度正在提高,农民生产生活条件得到了很大改善。

（五）脱贫攻坚战取得决定性进展

农村贫困人口累计减少了 8239 万人,贫困发生率从 10.2% 下降到 2018 年年底的 1.7%,贫困地区农民人均可支配收入增速持续快于全国平

均水平。

与此同时,我们也要清醒地看到,城乡融合发展体制机制存在一些明显的短板弱项。

（一）城乡要素流动仍然存在障碍

城乡二元的户籍壁垒没有根本消除,城乡统一的建设用地市场尚未建立,城乡金融资源配置严重失衡,导致要素更多地单向流入城市,乡村发展缺乏支撑。

（二）城乡公共资源配置仍不合理

农村基础设施和公共服务设施的历史欠账仍然较多、短板依旧突出,如城市的污水、生活垃圾处理率分别为95%、97%,而农村仅分别为22%、60%。

（三）现代农业产业体系尚不健全

生产体系、经营体系和组织体系还不完善,农业产业链短、附加值低、竞争力弱,农产品的阶段性供过于求和供给不足并存,供给质量和效益都亟待提高。

（四）农民增收长效机制有待完善

虽然城乡居民收入比从最高点的2007年的3.14倍,下降到2018年的2.69倍,但近几年的缩小幅度逐渐收窄,农民持续增收面临比较大的挑战。

四、城乡融合发展体制机制和政策体系的方向设计

建立健全城乡融合发展体制机制和政策体系是一项长期的历史任务,需要明确总体思路和加强顶层设计,持续发力、久久为功。

（一）遵循客观规律

我国正处在城镇化快速发展阶段的中后期,农民进城还是大趋势,即使城镇化率达到70%,也还有4亿左右的人口生活在乡村。当前我国发展也到了工业反哺农业、城市支持农村的阶段。这决定了要在顺应城镇化这个经济社会发展客观规律的同时,坚持农业农村优先发展,既不断释放城乡经

济的增长潜力,又不断缩小城乡的发展差距和居民生活水平差距。

(二) 找准重点突破口

城乡融合发展体制机制改革涉及城乡两个地理空间,农民、市民等多个群体,"人地钱技"等多种要素,是一项系统工程,需要整体谋划、重点突破。一方面,要发挥市场作用,推动城乡要素自由流动和平等交换,促进乡村经济多元化发展;另一方面,要发挥政府作用,促进城乡基本公共服务普惠共享和基础设施一体化发展,为要素自由流动提供基础性支撑。

(三) 坚持循序渐进

城乡融合发展体制机制改革是将持续较长时间的历史任务,必须考虑各地区不同实际,科学设计改革的时间表和优先序,大体可划分为三个阶段。到2022年,城乡融合发展的体制机制初步建立,城乡要素自由流动的制度性通道基本打通。到2035年,城乡融合发展的体制机制更加完善,城镇化进入成熟期,基本公共服务均等化和农业农村现代化基本实现,城乡发展差距和居民生活水平差距显著缩小。到2050年,城乡融合发展的体制机制成熟定型,城乡全面融合、乡村全面振兴,全体人民共同富裕基本实现。

(四) 守住底线红线

发轫于农村的改革开放取得成功的经验之一就是坚持农民主体地位、维护农民权益。现阶段推动城乡融合发展体制机制改革,也需要传承既有的成功经验,既要充分发挥农民主体作用,让农民切实得到改革红利;又要充分尊重农民意愿,不损害农民利益。同时,还要守住土地所有制性质不改变、耕地红线不突破、生态环境不破坏的底线红线,守住乡村文化的根脉,高度重视和有效防范各类风险。

(五) 坚持结果导向

以是否切实提升人民群众的幸福感、获得感、安全感作为评估改革成效的最终标准,选取9个关于群众切身利益的指标,用以评估改革有效性(见表12-1)。

表 12-1 城乡融合发展评价指标

序号	大类	指标	指标性质
1	经济发展	常住人口城镇化率	正向
2		城乡居民人均可支配收入之比	逆向
3		地区人均可支配收入差异系数	逆向
4		农业与非农产业劳动生产率之比	逆向
5		万元农业增加值使用涉农贷款余额	正向
6	社会进步	城乡每千人拥有高中及以上学历人数之比	逆向
7		城乡义务教育学校专任教师本科以上学历比例之比	逆向
8		城乡每千人拥有执业（助理）医师数之比	逆向
9		城乡每千名老人拥有养老床位数之比	逆向

五、城乡融合发展体制机制和政策体系的框架设计

结合城乡融合发展的现状问题分析,现阶段乃至以后相当长的一段时期,应当围绕城乡要素配置合理化、基本公共服务均等化、基础设施联通化、产业发展融合化、居民收入均衡化,设计城乡融合发展体制机制和政策体系的主要任务框架。这"五化"之间,存在着内在紧密联系。城乡基础设施联通化、基本公共服务均等化,是支撑城乡要素配置合理化特别是支撑要素入乡的基础性条件。城乡要素配置合理化,有利于催生城乡产业发展融合化,进而促进城乡居民收入均衡化。此外,城乡基本公共服务均等化,也有利于增加农民转移性收入,促进城乡居民收入均衡化(见图 12-1)。

（一）建立健全有利于城乡要素合理配置的体制机制

必须坚决破除妨碍城乡要素自由流动和平等交换的体制机制壁垒,促进各类要素更多向乡村流动。

一是畅通城乡人口流动渠道。允许劳动力在城乡间有序流动,是顺应人口自主就业选择、提高劳动生产率的必要条件。一方面,要健全农业转移人口市民化机制,放开放宽除个别超大城市外的城市落户限制,建立"人地

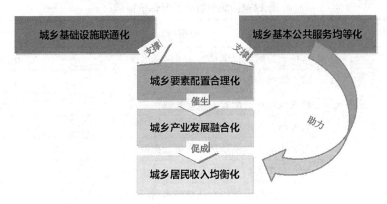

图 12-1 "五化"之间的内在逻辑

钱挂钩"等配套政策和农村"三权"自愿有偿退出机制;另一方面,要鼓励本地外出的各类人才返乡创业兴业,并允许农村集体经济组织探索人才加入机制。

二是深化农村土地制度改革。农村承包地是粮食生产的命根子,必须落实好第二轮土地承包到期后再延长 30 年的政策,完善承包地"三权"分置制度。农村宅基地是保障农民住有所居的基础和农民最重要的财产载体,要探索宅基地"三权"分置制度,提高宅基地利用效率。农村集体经营性建设用地入市是建立城乡统一建设用地市场的突破口,应依法合规允许就地入市或异地调整入市,并允许闲置宅基地、废弃的集体公益性建设用地转变为集体经营性建设用地入市。

三是强化乡村发展资金保障。必须进一步加大财政资金投入,加强涉农资金的统筹整合。金融是乡村发展的催化剂,亟须健全适合农业农村特点的农村金融体系,把更多金融资源配置到乡村。工商资本能把城市先进要素带入乡村,既要营造法治化便利化的基层营商环境,激发其积极性;又要完善利益联结机制,让农民和村集体合理分享收益。

四是推动科技成果入乡转化。关键在于推动科研院所面向市场需求开展技术创新,改革科研成果转移转化机制,把科研成果转化为实践成果。要建立对涉农科研人员的激励机制,赋予科研人员科技成果所有权,建立科研人员到乡村兼职和离岗创业制度,激发其活力、动力和积极性。

（二）建立健全有利于城乡基本公共服务普惠共享的体制机制

城乡基本公共服务逐步标准统一、制度并轨是大方向。要提高乡村教师岗位吸引力,推进优质教育资源在城乡间共享。应增强基层医务人员的吸引力,推动职称评定和工资待遇向乡村医生倾斜,实现优质医疗资源在城乡间共享。完善城乡统一的居民基本医疗保险、大病保险、基本养老保险制度,推进低保制度的城乡统筹以及人身损害赔偿标准的城乡统一。

（三）建立健全有利于城乡基础设施一体化发展的体制机制

城乡基础设施事关城乡要素顺畅流动和乡村的产业发展、民生改善,关键是要推进统一规划、统一建设、统一管护。统一规划就是以市县域为整体,统筹设计城乡路网和水、电、讯、污水垃圾处理等设施。统一建设就是健全分级分类投入机制,政府主要抓公益性设施,市场主要抓经营性设施。统一管护就是区分公益性设施和经营性设施,由产权所有者建立管护制度、落实管护责任。

（四）建立健全有利于乡村经济多元化发展的体制机制

重点是构建以现代农业为基础、新产业新业态为补充的多元化乡村经济。完善农业支持保护制度,建立新产业新业态培育机制,拓展农业多元化功能,全面提升其附加值。探索生态产品价值实现机制,完善自然资源价格形成机制。建立乡村文化保护利用机制,推动优秀农耕文化遗产的保护。搭建城乡产业协同发展平台,推进城乡要素跨界配置和产业有机融合,盘活用好乡村资源资产。

（五）建立健全有利于农民收入持续增长的体制机制

关键在于统筹提高农民的工资性、经营性、财产性、转移性四方面收入。落实农民工与城镇职工平等就业制度,加强对农民工的公共就业创业服务和职业技能培训。培育发展新型农业经营主体,提高农产品品质和附加值。完善农民对集体资产股份占有、收益、有偿退出及担保、继承权,探索集体资产保值增值多种实现形式。履行好政府再分配调节职能,探索建立普惠性农民补贴长效机制。

第二节　城乡融合发展若干重要问题研究

国家发展改革委发展战略和规划司

城乡融合发展体制机制改革涉及城乡两个地理空间,涉及农民、市民等多个群体,涉及"人地钱技"等多种要素,是一项复杂的系统工程,需要系统谋划、久久为功。在改革推进过程中,需要重点把握好以下几个重要问题。

一、放宽落户不是盲目抢人、更不是放松房地产调控

农业转移人口市民化是新型城镇化的首要任务,也是核心任务。目前有两亿多农民工在城市就业和生活,但没有在城市落户,也没有完全享受到城镇基本公共服务。因此,2014年中共中央、国务院印发的《国家新型城镇化规划(2014—2020年)》,把解决好农业转移人口市民化问题作为首要任务;党的十九大以及中央经济工作会议,把市民化作为重要任务;2016年国务院办公厅专门印发了《推动1亿非户籍人口在城市落户方案》,明确提出到2020年要解决1亿非户籍人口在城市落户的任务。

劳动力和人才在城乡区域间的双向自由流动,是提高经济运行效率和全员劳动生产率的基石。除了个别超大城市之外,应当力争全面取消其他所有城市的落户限制,并重点推动农业转移人口在城市落户。这既能使各类人员自主选择就业地点,推动人尽其力,在最能发挥自身作用的岗位上贡献力量;又能带动新市民消费需求规模的扩大,带动城市基建领域有效投资的增加;还能把乡村耕地等资源留给职业农民等乡村人口,让他们拥有更多的生产资料,从而获得更大的发展空间和发展机会。顺利推动这项改革的落地,需要流入地政府更加开放包容、担起主体责任,真正认识到人不是负担而是活力。

解决市民化问题的途径是"两条腿一块走"。"一条腿"是落户,要促进有条件有能力在城市稳定就业生活的农业转移人口落户,使他们完全享有城镇基本公共服务;"另一条腿"是通过居住证的全覆盖,实现以居住证为载体提供城镇基本公共服务。截至2018年年底,仍有2.26亿已成为城镇常住人口但尚未落户城镇的农业转移人口,其中65%分布在地级以上城市,基本上是大城市。因此,解决落户问题要大中小城市和小城镇联动,只靠小城镇和小城市解决不了问题,要推动大中小城市放开放宽落户限制。在促进落户过程中,要注意不能片面理解进而发生"抢人大战",也不能片面理解进而放松房地产调控。

（一）不能搞选择性的落户

解决农民工落户问题要坚持存量优先、带动增量的原则。存量优先就是指已在城市长期就业、工作、居住的这部分农业转移人口,特别是举家迁徙农民工、新生代农民工、农村学生升学和参军进入城镇的人口。这些重点人群是落户的重点,而不是片面地去抢人才。城市需要人才,但是更需要不同层次的人口。

（二）放宽落户并不等于放松房地产调控

不管户籍制度怎么改,"房子是用来住的,不是用来炒的"这个定位绝不能动摇,始终是房地产市场平稳健康发展的总体要求。城市既要满足刚性和改善型的住房需求,又要坚决避免投机者借机"钻空子",落实好一城一策、因城施策、城市政府主体责任的长效调控机制,防止房价大起大落。

（三）消除城市落户限制并不是放弃因城施策

超大特大城市优化积分落户政策与人口调控是不矛盾的。超大特大城市既要优化积分落户政策,留下该留下的人口;又要立足城市功能定位、防止无序蔓延,合理疏解中心城区非核心功能,继续"减量发展",优化人口结构、防治"大城市病"。

二、农村土地制度改革既要积极、也要稳慎

当前城乡二元土地制度是影响城乡融合发展的重要制度,也是牵动城

乡两个地理空间和工业农业现代化的关键性问题。党的十八大以来,农村土地制度改革取得了不少新突破,但是距离城乡土地的统筹高效集约利用,距离真正建成城乡统一的建设用地市场,距离使每一寸土地都能释放出更多的发展活力和生产力,距离让广大农民平等共享城镇化过程中的土地增值收益,还有很长的路要走。从全国土地利用情况来看,有些地方的土地供给不足,有些地方的土地供给则相对充分,很有必要在土地制度改革方面做一篇大文章,大幅提高土地资源利用效率,做到地尽其用。

(一)建立农村集体经营性建设用地入市的制度

全国现有的城镇建设用地是9.4万平方公里,而农村集体建设用地多达19万平方公里左右。农村集体建设用地大概分为三类:第一类是农村宅基地,占农村集体建设用地的70%以上,约有13.4万平方公里,其中有2万平方公里左右是闲置的;第二类是农村集体经营性建设用地,约有2.7万平方公里;第三类是集体公益性建设用地,也就是学校等用地。应当把集体经营性建设用地直接入市制度作为改革的试金石和突破口,率先推行集体经营性建设用地直接入市制度,并允许就地入市或异地调整入市。此外,从三类土地的现有规模来看,只允许集体经营性建设用地入市是不够的,无法充分盘活用好农村的存量建设用地,还要推动闲置的宅基地和废弃的集体公益性建设用地转变为集体经营性建设用地入市。这是盘活农村存量建设用地的重要改革措施。但是,在改革中还要把握好几条底线。

一是推进要有序,按照国家统一部署来实施。目前,农村集体经营性建设用地入市尚处于在部分地区开展试点的阶段,未来在全国范围内普遍推开的路径和时间节点,要视《中华人民共和国土地管理法》的修改情况和国家统一部署而定。

二是推进要稳慎,严守底线、防范风险。在推进集体建设用地入市的过程中,要严格守住土地所有制性质不改变、耕地红线不突破、农民利益不受损的底线。绝不能把集体所有制改没了、耕地改少了、农民利益受损了。此外,也要重点守住生态保护红线,守住乡村文化根脉,有效防范各类政治、经济、社会风险。

三是以农民为主体,充分尊重农民意愿。土地制度改革事关农民的切身利益,要以维护农民基本权益为底线,绝不能代替农民做主、强迫农民选择,真正让农民切实得到改革红利。

四是前提要满足,不能一哄而上、随意变更用途。要把农村集体建设用地入市的基础做扎实,确保待入市土地符合空间规划、用途管制和依法取得,不得突破现有规划,不得随意改变用途,不得出现违法用地行为。

(二) 改革完善农村承包地制度

要进一步让农民吃上定心丸,抓紧落实第二轮土地承包到期后再延长30年的政策。要平等保护并进一步放活土地经营权,为现代农业发展提供更可靠的制度保障。需要注意的是,农村土地集体所有的性质不能改变,承包地的农业用途不能改变,农民的利益要得到充分的保护。要坚持宜大则大、宜小则小,不搞"一刀切"的规模经营。

(三) 稳慎改革农村宅基地制度

农村闲置农房放在那里任其破败是一个大问题,利用起来却是一笔大资源,可以重点结合发展乡村旅游业适当放活一些。需要注意的是,城里人到农村买宅基地这个口子不能开,按规划严格实行土地用途管制这个原则不能突破,要严格禁止下乡利用农村宅基地建设别墅大院和私人会馆。

三、工商资本入乡发展既要引导鼓励、也要树立防火墙

工商资本入乡发展,乡村有需求,资本有动力,发挥作用有空间,方向是对的。既能把城市的资金、技术、管理、人才等先进要素带进乡村,也为工商资本开辟了新的广阔发展空间,是城乡融合发展的重要内容。有些地方工商资本入乡,激活了一片区域、壮大了一个产业、带动了一方农民。

改革方向是既要引导鼓励,也要树立防火墙。一方面,要优化乡村基层营商环境,强化政策支持、稳定政策预期,引导好、服务好、保护好工商资本下乡的积极性;另一方面,要设立必要的防火墙,不能富了老板、丢了老乡,守住耕地红线和生态红线,守住农民权益不受损的底线。

改革措施:一是要深化"放管服"改革,完善配套设施建设补助等政策,鼓励工商资本投资适合产业化经营的农业领域,支持进入乡村生活性服务

业;二是要探索在政府引导下工商资本与村集体的合作共赢模式,发展壮大村级集体经济,并通过就业带动、保底分红、股份合作等多种形式,让农民合理分享全产业链增值收益。

四、城乡产业协同发展平台是必需的载体支撑

我国城乡产业的发展水平差异很大,在很多地区,一边是大城市的先进制造业和现代服务业,一边是乡村的传统农业。未来的乡村经济是多元化的,以现代农业为基础,以农村一二三产业融合发展、乡村文化旅游等新产业新业态为重要补充。实现乡村经济多元化和农业全产业链发展,需要使用城市的科技特别是农业科技来改造乡村的传统农业,利用城市的工业来延长乡村的农业产业链条,利用城市的互联网产业等服务业来丰富农村的产业业态。

实现城乡产业协同发展,需要有若干种类型的空间载体作为支撑。在这些空间载体上,一方面,农村劳动力可以就地就近就业和城镇化,乡村的集体土地、特色资源等生产要素可以得到有效利用;另一方面,城市的人才入乡、工商资本入乡、科技入乡和金融入乡,也都落在这个空间载体上。如果缺少这些空间载体,乡村没有能力承接城市要素,就会产生"城市的要素落不下、乡村的要素用不好"的困局。

具象化来讲,城乡产业协同发展平台应有以下形态。一是把特色小镇作为城乡要素融合的重要载体,打造集聚特色产业的创新创业生态圈。二是把农业园区作为重要平台,优化提升各类农业园区。三是完善小城镇联结城乡的功能,承接一定的产业和公共服务。四是探索美丽乡村的特色化差异化发展方式,盘活用好乡村的资源资产。五是创建一批城乡融合典型项目,特别是要通过市场化方式设立城乡融合发展基金,引导社会资本重点培育一批国家城乡融合典型项目,形成示范带动效应。

五、促进农民增收、缩小城乡收入差距是出发点和落脚点

"三农"问题的核心是农民问题,农民问题的核心是收入问题。习近平

总书记指出,增加农民收入,要构建长效政策机制,不断缩小城乡收入差距,让广大农民尽快富裕起来。必须落实以人民为中心的发展思想,鼓励勤劳致富,统筹提高农民的工资性、经营性、财产性、转移性四方面收入,持续缩小城乡居民的生活水平差距。

（一）改善促进农民工资性收入增长环境

关键是在大力推动农业转移人口落户城市的基础上,对未落户城镇的农民工,要从优化就业环境、扩大就业岗位、提升劳动者素质三个方面入手,提高农民的工资性收入。

（二）健全农民经营性收入增长机制

关键在于既要完善财政、信贷、保险、用地等政策,降低农业成本、提高农业收入,又要提高职业农民技能,培育发展新型农业经营主体,提高农业效益和农民收入。

（三）建立农民财产性收入增长机制

关键在于以市场化改革为导向,深化农村集体产权制度改革,推动资源变资产、资金变股金、农民变股东。

（四）强化农民转移性收入保障机制

关键在于履行好政府再分配的调节职能,加强对农民生产生活的财力保障,调整城乡间的收入分配格局。

从更宏观的角度来看,增加农民收入关键靠分子与分母联动。一方面要增大分子,另一方面要缩小分母。所谓缩小分母,就是减少农民。农业就业人口占全社会就业人口的比例为27%左右,农业增加值占 GDP 的比例为7.2%左右,农业劳动生产率还很低。必须持续转移农业富余劳动力,特别是通过城镇化来减少农民,使留在农村的劳动力占有更多的农业生产资料,扩大农业经营规模,推进农业机械化和现代化,提高农业劳动者收入。所谓增大分子,就是提升农业的价值链。通过农村新产业新业态的培育和农村一二三产业融合发展,拓宽延伸农业产业链、提升价值链。从以上两方面入手,才能真正实现农民收入的持久稳定增长。

六、设立国家城乡融合发展试验区是重要的改革方法

在改革过程中设立城乡融合发展试验区,把制度改革和政策安排率先落地、先行先试、观照全局,发挥试点引路的重要功能,能够为面上改革发挥铺路搭台的必要作用。

(一) 能够为城乡融合发展指明改革重点

近年来,城乡融合发展取得了重要进展。与此同时,也应当清醒地认识到,在人口、土地、财政、金融、农村产权和工商资本入乡等方面,还有不少体制机制障碍。试验区应着眼于破除现行体制机制的束缚,瞄准重点领域和关键环节,力争率先破除陈规和难题,探索改革的实现路径和实现形式。

(二) 能够为面上改革提供成功经验

窥一斑而见全豹,观滴水可知沧海。试验区是城乡融合发展体制机制改革的一个点,承担着为改革"探路"的使命,是改革的"前哨站""侦察岗",价值在于带动城乡融合发展工作全局。试验区不是"孤岛式"的试验,关键在于总结推广,提炼行之有效的成熟做法,形成可复制可推广的成功经验,试点先行、寻找规律,次第落子、梯次推进,有效促进城乡融合发展的面上改革。

(三) 能够为基层探索搭建有效平台

认识和实践上的每一次突破和发展,无不来自人民群众的实践和智慧。试验区为基层探索城乡融合发展路径搭建了有效平台,鼓励地方和基层解放思想、大胆探索、积极作为,鼓励不同区域进行差别化试验,更多反映第一线声音、提供第一手资料,尽可能把问题穷尽、让矛盾凸显,真正起到压力测试作用,实现顶层设计和基层探索的良性互动。

城乡融合发展试验区应在五大方面展开探索。一是探索建立健全有利于城乡要素合理配置的体制机制,包括改革创新农业转移人口市民化机制、城市人才入乡激励机制、农村承包地制度、农村宅基地制度、集体经营性建设用地入市制度等。二是探索建立健全有利于城乡基本公共服务普惠共享的体制机制,包括建立城乡教育资源均衡配置机制、乡村医疗卫生服务体

系、乡村治理机制等。三是探索建立健全有利于城乡基础设施一体化发展的体制机制,包括城乡基础设施一体化规划机制、一体化建设机制、一体化管护机制等。四是探索建立健全有利于乡村经济多元化发展的体制机制,包括完善农业支持保护制度、新产业新业态培育机制、生态产品价值实现机制等。五是探索建立健全有利于农民收入持续增长的体制机制,包括健全农民工资性收入、经营性收入、财产性收入、转移性收入增长机制等。

第三节　贵州省湄潭县推进城乡融合发展研究

国家发展改革委发展战略和规划司

围绕组织乡村要素资源对接城市市场这一主题,调研组赴贵州省遵义市湄潭县开展调研,实地走访了中国人民银行湄潭县支行、涉农金融机构、县委改革办、湄江街道核桃坝村、金花村大青沟组、兴隆镇龙凤村、新街居委会等地。总体来看,湄潭县改革氛围浓厚、成果丰硕,在人、地、钱以及依托党建抓乡村治理等方面打出组合拳,各项改革相互借力,在创新党的基层领导方式、推进农村集体经营性建设用地入市、开放外来人员进入乡村通道、促进金融要素下沉乡村等方面走在全国前列;改革穿透力强,上上下下特别是基层群众在改革中得到实惠,大家发自内心地拥护改革,涌现出一批乡村能人和基层干部带头干事创业;改革搞得实,实践中提出的新思路很有价值,也具有超前性和普遍性,为下一步顶层设计提供了思想储备。

一、保持虚心汲取基层智慧的兴趣和决心

为提高调研质量,避免不必要的形式主义,总体上采取以问题为导向做拼图式调研的方法,力求在不同环境下更贴近基层和掌握真实情况。

（一）采取上门请教和单独访谈的方式找线索

重点选择真正有经验的基层干部和群众,如村支书、本地村民、居住或定居的异地农民、城市(包括北京、福建及本县)来的社会资本和银行经理,通过登门拜访或赴田间地头,向这些改革实践者现场请教,避免"空对空"和脱离实际。譬如,为了解农村产权抵押贷款,调研组上门访问了湄潭县中银富登村镇银行、湄潭县农商银行以及中国人民银行湄潭支行负责人,请教"吃螃蟹者"的主要考虑、实践感受及对完善改革的建议。

（二）采取敞开漫谈和聚焦追踪相结合的方式做访谈

在轻松的对话氛围里发现重要的调查线索,然后逐步把调研精力聚焦收拢,围绕重点问题的主要环节深度探查,通过问题线索串联调研地点和访谈对象。譬如,在完成了对核桃坝村的初次调研后,调研组在复盘讨论中感觉到,异地村民化的现象和情况很重要,值得认真搞清楚。于是又专门安排时间重访核桃坝,由村支书引路,在茶园间访问了来自贵州省铜仁市的村民代表。之后,又与村支书在关键细节上深入交谈,获得了宝贵的信息。

（三）以开放心态吸收不同做法的合理成分

调研组不仅时刻保持对问题的敏感性,不放过任何有价值的题目,也注重发掘破题的思路和管用的解决办法。面对基层结合实际创造出的不同做法、不同方式,不急于定性质、做判断、下结论,而是以开放的心态请教、对比和讨论,积极汲取合理成分。譬如,对于村民离开后要不要收回土地,怎么兼顾集体大家庭和农户小家庭,以什么方式激励村内能人带头把群众组织起来等问题,不同的村组干部有独特的、差异很大的解决办法,调研组认为只要合理管用,都值得重视和考虑。

二、有利于城乡融合互动的主要经验

（一）创新党的基层领导方式,建立能人带动与群众自治相结合的新机制

城乡融合发展,首先要提升乡的能力。乡村发展关键靠能人,老乡跟着

能人走,通过"强带弱、富帮穷"实现共同富裕。一是允许破格选用乡村能人成为村干部。湄江街道金花村的村委委员,由于脑子活、有闯劲,上级组织既给信任也给机会,2013 年将其推举为村党支部书记。上任后,该书记带着村两委琢磨发展出路,很快便成功打造出"七彩部落"旅游景区。在湄潭县,像该书记这样被破格选用的"80 后"村支书共有 17 人,占全县村支书的 13%。二是将党组织建在功能单元上,强化党组织的执政能力。能人并非全才,不可能什么事情都做得比别人好。核桃坝村创新探索"将党支部建在功能上",即在行政村设立党总支,下设 4 个"专业支部",即村民自治支部、产业发展支部、股份合作社支部和新移民支部,分别对应行政与社会管理、茶业种植与旅游产业发展、新型集体经济组织运营、外来人口服务 4 个方面事务。党总支对支部实行一元化管理,每个党支部吸纳与功能相匹配的专业人才,既充分体现和强化了党在乡村治理中的领导作用,又发挥了人才的比较优势、提升了管理服务水平。三是以群众会为载体,在日常生产生活中发挥群众主体作用。通过制定"自我教育、自我监督、自我服务、自我管理"的村规民约,解决村级卫生、农业用药统防统治等难题,并由村民互相监督举报,对违约者收取罚金、对举报者发放奖金,降低了管理成本。

　　(二) 开门借力,为外来人口设计加入集体经济组织的通道

　　城乡融合发展,需要增强乡村对外来人口的吸引力。近年来,湄潭县茶产业发展势头良好,吸引了许多周边市县特别是生产生活条件较差的贫困山区农民前来谋生,一些经济较好的村,外来人口已占常住人口的 1/3 甚至更高,如核桃坝村户籍人口 3607 人,来自县外但常年在本村就业定居的人口已达 2000 多人。面对这一情况,湄潭县多个村庄怀着开放包容的心态和"强带弱、富带贫"的淳朴思想,向外来人口敞开集体经济组织的大门。一是允许外村人在本村落脚。核桃坝村外来人口中有 1700 多人(235 户)已经有偿利用本村宅基地建房定居,村里还为他们流转了部分茶园。调研组走访了来自铜仁市沿河土家族自治县的田某,他的宅基地面积约 120 平方米,村里配了 2 亩茶园,自己还流转租种了 10 亩茶园。二是设计"评估集体资产价值—确定新增成员权价格—收费落户—分配宅基地和承包地等集体资产或股权"机制。核桃坝村准备将集体资产中的 20% 拿出来,分配给外

地户籍迁入本村的新成员。金花村在组建旅游合作社时，允许长期居住生活的外来人口和本村户籍人口一样，以每户不超过 1 万元的资金入股合作社，并享受合作社的盈利分红。

（三）探索农村集体经营性建设用地分割入市，建立政府—集体—个人收益分配机制，盘活宅基地和闲置农房

合理合法用好用活土地，是城乡融合发展的关键。立足于农村宅基地常被混合用于居住、商业、旅游甚至工业的现状，湄潭县创新性提出"综合类集体建设用地分割登记入市模式"，在保障使用权人基本居住条件的前提下，通过本人申请，经村股份经济合作社同意、县人民政府审批，由原使用权人缴纳有关费用后，将实际用于经营的物业分割登记入市，该模式下的第一单交易已于 2017 年 11 月完成。转让权人刘某家住湄潭县兴隆镇，2012 年在集镇上修建了一套占地 220 平方米、建筑面积 729 平方米的房屋。2017 年刘某向股份经济合作社提出申请，将三楼一套 114 平方米的住房及一楼一间 55 平方米的门面，共 169 平方米（其中用地面积分摊 16.6 平方米）流转给本镇村民陈某。陈某支付给刘某 18 万元左右的购房款，并缴纳了 3.2 万元土地转让金（给县政府）和 8000 元土地收益金（给村集体），取得湄潭县不动产登记事务中心为其颁发的《不动产权证书》。受让人陈某的产权证上写的是"集体建设用地/成套住宅"和"集体建设用地/商业服务"，与只可自用的宅基地区别开来。

（四）促进金融要素下沉，探索乡村信用评级授信，将农村"两权"抵押拓展为"三权"抵押

改变城市强势虹吸金融资源的现状，推动金融机构从乡村资金"抽水机"变成"蓄水池"，是城乡融合发展的必要条件。一是提供"穷可贷、富可贷、不讲信用不可贷"的农村小额信用贷。湄潭县农商银行以信用农户为基础，逐户开展调查、评估、授信。信用农户达到一定比例，即可被认定为信用村组、信用村、信用乡镇。获得信用评级的农户，可以便捷地享受几万元到几十万元不等的小额信用贷款。农户反映，这款产品"随要随贷、随有随还"，通过手机 App 甚至可以实现当日审批到账。截至 2018 年 2 月，湄潭县已有 12 个乡镇被评为信用镇。二是农村"三权"抵押融资逐步推开。结

合"两权"抵押贷款和农村集体经营性建设用地入市试点,湄潭县设计了"凭证定对象、察物定额度、问需定期限、区别定利率、业务定流程、多措控风险"的农村资产抵押贷款程序,农户可凭土地承包经营权证、宅基地使用证、房屋产权证、不动产登记证等申请贷款。截至 2018 年 2 月底,全县已开办"两权"抵押贷款业务的银行有 6 家,共发放"两权"抵押贷款 835 笔约 3 亿元,其中土地承包经营权抵押 20 笔 1.2 亿元,住房财产权抵押 815 笔 1.8 亿元;湄潭县中银富登村镇银行还以一块 16.8 亩的农村集体经营性建设用地为抵押,在不需政府相关部门担保背书的情况下,发放了 120 万元的抵押贷款。这些措施为包括农户、合作社、城市工商资本在内的上千个市场主体提供融资支持,解决了他们在创业发展过程中的流转资金短缺问题。

三、仍需破除的体制机制障碍及解决思路

体制机制障碍主要表现在以下四个方面:一是缺乏系统有效的激励机制调动乡村能人把群众组织起来;二是农村集体仍然封闭,村外的人口人才进入通道还需通过制度化方式逐步拓宽;三是社会资本因对农村缺乏了解,在下乡过程中面临"水土不服";四是缺乏中高端交易市场集聚需求,市场交易规模较小,还不能充分发挥发现价格、深化分工、提升效率的作用。为解决问题,需要从以下几个方面发力。

（一）建立健全开放包容的乡村人口人才吸纳机制

一是建立"异地村民化"制度通道,鼓励有条件的村集体吸收长期居住就业的异地农村人口。探索实现户籍与农地农房以及涉农补贴资金脱钩,推动"钱随人走、地随人转"。二是鼓励企业家、党政干部、专家学者等进入乡村,以诸如合作社股东、荣誉村民、职业经理人、乡村顾问或者其他特殊成员的方式参与乡村振兴。三是尽快扭转对基层干部"身份上歧视、待遇上刻薄"的局面。加大定向村干部公开选拔公务员或领导干部力度。鼓励有条件的地区参照事业编制给予村组干部副科级、正科级福利待遇。四是督促各级党员领导干部转变作风、更加密切联系群众,赋予村级对上级派驻干部的考核权,并作为工作绩效和职务晋升的重要参考。

（二）保障集体、村民、企业利益，规范推动工商资本下乡

一是主动对接下乡工商资本，提供法律法规、规划、政策以及本地产业发展、社情民意等方面的指导与咨询，避免下乡资本"水土不服"。二是充分发挥政府和行业协会等的作用，对下乡企业的资金、技术等进行全面评估，划定下乡门槛，避免大拆大建和城乡建设一样化，既要防止污染下乡，又要防止"中途跑路、老乡背锅"。三是鼓励以土地等生产资料作价入股、雇佣本地村民、工商资本与村集体经济组织共同出资组建公司等形式，建立下乡资本和村集体、村民的利益连接机制，保障村民长久生计。

（三）遵循简单、易懂、便于执行的原则，完善农村产权制度

一是按照清晰界定、严格保护、便于流转的思路，认真梳理和研究各类农村产权制度设计，避免"叠床架屋"，在考虑风险的前提下，可以简化的尽量简化。二是充分尊重并汲取地方改革经验，避免简单地将地方突破较大的实践成果当作反面教材、在制度设计和法律修订中加以限制、挤压基层改革探索空间。三是加快落实第二轮土地承包到期后再延长30年的政策，稳定农户和各类市场主体预期，增强企业做长远投资的信心。四是积极支持在农村产权确权登记颁证中利用新技术、新产品，譬如利用区块链来提升服务质量。

（四）培育市场，使改革成果形成规模和气势，进一步放大改革示范效应

一是复制推广宅基地上不同功能物业分割登记入市，有序扩大集体建设用地入市规模和范围。二是加快设立覆盖地（市）乃至省域范围的农村产权综合流转平台，在更大范围内发布产权流转信息，形成市场化定价机制。三是增加农村产权交易种类，不仅要把承包地经营权、农村集体经营性建设用地使用权等放到平台上，还要将宅基地使用权、农房所有权、集体经济股权、建设用地指标、农村基础设施使用权、涉农知识产权等纳入其中。四是丰富产权市场服务内容，鼓励发展评估公证、法律援助、金融担保等多种增值服务。

第四节　重庆市巴南区推进城乡融合发展研究

国家发展改革委发展战略和规划司

调研组以重庆市巴南区天星寺镇为主要调查点,兼顾周边安澜镇、二圣镇的若干项目,以点带面地考察了城市要素下乡和农民进城情况。总体感受是,随着近年来重庆市城镇化进程的加速,城镇人口不断聚集、市民收入水平不断提升,越来越多的城市人群特别是主城区居民,对乡村特别是近郊乡村的自然生态环境、历史人文风貌以及高品质农产品产生了兴趣。"春江水暖鸭先知",一些对此"痛点"深有感触的企业家和乡村能人,纷纷整合资源响应这些日益强烈的市场需求,在传统乡村涌现出了一批新业态新供给,盘活了闲置资源,激发了乡村活力,提高了农民收入。

一、关于调研方式的几点说明

为尽可能真实全面了解情况,调研组采取了"座谈听汇报+展板式考察"的调研方式,具体做法如下。

（一）变被动安排为主动搜寻式调查

依据前期收集的案头材料和研究积累,调研组主动确定了调研点。一是选择重庆市主城区中农村面积最大、农民人口最多、农业比重最高、城乡二元特征最明显的巴南区。巴南区近年来积极引导城市要素下乡,成功创建了 3 个 4A 级景区,已经累计引进了 70 多个城乡融合发展项目。二是重点选择巴南区天星寺镇芙蓉村学堂堡社。2008 年以来,这里就出现城市资本下乡流转老乡土地的情况,2014 年又出现 7 个农户自愿放弃土地承包经营权、宅基地使用权、房屋所有权以及集体经济收益分配权、林权等权益并进城的情况,既有城市要素下乡,也有农民进城安家,是城乡融合发展的典型案例。

（二）变走动式为驻扎式下沉调研

针对这次调研,调研组坚持先把一个案例搞深搞透,不求看得多,避免看得杂。在天星寺镇,调研组直接住在村里,用两天时间深入细致地看,从乡村规划、土地确权和流转、资金来源及去向、户籍及社会保障等方面全面了解事件流程。为避免老乡不自在,调研组没有让老乡到指定地点参加座谈会,而是在乡镇干部的陪同下,上门拜访了投资业主、参与或准备申请土地流转的社员代表、农商行信贷经理、返乡创业能人、乡村酒店管理人员、农贸市场商贩、茶厂老板。为了解已经彻底离开并搬进巴南城区的农业转移人口,调研组在离开芙蓉村后又请镇里的同志帮忙联系,在城区家中对老乡王某做了访谈。

（三）根据新的调研线索灵活开展补充调研

根据经验,当对一个案例进行深入挖掘的过程中,极有可能从地方同志、投资业主、村社干部及老乡口中收获新的调查线索。所以在调研开始之前,调研组并没有事先确定后续调研点,而是留足机动时间灵活应变。这次,调研组结合对第一个深入调研点的反思,将后续调研聚焦于某几个关键环节的增量信息。譬如有的地方遇到的问题,在其他地方出现了新的解决方案,这时候就可以顺藤摸瓜转到新的案例点补充调研。比如,安澜镇在做好乡村规划、紧跟土地制度改革等方面做得更好;二圣镇在逐步开拓城市消费市场、引入高端民宿运营机构做了不少探索。瞄准特点发问更具针对性,所获信息也更丰富。

（四）努力提高调研信息的质量

真实可靠的信息是确保决策正确的重要前提。调研组主要采取两个办法提高信息质量:一是坚持同样的问题反复咨询不同的人,比如土地流转期限及到期后地上资产的处置,然后将得到的信息多角度对比印证,力求信息更加客观全面。二是查看重要的交易文件和合同。嘴上说的不如纸上写的,纸上写的不如按手印盖红章的。调研组认真查看了若干份真实的流转合同和产权转让协议,盯住几个关键交易细节,发现了一些重要线索,明白了现行体制对个人行为的约束边界。

二、什么样的人下乡投资

城市要素下乡主要是以人特别是企业家为主体带动的,愿意主动下乡投资的人都有哪些特点呢?

（一）投资业主户籍身份多元化

既有巴南区的本地农村户籍人口,比如天星寺镇的某养牛大户,二圣镇某茶业公司的总经理张某都是本地人;也有重庆市区居民,比如天星寺禅茶文化项目的投资人李某是渝北区下海创业的干部;更有户籍并不在重庆市,而是来自遥远的外省譬如河南省许昌市、浙江省宁波市的投资业主。

（二）绝大多数投资业主都有过在城市创业就业的经历

本地户籍的投资业主,大多在重庆市甚至外地的城市闯过,第一桶金也都是在城里赚到的,有的从城市政府部门离职下海创业、有的在重庆市主城区搞建筑做房地产、有的跑消防器材销售、有的运营长江沿途大型客轮。这些经历,不仅给他们带来了财富,也创造了捕捉城市人群消费需求变化的先天条件。正是在他们的带动下,一些农户以土地入股、成立专业合作社等方式参与创业,获得了远超自己耕种土地的收入。

（三）很多业主属于"兼业型投资经营"

虽然业主的投资项目下乡了,但从业务上看并未放弃原业,甚至最主要的精力和投入资金来源还是传统业务。原因可能是,现代农业项目、旅游观光项目投入大、回收周期比较长,下乡投资建设的民宿、规模农业、市政设施等,从财务回报上看,还难以在维持正常运营之余带来丰厚利润。此外,囿于当前制度障碍,一些投资者还不敢全心投入。此外,调研组与业主聊到未来前景,大多数人对重庆市近郊的乡村发展很有信心,他们认为城市需求下乡的市场很大,如果国家加大政策引导支持,降低制度交易成本,他们愿意继续投资。

三、什么样的农户自愿放弃农村权益进城

在巴南区这个城乡二元特征极为明显的地方，既有下乡的人群，也有迫切希望离土进城的人。2014 年，天星寺镇学堂堡社有 7 户自愿永久退出承包地、林地、宅基地及附属设施，共获得投资业主给予的补偿资金 375 万元，户均 53.57 万元。调研组上门走访了获得补偿最多的农户和最少的农户。

获得补偿最多的一户，全家 5 口人，夫妻俩外加两个老人和一个小孩。女户主与两位老人住在天星寺镇区（早年购买的国有房屋），2014 年该户按照人均 15 万元的标准拿到了投资业主毛某给付的 75 万元补偿，并自愿放弃宅基地、承包地及林地。随后，由于女户主的丈夫和儿子已经进城工作，需要在城里买房，该户便以 60 万元总价款，在巴南城区购买了一套 100 多平方米的商品房。由于两位老人不习惯居住在城里，为了照顾两位老人，女户主没有进城。这一户仍然保留了农村户籍和社员资格，这意味着他们仍有集体经济收益分配权，如果愿意彻底放弃社员资格，则可以按照人均 3.8 万元再拿到一笔补偿。

在巴南区委党校附近的一个小区中，调研组访问了另一位彻底退出了包括社员资格在内的所有农村权益的老乡王某。王某今年 60 多岁，老伴 50 多岁，两个女儿都在城里工作并已安家定居。2014 年王某拿到 33.8 万元的补偿，属于 7 户当中所获补偿最少的。为什么最少？主要原因是老伴属于城镇企业职工，很多年前就转为城镇居民户口，两个女儿也跟着老伴的户口转为城镇居民了，只有王某一人仍保留了社员资格，可以获得 15 万元的"三权"补偿，外加 3.8 万元的社员资格补偿。除此之外，由于早年要交农业税，两个女儿名下的承包地、林地退出后没人愿意接手耕种，实际上仍由王某代种，2014 年也按一个社员的标准拿到了 15 万元的补偿。两位老人进城，主要是为了帮助照顾两个女儿的家庭，早在 2012 年他们就在两个女儿各自家庭的中间位置，购买了一套商品房，2014 年付清 30 多万元的总价款，这套房子现在增值 60%。

综合两个代表农户及另一位希望退权进城的农户情况，总体印象是：第一，投资业主毛某作为芙蓉村的企业能人，为村里作出很大的贡献，在村民

中的信用和口碑都很好。2008 年以来,毛某租用老乡的地办养牛场,给村里投了很多钱修路,并捐钱修建镇里的小学和初中,按时给老乡发租金和工资。当时双方签订完协议后,钱款很快便打入老乡的银行账户,并没有拖欠。第二,退出农户完全自愿,不存在欺诈和强迫。即使放到现在来看,毛某在 2014 年的出价也很高,所以老乡都很积极,特别是拿着补偿款在城区购买了商品房的这些农户,财产增值很多。第三,两个退出农户均提出了社保问题,目前王某和黄某按照农村养老保险的标准参保,每月领取 100 多元。他们希望可以购买档次更高一点的保险,最好是参照失地农民保险的标准缴钱领取;如果不行,也愿意参缴标准低一些的城镇居民养老保险。第四,近年来由于经营及资金周转方面的问题,毛某的项目处于停滞状态,尽管有的农户已经进城了,但他们仍然希望毛某可以再做起来,搞得好一点。

四、乡村振兴离不开城市元素的积极运用

此前似乎存在一种误区,认为乡村振兴是要把原本离开的老乡留下来、不让他们进城,以为乡村振兴和城镇化进程是割裂的、对立的。从调研情况来看,有助于振兴乡村的多种元素其实都与城市和城镇化有关,离开这些元素的充分运用,关起门来搞乡村振兴非但难以取得实效,还可能带来严重的资源浪费。

(一) 购买乡村产品和服务的消费力来自城市,很多自用价值不高的资源要素,只有城市需求下乡之后才有望获得更高的回报

调研组看的这些投资项目,卖的是不同于本地人自住自用条件下的"产品和服务",赚的绝不是本村老乡的钱,而是城里人的钱。城里人不仅规模大,而且收入高、愿意主动到乡下来消费。二圣镇"云林天乡"景区的老百姓自家养的鸡鸭和自家种的梨,如果仅卖给本村人,不仅卖不上价,而且量大了销路都成问题,当年村干部还得帮助老乡挑到重庆火车站去卖。2014 年以后,村里的普通食材配上四季鲜艳的花景和山水民居风貌,才得以卖出了高价,而且随着客人的猛增销量也越来越大。重庆茶业集团的张某说,茶业行当里增加值最高的部分其实是品牌和市场销售,当年借着在市

区召开的某次高层论坛推广品牌才得以完全打开市场,现在又通过在市区开茶楼、在乡下举办采茶节吸引市民来茶山消费,不断地让更多的城市消费者接受自己的产品。

（二）对接潜在需求所需要的新知识、新技术及商业模式取经于"城市"

重庆茶业集团的张某为了改善自己的产品,需要不断外出学习考察,也特别需要接触大量新知识。为了认真学习企业家在创新商业模式上的经验,他购买了网上的"混沌大学"课程,据说受启发和帮助非常大。在研发一款新型腊梅花茶的过程中,张某在乘飞机时偶然获得北京林业大学一位专家的指点,在技术思路上有重大突破。张某研发试制和批量生产腊梅花茶的设备也来自上海,而这个设备的核心部件则产自德国。张某认为,自己要在金融方面做些尝试,借助资本市场力量发展壮大自己,在企业管理和经营等各个方面必须去城市取经。

（三）投入乡村的资金主要也来源于城市

业主用来投资乡村的钱从哪儿来?答案基本一致,从城里赚到的。因为城市的工商业更发达,赚钱机会更多。有的业主做房地产发了财,有的做销售获得第一桶金。相比之下,农户的储蓄存款用于本村的则非常少。在投资业主下乡过程中,老乡通过土地流转、长租农房等方式获得了很大一笔钱,但他们并不愿意把钱投在农村,而是拿着钱进城去买房,首先解决自己进城生活保障和子女入学的问题。调研组从某乡镇的农村商业银行网点信贷经理处了解到,该银行于2017年吸收8000多万元的存款,真正用于农村的贷款其实很少,大量资金首先被用于城区的分支行。从资金的融通和流转方式来看,城乡之间的微观主体已经根据自身需求进行了优化配置。

五、调研发现的主要体制机制障碍

（一）规划体制不完善,这直接牵涉到城市要素下乡的用地合法性和产权证办理

一是规划编制质量堪忧。村一级的总体规划,在没有经过专业力量、投

资业主、村集体和群众充分讨论的前提下,过快过急地编制完成,且急于追求乡村规划全覆盖,极有可能沦为"墙上挂着的摆设"。二是缺乏专业力量协调市场需求和公共利益。有的投资业主认识不到位,相关部门也没有提供有针对性的指导,投资项目在落地时没有衔接好规划,导致项目栽了跟头,最后影响整个项目的正常运营,业主前期大量投入形成的资产无法产生现金流。三是规划没有容错和弹性调整机制。目前村一级规划由区县审批,报市级规划部门备案,实质上仍由后者拍板。但市级部门既不熟悉村一级情况,也没有足够的专业力量提供高质量服务,规划脱离实际经营需求的情况出现后,申请规划调整也极为困难。

(二) 农村产权制度不健全,这不仅事关集体经济组织的发展,更牵涉群众的切身利益,也给投资业主的信心和利益保障带来严重影响

重庆市 2011 年虽然做过一次全覆盖的承包地确权颁证,但现在看来当时的工作比较粗糙,不仅实际耕作面积与权证登记面积有较大误差,而且对地块的权利边界描述也非常模糊,大量潜在的产权纠纷并未真实解决,这次正通过新一轮测绘以更加精确的图斑形式换证。对于自留地、山林地、宅基地和集体建设用地的确权,也还没有做到应确尽确。此外,在承包地、宅基地及集体资产股份的期限上尚未作出长远考虑,譬如 2014 年已经自愿退出所有权益但仍然保留社员资格的农民,在 2028 年即第二轮承包到期后有可能要求村集体重新发包土地,或者获取集体经济收益。

(三) 转让权发育滞后,农地经营权流转仍有风险,闲置农宅和宅基地的盘活再利用存在较大的政策障碍

农地经营权流转方面,一是土地流转期限短。土地承包权只能到 2028 年,期满后土地及地上资产均有可能被农民无偿收回。业主担心投资血本无归,不敢长期大量投资,竭泽而渔式的短期经营行为严重。二是很难实现规模经营。规模经营需打破土地原有的四至界限,在统一规划整理之后修建生产生活便道和附属设施,农民因担心找不到自己的土地或不能复耕而反对业主整治。三是土地经营权保障不足,农户一旦悔约阻工,会给投资业主带来麻烦。

宅基地方面,业主对退出的宅基地和房屋进行改造利用缺乏具体的用地政策支撑,无法获取合法改建或重建资产的权利。有相当一部分投资业主通过长期租赁的方式,与农户签订了 20 年农房租赁合约,投入大量资金进行原址改造,但这些新形成的资产目前只有租赁合同作为保障。业主本人尽管是本村居民,也因为一户一宅的规定而无法办理房屋产权证。随着周边的整体开发改造,原来不值钱的农房可能变得更值钱,如果农户悔约不租,业主的长期经营将难以持续。

(四)基层干部、业主和村民在金融、法律及资产评估等方面知识匮乏

从调研组查看的各类农村产权交易流转合同的情况来看,专业知识匮乏的情况普遍存在。农户的知识最为薄弱,不知道如何合法合理地保护自己的土地财产权益、评估自己的资产价值、申请相应的金融产品,在交易过程中很可能吃亏。一些出于回报家乡、建设乡村的投资业主也不太懂,认为只要与农户双方自愿签订合同就行,很多口头定下的条款存在明显的法律漏洞,埋下了纠纷隐患。

六、关于完善城乡融合发展体制机制的思路

(一)以质量为核心,提升乡村规划的可操作性

一是给予乡村一级更多的自主权,采取总量控制和负面清单的办法,简化层层审批手续,在生态环境、历史文化、耕地保护等方面守好底线,尽可能放宽市场主体活动边界。二是引入更加专业化和市场化的规划力量,搭建满足基层治理特点、符合市场发展需要的乡村规划沟通平台。三是充分吸收基层干部群众意见,结合投资业主反映的市场需求变化,合理调整与实际需求脱节的内容。四是统一城乡交通基础设施管理,把乡村道路纳入地方交通部门统一管理和维护。

(二)确权是不可逾越的基础性工作

按照应确尽确、据实确权的要求,对农村全域各类产权开展全面确权。

考虑到将来的产权流转和城市要素下乡趋势,要引导村民以自治方式,将土地承包权、林权、宅基地使用权、集体经济收益分配权的期限以更加稳固的方式确定下来。对于集体资产要进行清产核资,把集体资产股份量化并一次性固化到个人,引导股份权益"生不增、死不减"。

（三）构建城乡畅通的人口进入退出机制

加快推进农业转移人口市民化,降低城市落户门槛,加大城镇公共服务供给力度。解决农村集体经济组织成员资格认定问题,完善农村集体成员资格的认定和成员退出机制,明确有关成员资格认定、取消的标准与程序、登记变更等规范。逐步拓展集体经济组织以外成员进入乡村的通道,创新城市企业家参与乡村各类资产运营和收益分配的机制。

（四）加快建立集体经营性建设用地直接入市通道,以公开、公平、公正的方式,解决投资业主使用集体经营性建设用地问题

加快完善农村集体经营性建设用地入市的实施细则,推进集体经营性建设用地的整理、储备和流转,搭建公开流转平台,界定所有权、使用权主体的相关权利,完善登记颁证和税费征缴办法。进一步简化闲置宅基地和农房的利用方式,允许投资业主按照总量不增、耕地不减的要求,以土地增减挂钩为平台,重新规划和合理使用退出宅基地以及其他存量集体经营性建设用地。

（五）更好发挥政府的相对优势和积极作用

一是维护广大群众的自主意愿和合法权利,避免工商资本动用非法手段强迫农民搬迁。二是维护投资业主在下乡投资过程中的合法权益,引导村民守信守约,制止有碍地方经济发展的无理行为。三是搭建公开透明的空闲农房流转平台,并利用微信、淘宝等平台发布房源供求信息,引导社会资本以租赁、合作方式盘活利用空闲农房。四是加大力度组织专业服务力量下乡,让农户能以较低成本接受金融、咨询、法律等专业服务,增强抵抗市场风险的能力。

第五节　四川省成都市推进城乡融合发展研究

国家发展改革委发展战略和规划司

成都市较早开展城乡统筹配套改革试验,在城乡融合发展体制机制改革方面进行了很多探索,取得了一些经验。为了解成都市在相关方面的经验做法,调研组赴成都市调研了郫都区唐昌街道战旗村、锦江区三圣街道"五朵金花"、大邑县青霞镇分水社区幸福公社,与社区居民、有关企业、村镇负责人等进行了交流座谈。有关情况如下。

一、基本情况

三圣街道、战旗村和分水社区距离成都市中心天府广场分别约为12公里、50公里和70公里,分属成都市近郊、中郊和远郊。三个地区各有特色:三圣街道地处成都市环城绿带控制区,其中,"五朵金花"是依托花卉种植最早发展农家乐的五个独立的农村社区。战旗村是集体经济的明星村,集体资产超过4000万元。分水社区是传统的农业村落,有13个村组,林地资源较为丰富,村内有利用2008年灾后重建中的城乡居民联建政策建造的幸福公社。

二、主要做法

三个地区区位、资源条件、发展水平和经营模式各不相同,但都注重在明晰产权的基础上,通过提升土地利用效率、创新组织形式、引入城市要素促进本地发展,主要做法如下。

（一）全面开展农村资源资产确权颁证，实施集体资产股份化改革

确权是要素流动和交换的基础。成都市把确权作为基础工程，将农村集体土地所有权、土地承包经营权、集体建设用地使用权、农村房屋所有权、林权、集体资产股权、农村土地经营权、农业生产设施所有权、农村养殖水面经营权、小型水利设施所有权和经济林木（果）权 11 项权利纳入确权范围，累计发放各类权证 895 万本。战旗村和"五朵金花"等有收益性资产的村集体，都进行了集体资产股份化改革。战旗村将集体资产量化固化给 1704名户籍人口，股份生不增、死不减、可家庭内部继承。"五朵金花"中的红砂社区股改中村民可自主选择持股分红或"退股折现"，全村 3400 人中有 700人选择退股并获得 2000 元补偿；本社区新增户籍人口由个人交纳 1000 元、集体补助 1000 元后获得股份；对去世人口，由集体收回股份并补偿家属2000 元。

（二）通过政府和集体统一推动或市场自发流转，实现农用地规模化集中经营

锦江区政府在区政府层面上统筹集中农民承包土地并对外流转。如三圣街道，先由村庄成立集体资产管理公司，统一持有本村耕地经营权，并入股到街道成立的农景公司；农景公司再入股到锦江区的城乡发展投资公司。村级和镇级公司只负责统筹和相关会计核算等工作；城乡发展公司统筹入股耕地，对外寻求合作伙伴。全区 1.8 万亩耕地中有 1.5 万亩流转到城乡发展投资公司，流转土地已全部发包给种植花卉的大户和企业，每亩租金在3000—5000 元，其中，农民可得 2700—3000 元。战旗村土地流转由集体组织推动实施。2008 年，战旗村组建蔬菜种植合作社，集中全村 2000 多亩耕地并统一对外发包。截至 2010 年年底，除了留下 100 多亩由合作社发展蔬菜种植外，其他耕地基本出租完毕。大邑县分水社区的土地流转属于村民自发。村内苗木种植大户左某于 2013 年联合本村 7 个种植大户成立苗木合作社，从村民手中租用林地约 1000 亩、耕地约 100 亩，亩均租金分别约为300 元、800 元。

（三）通过农村建设用地再开发实现土地增值、收益增加，并为村庄带来就业机会

依托集体经营性建设用地招引的企业或依托宅基地发展的新业态，成为社区增强集体实力、增加农民收入、解决农民就业的重要渠道。

战旗村主要利用集体经营性建设用地。2010年，村里引入从事休闲旅游产业的"妈妈农庄"，使用集体经营性建设用地23.6亩，土地使用年限为40年，约定价格为50万元/亩。目前，农庄常年雇工150人左右，其中，战旗村村民约100人，职工月收入在2500元左右。2015年，战旗村又拍卖一宗13.44亩的集体经营性建设用地，土地成交价格约为60万元/亩，扣除土地增值收益调节金后，村集体实得总价款约为706万元。

"五朵金花"和幸福公社主要利用宅基地再开发。"五朵金花"从2003年开始，政府分三批通过少量资金补助支持了38家有意愿发展农家乐的农户。在这些先行者带动下，目前，已有数百家以农民住房为基础的农家乐、艺家乐。其中，80%由外来租用者经营，一栋150平方米左右的农房年租金达到6万—8万元，直接带动就业近千人。幸福公社是一个"准房地产"项目，占地面积为110亩，该项目在2010年一度面临纠纷甚至被清盘的局面。近年来，公社建设方通过激发社员（60%以上的购房者来自成都）才智、利用公共空间发展文化创意产业、积极融入成都西部旅游线路等措施，集聚了人气，400多栋房子中常住户超过250户。社区居住人口和周边旅游人数的增加为本地土特产品找到了销路，公社常年雇佣的本地村民也超过50人。

（四）发掘农业多重功能和价值，乡村旅游成为最重要的卖点

各村都充分利用乡村的优美环境，在传统农业种植的基础上，拓展农业新功能，发展乡村旅游，承接城市消费外溢。"妈妈农庄"自2012年运营后，年接待游客近40万人、旅游收入2000万元左右。拍得战旗村13.44亩集体经营性建设用地的"香境"项目（旅游综合体项目）。战旗村正在谋划的占地近50亩的"乡村十八坊"项目，也是瞄准了乡村旅游市场。"五朵金花"从种花、卖花转向"卖风景""卖环境"，已经成功创建4A级景区，年旅游人次过千万、旅游收入超过6亿元。幸福公社是以旅游度假为主的社区。

分水社区左某的苗木合作社由于目前市场行情较为低迷,正在着手种植200 亩樱花和近百亩果树,并计划引进合作伙伴发展乡村观光旅游。

（五）大力吸引城市人下乡或本村外出居民返乡,为乡村发展注入动力和活力

城市人口下乡直接带动了村民观念转变或乡村发展:战旗村于 2006 年加入了四川省开展的大学生进农家活动,与四川省省内多所高校合作,每年暑假引进 40 名大学生。这一活动仍在持续开展,村民通过与学生们的交流更多更好地了解到外面的情况;村干部认为学生入户甚至为当初推动集中居住工作发挥了很好的作用。三圣街道引入 20 多位画家,画家以总额 30 万元、租期 20 年的方式租用农民 20 多栋集中连片房屋,目前初步形成了"画家村",为"五朵金花"从单纯的农家乐发展成层次丰富的农家乐、"艺家乐"提供了重要条件。幸福公社社员刘某在成都经营一家文化公司,定期组织乡村音乐会、乡村课堂等,村民可以免费参加一些艺术活动;来自成都的戴某 22 岁大学毕业后带领自己的 4 个小伙伴于 2016 年入驻幸福公社,目前已经发展到 12 人,承接乡村设计,他们还与周边村民联合,组织起临时工程队。

三、经验启示

三个社区在成都市开展城乡统筹试验的背景下较早开展改革探索,长则十几年、短则三五年,总体上都取得了良好成效,一些经验经受住了时间检验,一些做法还有待继续观察。从中也带来多方面的启示。

第一,集体资产增值和资本下乡发展乡村旅游普遍依赖土地增值,村集体、农民和下乡企业的利益联结机制还需完善。农村集体资产特别是有收益的资产普遍很少,多数村庄的资产主要是办公用房与配套设施。郫都区 165 个庄集体,平均资产约 60 万元。目前,战旗村账面资产 4300 万元中,厂房设备等固定资产占比近 65%。目前,除了两个豆瓣厂还在运营外,其他企业已经倒闭,企业虽有资产但无收益,实际上几乎可以减计清零。幸运的是,当初村办企业改制时采取的是租赁经营模式,即厂房、设备和土地仍归集体,这一决定为现在的战旗村留下了大量可用的建设用地资源。这些

土地,村里按照 4.6 万元/亩的征地价估价,但实际上拍卖的价格超过 50 万元/亩,成为目前战旗村最为重要的财产。

反观下乡投资的企业,如在战旗村的"妈妈农庄"总投资约 1.2 亿元,目前,年净利润在 200 万—500 万元,总体收益并不算高,当初按 50 万元/亩约定的 23.6 亩集体经营性建设用地价款实际并未支付,而是以年租金 2200 元/亩的方式支付。2015 年战旗村挂牌上市的地块,价格虽然仍为 50 万元/亩,但出于对投资回报率和回报周期的考虑,"妈妈农庄"投资方并未参与竞拍。

从利益关系上,无论拍得战旗村新地块的企业、三圣街道画家村,还是幸福公社,下乡企业或个人都希望在付出一笔资金后,长期、稳定地持有建设用地或农房的使用权;其他合作中,双方通常约定相对固定、定期增长的租金机制,这都是简单的租赁关系,少有股份合作、利润分成等更深层更紧密的利益联结。

第二,统筹集中农用地对外发包,提高了土地租金,重点应注意防范企业经营困难时的租金支付风险,避免政府无限托底;建设用地的集中提升了村集体招商能力,重点应注重村与村之间的公平,促进土地增值收益共享。由村集体或镇街统筹集中农民承包土地统一对外发包,显著提高了土地租金水平。战旗村由村集体统一对外发包,比周边村庄租金高 10%—20%。但统筹集中流转土地,要特别注意防范种植大户或企业因产业发展遇到风险或出现资金困难时,无法支付农民租金引发社会风险。要通过引入保险公司、设立风险补偿基金等方式分散分担风险,解决农民担心企业跑路或政府无限托底的问题。

相对集中的农村集体建设土地对企业更有吸引力。战旗村引入"妈妈农庄"或者拍卖出集体建设用地,都得益于村里能够为企业提供相对集中的建设用地。目前,战旗村正计划开发新的综合旅游项目,并且计划通过增减挂钩的方式,利用两公里外的横山村整理出的建设用地指标。锦江区集中几个村的 200 多亩集体建设用地,建成汽车销售园区,土地挂牌价达到 80 万元/亩。村庄合并使用集体建设用地并对外统一招商,实现了"1+1>2"的效果,使不同村庄平等分享到土地增值收益。

第三,政府合理引导和农村基层组织的有效治理对促进农村发展至关重要。乡村发展离不开政府的引导和推动。"五朵金花"发展的背后始终都有政府之手,初期是区里的资金支持,中期是标准引导和规范评级,后期则有艺术人才等高端要素的引入,这也使传统的农家乐与现代城市要素发生化学反应,发展出了"艺家乐"。

有效的农村基层结构治理是重要的组织保障。战旗村的发展与村集体历来重视人才和组织建设密切相关,村里现任的党支部书记高某和村主任杨某,都是致富带头人,高某原来经营一家豆腐乳厂、杨某是苗木种植大户。在返乡的几名大学生中,有三名是村里着意要培养的村后备干部。在组织架构建设方面,除了成立合作社管耕地外,村里成立了由全体村民持股的股份公司——"战旗资产管理公司",解决了集体经济组织进入市场的主体资格问题。"五朵金花"发挥村民议事会讨论重大事项、协调不同意见的作用,对农家乐经营范围、建筑改造等进行讨论,保证了社区农家乐经营和建筑上的整体性,也简化了管理服务的层级和程序。

第四,乡村振兴呈现出两种不同的路径,乡村发展趋于分化。调研地的乡村发展呈现两种模式:一是战旗村的发展类似乡村地区城镇化。居民点异地集中重建,各类资源集中高效利用,围绕战旗村正形成准小城镇型聚集区。"妈妈农庄"有50多人是来自战旗周边村庄的村民,村里超市的承包者甚至来自乐山市。二是"五朵金花"利用原有村容村貌就地改造,引入新资本、发展新业态。但无论采用哪种方式,原有村民的生活都已经"城镇化"了,如战旗村共有529户,汽车保有量超过400辆,在"妈妈农庄"工作的杨某表示,经常会到郫都区或都江堰市休闲购物。但是,一些没有特殊资源、远离城市和没有专业化产品的传统农业生产地区,人口外流、村庄逐步萎缩的状况难以得到根本扭转,乡村发展分化的趋势明显。如分水社区长期在外务工的村民有300—500人,约占全部劳动力的50%。

四、政策举措

三个社区结合自身特点、因地制宜开展改革探索,经验有普遍意义,问题也需要加以重视。据此,提出如下政策建议。

第一,推动村集体和农民与新型农业经营主体、下乡企业形成更加稳固长效的利益联结机制。鼓励村集体和村民以土地入股、联合经营等多种方式,与农业经营主体和下乡企业开展长久合作,在以保底收益保障农民基本生活的前提下,鼓励通过入股分红、利润分成等形成利益共享、风险共担的利益共同体。推动与村集体联合组建股份公司的企业提高财务透明度,保障村集体代表参与企业有关决策过程,确保村民知情权,切实保护农民基本权益。

第二,赋予村庄在一定范围内调整土地利用方式的权限,鼓励不同村庄连片规划、联合集中开发利用建设用地。在严格保护基本农田、严守生态红线和耕地保护红线的前提下,选择部分重点村庄,扩大重点村庄有条件建设区范围,允许村庄在有条件建设区范围内适当调整土地利用方式;在管住村庄建设用地总量的基础上,允许村集体将节约出的其他建设用地转为集体经营性建设用地。推进村庄连片统筹规划,合理布局公共基础设施,推动不同村庄公共设施共用共享,提高设施利用效率。鼓励不同村庄将集体经营性建设用地定向集中使用,并完善土地增值收益分享机制。

第三,完善农村金融服务体系,建立多层次风险分担机制。围绕破解借贷双方信息不对称、农村抵押物缺乏、涉农贷款风险大等难题,结合"互联网+金融"等,全面收集开发农村信用信息大数据,搭建政银企对接服务平台,丰富农村金融服务产品。激活农村闲置资源,拓宽农村抵押物范围,允许依法依规确权颁证的各类农村资源资产设立抵押权能,探索县级土地储备公司和平台公司参与农村相关权益抵押。建立多层次风险分担机制,在农村土地流转、集体经营性建设用地开发中,通过引入履约保险,发展融资担保、设立政府风险补偿资金等,减轻资金提供方风险压力。

第四,分类推进、突出重点、防范风险,处理好改造利用原有农房设施和异地新建的关系。把握乡村多样性、差异性和区域性,坚持从实际出发,既尽力而为,又量力而行。顺应农民生产生活方式的变化,将农民转移进城与就地适当集中居住相结合,支持有特殊资源、特色产业的村庄在保持乡村总体风貌的前提下,吸收合并周边村庄,适当扩大规模。建立健全农村资源资产退出通道,为农民提供多样化选择,逐步有序引导部分村庄居民有获得感、有尊严地逐步移址迁并。避免大拆大建,防止乡村景观"城市化",要特别注重将挖掘乡村原生态传统特色村居风貌与引入现代元素相结合,慢工出细活、不搞"一刀切"。要密切关注异地重建改造的资金来源,避免形成政府债务,避免企业过高杠杆,切实保护挖掘真实有效的需求、引入长期资金,防止投机热炒。

第五,全面推广集体经营性建设用地入市。农村集体经营性建设用地开发利用是吸引资本下乡的关键,也是多数农村集体经济组织最为重要的资产。有关试点地区在入市主体、入市方式、增值收益调节等方面积累了重要经验,要加快总结推广试点经验,顺应资本下乡趋势、结合乡村新需求,全面推广集体经营建设用地入市。围绕发展符合乡村特点的新产业、新业态,探索乡村地区国有建设用地和集体经营性建设用地搭配组合模式,保证与农民有良好利益联结关系的工商资本长期稳定使用集体经营性建设用地。

第 六 篇

疫情防控篇

第十三章　疫情防控角度的城市治理现代化研究

国家发展改革委发展战略和规划司

2019年年底,我国城镇化率超过60%,城镇常住人口超过8.5亿人,城区常住人口超过500万人的特大、超大城市接近20个。防控突发传染性疾病是世界各国普遍面临的难题,人口聚集的大城市更要把它作为重中之重来抓。突如其来的新冠肺炎疫情是对我国重大公共卫生事件防控应急体系和能力的一场大考,也是对人口密集、人员流动频繁、疫情更为严峻的大城市治理体系和治理能力的巨大考验,城市治理水平相当程度上决定着国家治理水平。全面落实习近平总书记的重要批示要求,加快补齐城市公共卫生突出短板、显著提升城市治理水平,是有效防控突发重大公共事件、实现国家治理体系和治理能力现代化的迫切要求。

一、疫情冲击凸显出城市治理的"五个不足"

城市治理包括常态化治理和应急治理,扎实有序的常态化治理是应急治理的基础,应急治理则是对常态治理的集中检验。在此次新冠肺炎疫情的冲击下,城市治理凸显出系统性、智能化、基层专业化、社会化、协同性不足等突出问题。

（一）城市规划和建设标准缺位,系统性不足

目前,城市总体规划很少关注突发公共卫生事件,已实施的安全专项规

划大多针对抗震、消防、人防、排水防涝、地质灾害防治、安全生产等传统防灾领域。城市各类建设标准和运营方式缺乏对防范和应对重大公共卫生事件的具体要求。城市公共空间和公共设施规划建设时,未充分考虑应对突发卫生健康事件的潜在需求,难以在疫情期间迅速发挥应急作用。国务院安全生产委员会办公室发布的《国家安全发展示范城市评价细则(2019版)》未涉及防控突发传染病的有关要求。

(二) 现代技术的运用和普及程度不够,智能化不足

信息技术和大数据的应用是大城市全面掌握、有效处置疫情的有力工具,但多数城市在新技术手段应用上较为滞后。一是信息报送和行政监管效率较低。全国各省份启动突发公共卫生事件Ⅰ级响应后,对各层级各行业定期准确报送疫情信息数据提出了严格要求,但大量信息排查依靠登门或电话,难以发现瞒报人员,福建某地居民因信息瞒报导致4000多名接触者被隔离。二是应急物资调度分配无序。作为疫情风暴中心的武汉市,未能根据病人就诊情况预判不同医院的救治需要和物资需求,导致捐赠应急物品积压而一线医疗人员防护物资匮乏等问题。

(三) 社区服务管理能力不强,基层专业化不足

社区是城市治理的基础单元,是了解居民需求、传递政策信息的前哨,但普遍存在服务管理能力严重不足的问题。一是社区工作人手不足。如2020年1月24日北京市要求社区做好人员往来摸排工作,一个4000多名居民的社区,工作人员仅10余人,直到2月5日尚在进行信息排查工作。二是社区的日常服务管理基础薄弱。社区缺少与居民的常态化联系,居民缺乏对社区的了解和信任,在应对疫情的"战时"状态下,社区管控难度大。根据对20个社区居民的访谈,3人不知社区服务中心地址,近3年内从未去过和只去过社区1次的占70%,接受的社区服务主要限于信息普查、分发宣传资料等。

(四) 城市治理以行政力量为主,社会化不足

城市人口流动性强、构成多元、需求多样,在新冠肺炎疫情暴发时期,政府力量特别是基层工作人员捉襟见肘、超负荷运转,普遍存在社会力量机制

化、常态化参与不足的问题。一是引入社会化专业机构不足。武汉市有关机构调度分配医疗物资受到广泛质疑后,引入专业企业接管物资调配,企业仅用了几个小时就理顺了物资入库分发工作,改变了持续多日的低效局面。二是疫情群防群控体系中志愿者类型较为单一。在社区防控工作中,志愿者队伍多承担一般性巡查守望工作,缺少能够承担健康指导、心理疏导、法律援助等专业任务的志愿组织。

（五）城市间协防机制缺失,协同性不足

武汉与周边城市人口经济联系紧密,但缺乏联防联控机制,造成整个湖北省抗疫任务艰巨,与武汉人口联系最为紧密的黄冈、孝感更是成为疫情风暴点。大数据统计显示,2020年1月10—24日,迁入黄冈人口中来源地为武汉的占比达33.58%,武汉实行交通管制前,武汉出城人员中的14%约70万人到达了黄冈。与此同时,黄冈GDP仅为武汉的13.7%,公共医疗卫生资源较弱,三甲医院仅有两所,2017年全市医疗卫生机构每千人口床位数、执业（助理）医师数、注册护士数均低于全省平均水平,面对突如其来的传染性疾病难以实现有效收治。

二、提升城市治理现代化水平要突出五个重点

随着经济社会发展水平的提升,城市这个开放的"复杂巨系统"发挥着越来越重要的积极作用,也在各种突如其来的自然和人为灾害面前暴露出更大的脆弱性。应当深刻反思此次新冠肺炎疫情对城市治理提出的要求,以建设韧性城市为重要目标,以城区常住人口100万人以上的城市为重点,加快补齐短板,提升治理水平,实现政府治理和社会调节、居民自治良性互动,推动城市治理科学化、精细化、智能化。

（一）树立韧性城市理念,提升城市应急规划管理能力

一是开展风险评估。结合城市自然条件、地理区位、人口产业特点等,定期开展城市综合风险评估,识别城市在应对公共卫生事件、自然灾害、事故灾害、社会经济危机等方面的软硬件短板。二是改进城市规划。将应对风险灾害举措纳入城市各类规划,并落实到城市建设详规以及公共设施建

设标准、交通组织方式、社区治理规范等。三是优化应急预案和防控机制。根据重大公共安全事件等级,明确分层级、分区域、分行业以及不同交通方式的应对管控要求,精细化提出各类资源、人员、空间和设施调度以及转换利用的要求,并定期演练,力争预防及时到位。四是做好应急设施和物资储备保障。定期检测城市水、电、气、通信、交通及其他城市运转基础设施承压抗压能力,根据风险评估情况足额配备应急物资。

(二)强化新技术手段应用,增强城市智慧治理能力

一是全面优化城市运营管理综合大数据平台。推广上海建设智慧城市、杭州打造"城市大脑"等经验做法,应用云计算、大数据、物联网等新技术,推动不同部门和行业的数据信息共联共享,充分发挥大数据平台在各项风险灾害监测预警、应急指挥、统计核查、资源调度、信息服务等方面的作用。二是全面推行线上政务服务。整合各类服务应用终端,打造涵盖全类型管理服务的线上端口,实现政务服务一网通办、一端通办,提高政府服务效率、保障社会运行秩序。三是大力实施"互联网+社区"行动计划,增强社区信息化管理能力,提高社区管理服务流动人口、提供公共服务的精准性。

(三)推动治理重心和资源下沉,提升社区精细服务能力

一是强化党建治理"主心骨"引领作用,充实城市街道社区一线工作力量。鼓励街道有关负责人通过兼任职务或定点联系等方式开展社区工作,打通社区与街道和城市政府的信息沟通渠道。二是强化服务理念,创新基层治理工作模式。以服务户籍、非户籍、业主、租户等各类居民日常需求为导向,通过线上线下等方式,提升精细化服务质量,促进社区与居民的常态化沟通,形成社区与居民的紧密纽带。三是在城乡接合部、城中村、工业园区等非户籍人口聚居区建立新型社区和居委会,让流动人口参与城市社区服务管理,促进流动人口融入城市。

(四)建立共治共享机制,提高城市治理社会化水平

一是支持居民参与城市治理。从直接关系居民公共利益的事项入手,建立社区居民议事协商常态机制,探索建立社区居民理事会。通过网络、电视、广播以及"应急进社区、进校园、进企业"等活动,普及防疫避险、应急处

置、自救互救知识,提高公众危机意识和应急素质。二是培育发展公益性专业化社会组织。适应流动性、扁平化、多元化的城市社会结构特点,培育发展贴近居民日常需求的社会组织。引导社区内各类机构、市场主体参与社区治理,创新志愿服务模式,丰富志愿服务类型,鼓励社区居民成为志愿者,促进志愿服务常态化和规范化。

（五）建立都市圈应急联动机制,提高区域联防联控能力

一是将应急联动作为都市圈规划的重要内容。都市圈规划应明确重大公共安全事件防控和应急处置要求,都市圈工作机制应纳入应急管理及其他相关部门机构。二是建立应急预案体系。明确事件首发城市的权利义务,提出都市圈内各城市分类分级应急响应和管理要求,适时开展联合应急演练。三是实现信息数据共享。明确重大公共安全事件有关信息数据共享要求,增强都市圈内各城市基于信息数据变化情况调整应急管理举措的能力。四是加强医疗卫生机构合作。支持都市圈内中心城市与中小城市共建医联体、共享医疗检测诊断结果,鼓励疾病预防控制中心、社区卫生服务中心等公共卫生机构开展定期交流。

第十四章　防疫抗疫启示与经验

第一节　新冠肺炎疫情暴发对非户籍
人口在城市落户的启示

国家发展改革委发展战略和规划司

我国有 2.3 亿左右已进城就业生活但未落户的城镇常住人口,特别是其中跨省的有 7600 万人、省内跨乡镇的有 9800 万人,处于长期迁移流动状态,在"春运"等特定时段还会与其他人流叠加,产生超大规模的人口迁移现象,对经济社会发展产生了极大影响。

一、跨区域大规模人口迁移严重影响了疫情防控和经济运行

（一）加剧疫情传播

此次新冠肺炎疫情暴发恰逢"春运",带来疫情扩散风险的人群主要是城市非户籍人口。武汉市的非户籍常住人口和暂住人口有 500 多万人,其流动方式多样、流动轨迹遍布全国,极大地增加了疫情传播速度、管理和追踪难度。这导致全国不得不启动重大突发公共卫生事件 I 级响应,采取全国总动员的方式来遏制疫情蔓延。

（二）阻碍复工复产

从多年经验来看，"春运"后往往发生"用工荒"，各类企业和各级政府不得不采取各种措施去寻找劳动力。新冠肺炎疫情严重加剧了这一问题，农民工难以返回所就业的城市和企业工作，很多努力返回的农民工也要居家隔离两周左右。试想，如果农民工已在城市落户，复工复产就不会如此困难。

二、促进非户籍人口在城市落户具有重大的经济社会效益

（一）有利于减少巨额的社会运行成本

2018 年"春运"期间，全国旅客发送量多达 29.7 亿人次。超大规模的人口流量，既使特定时段的交通运输资源极为短缺，也使平常时段的交通运输资源闲置浪费。如果促进农民工等大量农业转移人口在城市落户，既会减少大量财政资金支出，也会减轻农业转移人口的财务负担。

（二）有利于提高人力资源的配置效率

人口具有经济属性和社会属性，是"用脚投票"的。其希望去就业生活的城市，一般就是其能够发挥最大价值、取得最多收益的地区。如果顺应其流动趋势并为其落户创造有利条件，就能促进人力资源的优化配置，激发人的活力和创造力，提高要素配置效率和经济发展效益。

（三）有利于提高劳动者的职业技能

产业转型升级只有进行时、没有完成时，需要劳动者不断提高职业技能。农民工流动性大、稳定性低，所在企业和城市政府往往缺乏对其进行职业技能培训的动力。如果促进农民工落户城市，就可以大幅调动企业和城市政府的积极性，加强对农民工的职业技能培训，提升其技能素质和在城市稳定就业的能力。

（四）有利于缓解农业转移人口"两头占地"的问题

在难以落户城市的情况下，"两头占地"成为农业转移人口的理性选择。为在城市住有所居，农业转移人口倾向于在城市租房购房。为应对将

来无法落户城市,农业转移人口倾向于保留农村宅基地和承包地,以获得物质上的保障和精神上的慰藉。这导致城市土地供给紧张、价格高企,而农村土地却大量闲置。如果尽可能允许其在城市落户,"两头占地"问题就会得到相当程度的缓解。

(五) 有利于激活巨大的经济增长潜能

据测算,城镇非户籍人口的人均消费支出仅为城镇常住人口的 2/3 左右、城镇户籍人口的 1/2 左右,人均住房面积仅相当于城镇常住人口的 1/2 左右。若能加大力度促进落户,到 2030 年将其人均消费投资提高到与城镇户籍人口同等的水平,则可使经济增长率每年提高 0.8 个百分点左右。

三、研究制定促进非户籍人口在城市落户的有效改革措施

(一) 除个别超大城市外,逐步取消城区常住人口在 300 万人以上的 I 型大城市和特大超大城市落户限制

此前 300 万人以下的城市落户限制已全面取消,但关键在于 300 万人以上的城市。这些城市的非户籍常住人口数量更多,户籍吸引力也更大。据手机信令大数据统计,这类城市共有 30 多个,其非户籍常住人口合计超过 7500 万人,其中超过 500 万人的城市有 5 个、300 万—500 万人的城市有 3 个、100 万—300 万人的城市有 14 个。据此,从短期来看,城区常住人口为 300 万—500 万人的 I 型大城市应大幅降低落户门槛,有条件的城市可全面取消落户限制。其他超大特大城市要改进积分落户政策,原则上除社保缴纳年限和居住年限外不设置其他积分项,有条件的城市可取消郊区和新区落户限制。从中长期来看,应探索全面取消除北京、上海等超大城市外的其他城市落户限制。

(二) 加大"人地钱挂钩"配套政策的激励力度,努力提高城市政府吸纳农业转移人口落户的积极性

一方面,要建立财政转移支付同农业转移人口市民化挂钩机制,中央财政按照各省份常住人口规模匹配财政转移支付,并对吸纳跨省落户人口较

多的省份进行财政奖补;省级政府应对吸纳省内跨市县落户人口较多的地区进行财政奖补。另一方面,各省份新增建设用地计划指标规模应与其吸纳落户数量进行紧密挂钩。

(三) 在切实维护农民在农村"三权"的前提下,加快探索自愿有偿退出路径

一方面,要维护农业转移人口在农村的承包地、宅基地和集体资产等权益,不得强行要求其转让退出上述权益或将此作为落户的前置条件,使其在城市安心放心落户;另一方面,要按照依法自愿有偿原则,在完成农村不动产确权登记颁证的前提下,探索其流转承包地经营权、宅基地使用权、集体收益分配权,或向农村集体经济组织退出承包地农户承包权、宅基地资格权、集体资产股权的具体办法,为农民进城落户积累资金资本、消除后顾之忧。

第二节　新冠肺炎疫情暴发对城市
环境卫生源头治理的启示

国家发展改革委发展战略和规划司

我国城市人口正在快速集聚,但城市环境卫生治理还存在多处短板弱项。此次新冠肺炎疫情的暴发,提醒各方面要更加重视城市环境卫生治理特别是源头治理工作,织牢第一道防线、防患于未然,规避重大公共卫生事件的发生。

一、城市环境卫生源头治理工作极为重要而急迫

城市环境卫生直接关系市民身体健康和城市功能品质,也在一定程度上关系经济增长,是新型城镇化建设的应有之义,也是人民美好生活需要的

重要组成部分。

（一）关系着城市居民身体健康

良好的城市环境卫生可提供干净的生产生活空间,保障着市民身体健康和体面工作,反之则会产生各种不利影响。比如,2003 年"非典"疫情发生时,香港淘大花园小区的排水通风系统存在缺陷,导致 300 多人感染、42 人死亡,占香港报告死亡人数的 20%;餐厨垃圾含有沙门氏菌、结核杆菌等多种强烈感染性致病菌,若扩散或通过食物链转移,也会对市民健康产生重大危害。

（二）关系着城市功能品质

良好的城市环境卫生使城市功能更加完备,展现城市的"硬实力"和"软环境",吸引产业集中和人口集聚。反之,恶劣的市容市貌等"城市病垢",会损害城市形象、降低城市品质,不利于招商引资和人口流入。

（三）关系着城市经济增长

城市环境卫生治理涉及政府投资和社会资本投入,涉及农贸市场、污水垃圾处理等重点领域,涉及老旧小区、老旧街区、老旧厂区、城中村等重点区域,既是一项重要的民生工程,也是一个有望产生新的经济增长点的产业门类。治理得好,会助推经济增长和产业发展;治理不力,会影响增长潜力的释放。

二、城市环境卫生源头治理短板存在于多个领域、多处区域

分领域来看,城市环境卫生源头治理短板集中体现在以下几个重点领域。

（一）部分农贸市场"脏乱差"

城市农贸市场大多仅提供简易交易场地,设施简陋、卫生不佳,缺乏冷链物流和仓储设施,缺乏质量检测、安全监控、物业管理和信息服务,进入市场交易的农产品质量隐患较大。

（二）污水收集处理仍有缺陷

城市污水包含生活污水、工业废水和径流污水,一般由城市管渠汇集并

经污水处理厂处理后排入水体。部分中小城市污水处理设施陈旧,处理后的水质较低,亟须提挡提标;污水处理产生的污泥随意堆放、缺乏处理,造成二次污染。

（三）生活垃圾污染现象严重

城市生活垃圾量大面广,超大特大城市生活垃圾年产生量大多超过500万吨。多数城市垃圾分类尚未起步,混合垃圾产生的有机挥发气体达100多种。仅有40%左右的垃圾是采取焚烧法进行处理的,60%左右是采用填埋法处理的,可能形成污染代际传递。

分区域来看,城市环境卫生源头治理短板集中体现在以下几个重点区域。

（一）老旧小区卫生隐患较多

一些小区公用设施落后老化,排水设施较差,使用不规范的锅炉房供热,产生不少有害气体。一些小区住房功能不完善,公共厨房和公共厕所卫生清洁很差。一些小区没有物业管理,公共区域无人打扫,垃圾随意堆放,卫生状况不佳。

（二）老旧街区环保问题突出

作为城市"动脉"的大街,基本做到了光鲜整洁。但作为城市"毛细血管"的小巷,环保短板凸显。一些街区个体工商户随意占道经营,露天烧烤、小吃摊、粗制滥造的卤制腌制食品滋生污染物。一些街区建筑垃圾遍地,施工扬尘漫天。一些老旧街区建筑物外立面破旧、架空线垂落,威胁人身安全。

（三）城中村公共卫生风险极大

我国56万个行政村中有3万个左右是位于城市夹缝地带的城中村。一些城中村尚有不少务工人员密集的"蚁族"居住场所,若发生传染病传播,后果比较严重。一些城中村没有布局市政公共设施,道路、给排水、供热、供气、公共厕所等残缺不全。

究其原因,一是城市治理方式不够完善。城市环境卫生涉及众多领域众多区域,而一些城市将其简单地理解为环卫工作,没有将之融入城市规划、城市建设、城市更新中,未能实现源头治理,这是治标不治本的。二是城市环境卫生源头治理不太受重视。一些城市更多考虑主导产业发展和重大民生项目,较少关注城市环境卫生的基础、基本、基层"三基"能力建设。三是城市建设资金总体匮乏。城市环境卫生是准公益性领域,需要政府财力投入。一些城市政府财力不足,运用 PPP 等市场化手段也不多,难以保障资金投入。四是一些市民生活习惯和饮食习惯不够健康,存在交易和滥食野生动物的不良行为。

三、综合施策大力补齐城市环境卫生源头治理短板

下一步,要以转变城市治理思路为先导,以补基础、保基本、强基层"三基"源头治理为路径,以增投入为保障,努力加大补短板力度,助力提升城镇化质量和提亮全面小康成色。

(一) 转思路

以善治法治为方向,转变城市治理思路,推进市域社会治理现代化,完善党委领导、政府负责、民主协商、社会协同、公众参与、法治保障、科技支撑的社会治理体系,推动城市政府向服务型转变、治理方式向精细化转型、配套资源向街道社区下沉。在城市规划中更好地考虑环境卫生因素,开展环境卫生隐患排查和预防控制设施前瞻性规划布局,从源头上降低重大公共卫生事件的发生概率。

(二) 补基础

推进城市基础设施提挡升级,建立严格检疫、定点屠宰、冷鲜上市的冷鲜禽畜供应体系,建设冷链物流和仓储设施,将农贸市场等搬离人口密集的中心城区,完善污水收集管网和生活垃圾分类处理设施。推进城市更新,改造一批老旧小区、老旧街区、老旧厂区、城中村,推进设施完善和功能转型,补齐环境治理和公共卫生短板。

(三) 保基本

健全城市基本医疗和公共卫生服务体系,推进街道卫生服务中心和社

区卫生服务站全覆盖,健全基层首诊、双向转诊、急慢分治的分级诊疗制度,方便及时快捷就医。完善城市环卫服务,保障街巷、道路、公共场所等环境整洁,加强生活废弃物收集清除,加强公共厕所卫生管理。健全统一指挥、专常兼备、反应灵敏、上下联动的公共卫生应急管理体系,优化重要物资的产能保障和区域布局。

（四）强基层

推动城市社会治理和服务重心向基层下移,健全社区管理服务机制。推行网格化管理服务,更好地提供精准化精细化服务。发挥基层党组织领导作用,发挥群团组织和社会组织作用,发挥行业协会商会自律功能,实现政府治理与社会调节、居民自治良性互动,夯实基层社会治理基础。注重发挥家庭家教家风重要作用,引导形成良好的市民生活饮食习惯。

（五）增投入

加大中央预算内投资支持力度,建设一批示范性的城市环境卫生补短板项目。综合考虑城市政府综合债务率、现有财力和还款来源,更多采取市场化方式,开展急需紧缺项目建设。鼓励开发性政策性金融机构加大中长期贷款投放规模。利用保险资金开展更多长期股本融资。

第三节　新冠肺炎疫情暴发对鲜活农产品流通的启示

国家发展改革委发展战略和规划司

鲜活农产品流通一端连接农民的"钱袋子",一端连接居民的"菜篮子",关系着人民收入、生活品质和现代农业发展。我国鲜活农产品市场体系还存在不少突出问题,特别是此次疫情暴露出冷链物流运力和农贸市场规范性严重不足。必须加快健全鲜活农产品流通体系,大力推动冷链化规范化发展,为推动城乡融合发展发挥积极作用。

一、我国鲜活农产品生产规模巨大、销售市场多元、流通模式多样

(一) 生产规模巨大

我国鲜活农产品市场,具有生产总量大、频率高、消费需求刚性的特征。鲜活农产品产量规模巨大,近些年来一直保持稳中有升趋势,2019 年产量增加至 12 亿吨左右(含蔬菜、水果、肉、蛋、奶和水产品等),仅农产品批发市场年成交金额就超过 5 万亿元。

(二) 销售市场多元

我国农产品批发市场超过 4500 家,其中年销售金额超过 1 亿元的占35%左右,承担着 70%以上的鲜活农产品批发活动。农贸市场、超市、生鲜电商共同承担着鲜活农产品的零售活动,其中农贸市场和超市所占的份额分别达到 50%和 30%以上。

(三) 流通模式多样

我国鲜活农产品流通以传统多级分销为主、以农超对接和生鲜电商为辅,其中传统多级分销约占 70%。传统多级分销是由产地批发商或贩销大户收购,历经产地批发、集散地批发、销地批发、终端零售后到达消费者,层级多、效率低。超市、生鲜电商流通模式主要是从产地采购后,经城市配送中心送达连锁超市或电商社区前置仓,最终到达消费者手中,效率高、成本低、可追溯。

二、我国鲜活农产品流通体系处于初级发展阶段

(一) 冷链物流运力严重不足

我国鲜活农产品的冷链物流使用率、流通损耗率分别为 25%左右、15%左右,与发达国家 80%、5%的普遍水平有较大差距,每年因运力不足损失的蔬菜水果价值超过千亿元。原因在于,冷链物流设施远远满足不了市场需求。冷库总容量为 1.3 亿立方米,人均冷库面积仅为 0.1 立方米/人左右,

远低于发达国家 0.4 立方米/人的水平。冷藏车为 18 万辆、占货运汽车的比例为 0.3%,远低于发达国家 2%—3% 的水平。生鲜电商自建冷链物流设施的成本占运营成本的比例高达 40% 左右,缺乏建设的积极性。

（二）市场规范性严重不足

农产品批发市场和农贸市场数量众多,但多为中小型,缺乏配套设施和规范管理,"脏乱差"现象凸显。市场大多仅提供简易交易场地,设施简陋、卫生极差,缺乏冷冻设施、质量检测、安全监控和物业管理,进入市场交易的农产品质量隐患较大。

（三）生产规模化程度严重不足

与我国农业普遍特征相似,鲜活农产品也是明显的"小生产""大市场"。"小而散"的农户无法满足超市大批量需求,超市也无法直接与农户对接,只能通过农产品批发市场等进行采购,流通环节过多带来了产品变质、层层加价等问题。从传统多级分销模式看,流通成本占鲜活农产品最终零售价格的比例超过 60%,每个流通环节的平均加价率超过 15%。反观一些农产品生产高度规模化的发达国家,80% 的农产品是产销直接对接,仅有 20% 通过批发市场中转。

三、我国鲜活农产品流通体系亟须冷链化规范化

（一）大力健全冷链物流设施

冷链物流设施投入大、盈利少,可加大财政资金引导支持。应结合实际建设流通型冷库冷藏库,配建理货和分拣等冷链配送设施,保障农副产品冷鲜冷冻。在有条件的地区建设面向城市消费的生鲜食品低温加工处理中心,推广"生鲜电商+冷链宅配""中央厨房+食材冷链配送"等新模式。在农产品产地和部分田头市场建设农产品低温保鲜库,加强农产品预冷和贮藏保鲜,补齐冷链物流"最先一公里"短板。引导社会力量在大中型商场超市建设冷链物流前置仓,解决冷链物流"最后一公里"问题。

（二）全面改造农贸市场

大范围推进农产品批发市场和农贸市场改造或迁建新建,合理扩大规

模和服务半径,改善交易棚厅等经营用房及辅助用房条件,满足生活必需品的交易集散需要。在农产品批发市场配置检测检疫设备,确保进场农副产品质量安全。完善农贸市场和社区菜市场环保设施,解决环境卫生脏乱差问题。支持社会力量改造建设畜禽定点屠宰加工厂。

（三）有序推进规模化生产

鲜活农产品的适度规模经营,既有利于培育现代农业、提高农民收入,又有利于从根本上促进农超对接。应继续大力推动农业转移人口市民化,使农民人均拥有更多的土地资源,为适度规模经营创造条件。突出抓好农民合作社和家庭农场两类农业经营主体发展,加强职业农民培训,培育一批规模较大的新型农业经营主体。大力推进农超对接模式和生鲜电商发展,缩短流通环节、提高流通效率。

第四节　国家城乡融合发展试验区
防疫抗疫典型经验

国家发展改革委发展战略和规划司

统筹做好疫情防控和经济社会发展,既是一次大战,也是一次大考。为深入贯彻落实习近平总书记关于疫情防控工作的重要讲话和指示批示精神,以及党中央、国务院有关重大决策部署,浙江嘉湖片区、福建福州东部片区、广东广清接合片区、江苏宁锡常接合片区、山东济青局部片区、河南许昌、江西鹰潭、四川成都西部片区、重庆西部片区、陕西西咸接合片区、吉林长吉接合片区 11 个国家城乡融合发展试验区英勇奋战,一手抓疫情防控、一手抓改革发展,形成一系列典型案例和典型经验。国家发展改革委进行梳理提炼推广,为全国范围内推进相关工作提供参考借鉴。

一、加快健全覆盖城乡的疫情防控治理体系

试验区以应对疫情为切口,推动社区治理智慧化精细化,构建横向到边、纵向到底的精准防控治理格局。在浙江嘉湖片区,嘉兴市在原有1000多个社区(村)、4000多个地理信息网格的基础上,以社区楼道和村民小组为基本单元再细分成9.2万个微网格,使防控治理工作通过9.2万名城市楼道长和农村微网格长直通至每一户每一人。在江苏宁锡常接合片区,常州市开发"来常人员自主申报系统""入住旅客疫情核查系统""疫情接触人员数据库""网格+警格"等网络系统,运用视频监控、人脸识别、门禁识别等智能化设备,对所有隔离人员及确诊病例活动轨迹进行网上追踪。在陕西西咸接合片区,富平县开发"健康管理信息平台",对个人信息进行实名制注册,对人员流动轨迹进行实时跟踪。在重庆西部片区,荣昌区主动与周边城市建立联防联控机制,协同推进物资保供运输和信息每日互通,确保区域间疫情不传播不扩散。

二、加快健全统筹城乡的环境卫生整治机制

试验区及时查缺补漏,锚定环境卫生短板领域区域予以精准施策,在清理污染、消除隐患的同时,迅速健全环境卫生整治长效机制。在广东广清接合片区,清远市全面排查农贸市场、超市、饭店和电商平台,确保不发生售卖经营野生动物及其制品的行为。在河南许昌,鄢陵县发挥镇镇建成污水处理厂的优势,确保医疗污水收集处理设施高效运行和达标排放;引入市场主体创新治污模式,确保所有村庄垃圾得到规范专业的收集、分类和无害化处理。在吉林长吉接合片区,中新食品区全面整治农贸市场周边、棚户区周边、城乡接合部等重点区域环境卫生,全面治理小区、街区、村屯的垃圾堆放点,做到日产日清、消除卫生死角。

三、加快建立重要物资的产能保障机制

试验区对医疗等重要物资研发生产流通全环节进行"保驾护航",支持

生产企业扩大产能或转产,帮助解决缺设备、缺原材料和资金紧张等"中梗阻"问题。在福建福州东部片区,福州市积极搭建政银企紧密对接平台,及时帮助一批医用防护服生产企业获得大量贷款。在吉林长吉接合片区,长春新区对防疫物资生产企业新建生产线或购置设备增产的,给予投资额的20%、最高300万元的财政资金补贴;净月高新区帮助一家企业快速落实生产设备和证照办理,将口罩产能大幅增至10万只/日。在山东济青局部片区,济南市推动全部设施蔬菜企业满负荷生产,100多辆"菜篮子"直通车覆盖全市所有社区,确保农副产品稳产保供。在重庆西部片区,荣昌区提高企业转产审批效率,1日办结转产手续、15日实现投产;依托电商平台实现农产品"专车代收、线上销售、定点配送",在乡村设立"无人售卖、扫码购买"蔬菜直供点。在四川成都西部片区,温江区支持医药生产企业技术攻关,给予研发投入额的20%—50%、最高200万元的财政资金补贴。

四、加快建立企业复工复产的要素支撑机制

试验区统筹推进"输血""减负",支持生产企业复工复产和帮助困难企业渡过难关,保持产业链总体稳定。在浙江嘉湖片区,湖州市设立1亿元的企业复工复产财政奖补资金,给予企业新招员工每人1000元的生活补助,并对因疫情影响而无法按时向境外交付产品的企业进行靶向支持,开创性地出具不可抗力事实性证明;嘉兴市对符合条件的企业新增贷款给予50%的财政贴息。在江西鹰潭,推进定制化客运服务、"站到站"包车运输和应急货物运输车辆储备,实行农民工包车免费,为企业物资运输和员工返岗创造条件。在山东济青局部片区,济南市将招聘活动全部由线下转为线上,举办网络招聘会67场、达成就业意向3万人,确保"就业服务不打烊"。在福建福州东部片区,霞浦县对稳定员工队伍、保持连续生产或为员工"留岗留薪"的企业,给予财政资金奖补。在广东广清接合片区,广州市增城区、花都区推出"抗疫暖企"多项政策,以房租减免、融资担保、财政资金补贴等多种方式,保障企业存续发展。

五、加快优化新投资项目的政务服务方式

试验区抓住春节后施工的黄金季节,全面优化政务服务和营商环境,推动重大项目落地开工。在山东济青局部片区,青岛市推行新投资项目网上立项和网上审批、招商引资项目远程网上签约,公布"不见面秒批"事项、开办企业等常规事项的网上办理指南;济南市尽可能地将招投标各环节移至网上运行,启动重点项目开评标绿色通道和应急项目免招标。在江西鹰潭,将招商引资项目"面对面签约"改为"屏对屏签约",做到"连线不见面、招商不断线、发展不断链",已签约项目 16 个、投资额超过 200 亿元。

下一步,国家发展改革委将密切跟踪并积极应对疫情形势变化,努力缓解疫情对经济运行造成的冲击影响,研究制定更为有力有效的改革措施和政策举措,推动国家城乡融合发展试验区疫情防控和经济社会发展两手抓,为全国建立健全城乡融合发展体制机制和政策体系、协同推进新型城镇化战略和乡村振兴战略提供典型经验、发挥示范作用,确保经济平稳运行和社会和谐稳定,确保打赢疫情防控的人民战争、总体战、阻击战,努力实现2020 年经济社会发展目标任务。

第五节　全国特色小镇防疫抗疫典型经验

国家发展改革委发展战略和规划司

统筹推进新冠肺炎疫情防控和经济社会发展,既是一次大战,也是一次大考。为深入贯彻落实习近平总书记有关重要指示批示精神和党中央、国务院有关决策部署,全国特色小镇立足产业特而强、功能聚而合、机制新而活的优势,全力投入、英勇奋战,一手抓疫情防控、一手抓改革发展,产生一系列典型案例和典型经验。国家发展改革委进行梳理提炼推广,为全国范围内推进相关工作提供参考借鉴。

一、充分发挥产业特而强的优势，加强对重要物资的科研攻关和产能保障

一些特色小镇迅速组织企业开展医用物资的科研攻关。江苏泰州医药双创小镇内企业成功研发新冠病毒诊断试剂盒，向 350 多家疾病预防控制中心及医疗机构供应 50 多万份试剂；常州石墨烯小镇内企业组织研发并正式投产 KN95 标准的儿童口罩。浙江台州绿色药都小镇、北京张家湾设计小镇内企业快速研制报批"法维拉韦"，成为全国首个批准上市对新冠肺炎有潜在疗效的药物。安徽合肥南艳湖机器人小镇内企业研发防疫消杀机器人，在医院、车站、机场等多场景进行"无人化"防疫消杀作业。河南洛阳新材料与智能装备科创小镇内科研机构和企业进行防疫消杀用品生产线智能化改造，开发出全自动红外人体测温系统。

一些特色小镇全力组织企业推进医用物资的增产转产。湖北仙桃彭场小镇内企业购入设备近 200 台，日产防护服 3 万套、日成交口罩和隔离服 4 万箱。江苏江阴新桥时裳小镇内企业新改建 1 万平方米生产车间和 3 条生产线，紧急生产防护服。河南长垣健康小镇内 30 多家企业满负荷生产医疗器械、口罩和防护服。吉林辽源袜业小镇内企业于 2020 年 1 月 25 日（正月初一）即开始生产大量口罩和防护服，缓解防疫一线的燃眉之急。

一些特色小镇努力组织企业扩大生活必需品的生产供应。吉林长春皓月国际农业小镇内企业生产 7000 多吨牛肉，为稳定全国牛肉市场供应发挥重要作用。河北石家庄君乐宝乳业小镇内企业全力生产奶粉和液体奶，日均发货量达到 2300 多吨。湖北房县野人谷特色小镇内企业发挥高山蔬菜基地优势，生产并向商场超市供应蔬菜数万斤。广东佛山北滘智造小镇内企业向武汉火神山、雷神山医院捐赠其所需的全部家电。

二、充分发挥机制新而活的优势，加强对主导产业复工复产的政务服务和政策支持

一些特色小镇积极为主导产业复工复产提供政务服务。浙江杭州信息

港小镇开放"阿里云""微软云""网易云"等网络资源,助力企业"云招工""云招商""云办公";宁波前洋 E 商小镇推出复工预盖章制度,实现企业"零次跑";象山星光影视小镇为影视企业提供全程代办、线上预约、群众演员组织等服务。重庆仙桃数据谷小镇组织企业开启"线上复工",90%的企业从"桌挨桌"转到"网联网"、从"面对面"转到"键对键"。安徽合肥中安创谷科创小镇组织金融机构为企业提供"不见面办贷",组织投资机构为企业提供"一对一连线""线上路演"。福建明溪药谷小镇协调金融机构下调企业贷款利率,并为企业续贷 6000 多万元。湖南双峰农机小镇由政府出资聘请法律顾问团队,为受疫情影响而发生诉讼的企业提供法律援助。

一些特色小镇聚力为主导产业渡过难关提供政策支持。吉林安图红丰矿泉水小镇、安徽合肥三瓜公社电商小镇等众多特色小镇对企业实行房租减免、税费缓缴等扶持措施,并主动免费提供各类防护物资。浙江德清地理信息小镇加大投资补助和研发补贴力度,帮助地理信息企业复工。湖南邵东仙槎桥五金小镇对企业自用防护物资给予 100%的财政资金补贴,对中小微企业职业技能培训给予每人 1000 元的补贴。江苏南京未来网络小镇为企业免费提供"直通车"服务和隔离场所,并利用财政资金给予招工奖励、稳岗奖励和物流补贴。湖南浏阳大瑶花炮小镇对不裁员或少裁员企业,返还其上一年度缴纳失业保险费用的 50%。

三、充分发挥功能聚而合的优势,加强对居住空间的精细化网格化管理服务

一些特色小镇着力构建横向到边、纵向到底的精细化社区治理机制。浙江嘉善巧克力甜蜜小镇将村、社区、企业"大网格"细分为"微网格",由担任微网格长的党员开展信息排查、政策宣传和心理疏导。福建武夷山朱子文化休闲小镇建立"三卡一证"制度,常住人口持"绿卡"、流动人口持"红卡"、疫情重灾区人口持"黄卡",实行快速识别和精准管理。江苏常州西夏墅工具智造小镇实行"网格+警格"管理,运用视频监控、人脸识别、门禁识别等智能化设备,对隔离人员及确诊病例进行轨迹追踪。

下一步,国家发展改革委将密切跟踪疫情形势变化以及对经济运行的冲击影响,研究制定更为有力有效的政策措施,支持全国特色小镇统筹推进疫情防控和经济社会发展,助力经济平稳运行和社会和谐稳定,助力打赢疫情防控的人民战争、总体战、阻击战,助力实现2020年经济社会发展目标任务。

第六节 都市圈防疫抗疫典型经验

国家发展改革委发展战略和规划司

都市圈地区人口密集、产业集聚、跨界通勤和物资运输频繁,防控疫情和复工复产的压力大、任务重。多个都市圈认真贯彻落实习近平总书记关于统筹推进疫情防控和经济社会发展工作的重要讲话和批示指示精神,按照党中央、国务院决策部署,强化中心城市与周边城市协作,共同防疫抗疫,联合复工复产,取得积极成效。

一、加强抗疫信息互通

上海都市圈积极推动省界卡口合并,上海市青浦区境内省界卡口合并至苏州市吴江区,苏州市吴江区境内省界卡口合并至嘉兴市嘉善县,实现查控关口"两地一站"。厦漳泉都市圈市区两级及卫生部门建立沟通机制,及时通报各市疫情情况。南京都市圈依托都市圈卫生健康专委会建立南京市与周边城市沟通联络和信息通报机制,构建跨区域疫情防控网。在新闻宣传专委会的协调下,实施宁镇扬一体化防控宣传报道。杭州都市圈杭州市萧山区、桐庐县、富阳区与诸暨市共建两地往来人员微信群,实现"一地发现、多地通报"。广州都市圈广州市与佛山市建立不定时信息通报机制,实行确诊和疑似病例首接负责制,做到信息互通、步调一致。

二、推动检疫结果互认

首都都市圈北京市联合三河、固安等廊坊环京 6 县区,通过单位开具证明信、个人填报体温监测卡、居住小区出入证的"一信、一卡、一证"方式,保障跨界通勤人员出入便利。推动环京地区通勤人员 14 天隔离政策统一标准、政策互认。上海都市圈上海市金山区与浙江省平湖市、嘉善县针对近来日均跨界通勤近 5000 人的情况,联合推出个人承诺书、企业承诺书、通行证"两书一证"人员车辆互认通行机制。上海市嘉定区与江苏省昆山市、太仓市联合发放"工作通勤证",持证人员只需测量体温即可通行。长三角生态绿色一体化发展示范区凭一地上岗证或通行证,经体温检测可以跨区域通行。杭州都市圈杭州市率先推出并在都市圈应用"健康码",大幅提升防疫精准度和企业复工核查效率。杭州市钱塘新区与海宁市长安镇往来人员互认通行证。成都都市圈成都与德阳、眉山、资阳四市对复工复产人员实行分区分级健康证明互认和协同服务管控。

三、联合保障物资供给

厦漳泉都市圈联创达科技有限公司全面参与厦门、漳州、泉州三市公共卫生间和垃圾分类点杀菌工作,为厦门市 1500 名环卫工人和漳州市 160 个垃圾分类点捐赠多功能洗手皂。沈阳都市圈沈阳市协调辽宁凯斯达防护用品有限公司、沈阳浩宁商贸有限公司分别将 35%、44% 的口罩产品分配给辽阳、抚顺、沈抚新区等周边城市,缓解周边地区医疗物资紧张状况。南京都市圈苏宁小店依托网络资源,为都市圈市民配送 60 万只口罩和 77 万双医用手套,南京市从淮安市调拨 2 万吨成品粮作应急储备,南京市江宁区调往马鞍山市博望区医用口罩 11 万只、84 消毒液 1000 公斤。广州都市圈广州市与佛山市签订《广佛同心共抗疫情合作备忘录》,推动广药集团、广汽集团等与佛山必得福、佛山南新等企业开展合作,打通两市核心防控物资生产供应链。成都都市圈德阳、眉山等城市积极支持成都市农产品供应,2020年 1 月 20 日至 2 月 23 日向成都市投放新鲜猪肉 2712 吨。

四、畅通应急物资运输

南京都市圈通过"江苏运政服务"微信公众号，为应急物资运输车辆"不见面"办理绿色通道通行证，截至 2020 年 2 月 25 日累计发放 3344 张，办理重点煤电企业运送车辆南京、镇江、滁州、马鞍山四市通行证累计 103 张，免检放行车辆约 1000 台次。长春都市圈对疫情防控物资运输开辟绿色通道，并自 2 月 20 日起全面取消市际、县际、乡际、村际卡口检测点。深圳都市圈各城市成立物流配送专班，协调解决产销不对接、跨区域调运难的问题。宁波都市圈发挥宁波—舟山物流型综合枢纽作用，通过海铁联运打通物资绿色通道，持续为内陆输送铁矿石和木浆等进口原料。厦漳泉都市圈漳州市发放"农副产品和农业生产资料通行许可证"，果蔬农产品在漳州市内运输实现不开箱检查、不收费，确保厦门、泉州的农产品稳产保供。厦门建发集团免费开放 6 个物流中心，第一时间将客户存放的呼吸机出仓，发送至漳州、泉州等地。苏锡常都市圈苏州、无锡、常州、南通、泰州五市交通管控组联合发文，要求公路交通网络不能断、应急运输绿色通道不能断、必要生产生活物资运输通道不能断"三不断"，确保一方核准的车辆在全域便利通行。

五、便捷通勤人员交通

首都都市圈针对大量跨界通勤需求，在做好防护工作的基础上，北京市自 2020 年 2 月 3 日起恢复通往三河市燕郊镇的 818 路公交运营，每天 78 个班次。上海都市圈针对车流高峰时段入沪车辆较多、通过时间需要 1 小时的情况，上海市在曹安公路安亭检查站机动车检疫通道中，开辟高峰时段持有"工作通勤证"车辆专用通道。南京都市圈南京市根据疫情形势变化和复工复产需求，恢复开行至宣城市等城际班线 6 条，南京市江北新区与滁州市来安县建立"定企业、定人员、定车辆、定时间、定线路"的管理模式，为 1000 多名跨省通勤工人开辟绿色通道。成都都市圈成都市与周边城市交通、产业等部门间加强协作，为都市圈返工人员开设便捷通道。

六、共同保障用工需求

青岛都市圈青岛市开展"春风行动"网络招聘活动,收集全市 3647 家用人单位 17.1 万个招聘岗位,向周边城市发布。实行专车接送周边城市职工返岗,组织全市 48 家客运企业、储备客运包车 1936 辆,为后续返岗复工人员运输做好保障。长春都市圈畅通用工联系,在四平、辽源等周边城市组织开展线上招聘,指导企业及时向周边城市员工推送开复工信息。南京都市圈南京市会同周边城市共同举办"宁聚计划"2020 新春网络招聘会暨南京都市圈首届人才交流服务周活动,提供 1152 个工种 8788 个岗位。济南都市圈济南市确保就业服务不打烊,网上招聘不停歇,组织全市包车运输企业开展面向周边地区复工人员的点对点、一站式定制化包车运输服务,截至 2020 年 2 月 25 日,共为 33 家复工企业提供定制化包车服务 107 车次,发送复工人员 2214 人次。

七、协作实现复工复产

首都都市圈北京市协调推动奔驰、小米、京东方等在津冀的供应链上下游配套企业复工复产。青岛都市圈青岛市为烟台理松、威海千千鸟等生产应急防控物资企业协调无纺布原料。深圳都市圈东莞市口罩厂商以及原材料厂家为深圳市富士康提供支持。南京都市圈南京市与句容市强化协同管控,分批次实现宁句城际轨道交通工程复工。广州都市圈广州市与佛山市建立专项沟通机制,共同推动连接广佛两地的广州地铁 7 号线西延线、广汽集团在佛山的零部件供应企业全面复工。成都都市圈协调四川威亚金属材料有限公司(德阳)、四川源亨印刷包装有限公司(眉山)等企业紧急恢复 24 小时生产,助力成都老肯医疗科技股份有限公司、博世电动工具(成都)有限公司防疫物资生产。

下一步,国家发展改革委将密切跟踪疫情形势变化及对经济运行的冲击影响,支持各都市圈继续强化疫情联防联控、协同推进复工复产,推动都市圈建立长效协作机制,助力打赢疫情防控这场人民战争,努力实现全年经济社会发展目标任务。

第七节　成渝双城经济圈防疫抗疫典型经验

国家发展改革委发展战略和规划司

中央财经委员会第六次会议对推动成渝地区双城经济圈建设作出重要部署,重庆市、四川省深入学习贯彻习近平总书记的重要讲话和批示精神,全面落实党中央、国务院决策部署,在坚决做好疫情防控的同时,推动成渝地区双城经济圈规模以上工业企业复产率超过95%,重大项目复工率超过92%。

一、通力合作,强化疫情联防联控

两省市政府主要领导签署发布《协同加强新冠肺炎疫情联防联控工作备忘录》,建立新冠肺炎疫情联防联控工作机制。两地实时互通共享疫情信息、重要物资和生活必需品生产与库存信息,对接共享就业人员返岗信息,联动协调运力和专列专车。推动跨行政区相邻卡点合并,区域内人员凭一地上岗证、健康码或相关通行证经体温检测后通行。完善跨省市运输绿色通道机制,对已落实防护措施的货运车辆一律放行。截至2020年3月3日,重庆市、四川省累计确诊病例均少于河南省、湖南省、安徽省、江西省等其他湖北毗邻省份。

二、分类指导,推进制造业有序复产

重庆市以区县为单元,将全市疫情风险分为低、中、高三个等级,制定差异化防控策略,努力把疫情对经济社会发展的影响降到最低,截至2020年3月2日,规模以上工业企业复工率达到99.4%。四川省出台两版《四川省应对新冠肺炎疫情分区分级差异化防控工作指南》,截至 2020 年 3 月 1 日,规模以上工业企业复工 13888 户、复工率为 95.4%。泸州市由行业主管部门牵头组建 218 个联合包干服务小分队,"一企一策、包干负责、全程服务",主动服务企业复产。遂宁市指导企业实行定责防控、定岗工作、定点居住、定线出行"四定管理",精准推进复工复产。

三、多措并举,推动重大项目复工

重庆市推动项目法人、行业、属地三条线协同发力,完善市级重大项目日报告、日响应、日调度机制,为项目复工累计保障口罩 12 万只,截至 2020 年 2 月 29 日,548 个在建项目复工,复工率达 98.4%。四川省针对 100 个省级重点推进项目,明确项目业主和施工单位为承建项目所产生的疫情防控成本可列为工程造价并予以全额追加,给予 3 月 10 日前复工开工的重点项目 50 万元专项补助,全省续建和新开工重点项目复工或部分复工 527 个、复工率达 92.8%。成都市设立"复工援助 24 小时值守热线",全时段收集困难诉求,建立问题台账后及时分解至项目服务专员,全市轨道交通在建 8 线 12 个项目已经全部取得复工批复。

四、精准施策,纾解企业资金困难

重庆市出台《重庆市支持企业复工复产和生产经营若干政策措施》(支持企业复工复产和生产经营 40 条)、《重庆市进一步加强金融支持疫情防控做好实体经济金融服务实施细则》(做好实体经济金融服务 24 条)等政策文件,四川省出台《四川省人民政府办公厅关于应对新型冠状病毒肺炎疫情缓解中小企业生产经营困难的政策措施》(缓解中小企业困难 13 条)、《四川省人民政府办公厅关于分类有序推进全省重点项目复工开工的通知》(推进重点项目复工开工 7 条)等政策,对中小企业实施临时电费补贴,成都市制定《有效应对疫情稳定经济运行 20 条政策措施》,启动运行 9 个援企平台,帮助企业恢复生产、渡过难关。重庆市两江新区拿出 10.5 亿元基金加 6 亿元财政补贴,渝北区统筹安排财政资金 1.8 亿元,设立 5000 万元抗击疫情应急周转资金池,高新区对高成长型企业和高新技术企业,按照企业 2020 年第一季度生产性投入的 10% 给予一次性补助。

五、主动服务,保障返岗用工需求

重庆市实施援企稳岗返还"三放宽"政策,引导更多企业在疫情期间不裁员、少裁员。开行农民工专列、包厢,准备 2000 辆省际包车运力实施"一站式"包车服务。筹集 1000 万元专项工作经费预拨到区县,用于各区县做好农民工返岗复工出行服务工作,截至 2020 年 3 月 2 日,已有 306.9 万名农民工通过各种方式外出务工就业。四川省实施农民工返岗"春风行动",搭建企业网上招聘和求职人员网上应聘平台,着力破解企业"招工难"问题,截至 2020 年 3 月 1 日,返岗农民工合计达 895.0 万人、返岗率为 43.9%。

附　件

1.《中共中央　国务院关于建立健全城乡融合发展体制机制和政策体系的意见》

（2019 年 4 月 15 日）

建立健全城乡融合发展体制机制和政策体系，是党的十九大作出的重大决策部署。改革开放特别是党的十八大以来，我国在统筹城乡发展、推进新型城镇化方面取得了显著进展，但城乡要素流动不顺畅、公共资源配置不合理等问题依然突出，影响城乡融合发展的体制机制障碍尚未根本消除。为重塑新型城乡关系，走城乡融合发展之路，促进乡村振兴和农业农村现代化，现提出以下意见。

一、总体要求

（一）指导思想

以习近平新时代中国特色社会主义思想为指导，全面贯彻党的十九大和十九届二中、三中全会精神，紧紧围绕统筹推进"五位一体"总体布局和协调推进"四个全面"战略布局，坚持和加强党的全面领导，坚持以人民为中心的发展思想,坚持稳中求进工作总基调,坚持新发展理念,坚持推进高质量发展,坚持农业农村优先发展,以协调推进乡村振兴战略和新型城镇化战略为抓手,以缩小城乡发展差距和居民生活水平差距为目标,以完善产权制度和要素市场化配置为重点,坚决破除体制机制弊端,促进城乡要素自由流动、平等交换和公共资源合理配置,加快形成工农互促、城乡互补、全面融合、共同繁荣的新型工农城乡关系,加快推进农业农村现代化。

(二)基本原则

——坚持遵循规律、把握方向。顺应城镇化大趋势,牢牢把握城乡融合发展正确方向,树立城乡一盘棋理念,突出以工促农、以城带乡,构建促进城乡规划布局、要素配置、产业发展、基础设施、公共服务、生态保护等相互融合和协同发展的体制机制。

——坚持整体谋划、重点突破。围绕乡村全面振兴和社会主义现代化国家建设目标,强化统筹谋划和顶层设计,增强改革的系统性、整体性、协同性,着力破除户籍、土地、资本、公共服务等方面的体制机制弊端,为城乡融合发展提供全方位制度供给。

——坚持因地制宜、循序渐进。充分考虑不同地区城乡融合发展阶段和乡村差异性,稳妥把握改革时序、节奏和步骤,尊重基层首创精神,充分发挥地方积极性,分类施策、梯次推进,试点先行、久久为功,形成符合实际、各具特色的改革路径和城乡融合发展模式。

——坚持守住底线、防范风险。正确处理改革发展稳定关系,在推进体制机制破旧立新过程中,守住土地所有制性质不改变、耕地红线不突破、农民利益不受损底线,守住生态保护红线,守住乡村文化根脉,高度重视和有效防范各类政治经济社会风险。

——坚持农民主体、共享发展。发挥农民在乡村振兴中的主体作用,充分尊重农民意愿,切实保护农民权益,调动亿万农民积极性、主动性、创造性,推动农业全面升级、农村全面进步、农民全面发展,不断提升农民获得感、幸福感、安全感。

(三)主要目标

——到2022年,城乡融合发展体制机制初步建立。城乡要素自由流动制度性通道基本打通,城市落户限制逐步消除,城乡统一建设用地市场基本建成,金融服务乡村振兴的能力明显提升,农村产权保护交易制度框架基本形成,基本公共服务均等化水平稳步提高,乡村治理体系不断健全,经济发达地区、都市圈和城市郊区在体制机制改革上率先取得突破。

——到 2035 年,城乡融合发展体制机制更加完善。城镇化进入成熟期,城乡发展差距和居民生活水平差距显著缩小。城乡有序流动的人口迁徙制度基本建立,城乡统一建设用地市场全面形成,城乡普惠金融服务体系全面建成,基本公共服务均等化基本实现,乡村治理体系更加完善,农业农村现代化基本实现。

——到本世纪中叶,城乡融合发展体制机制成熟定型。城乡全面融合,乡村全面振兴,全体人民共同富裕基本实现。

二、建立健全有利于城乡要素合理配置的体制机制

坚决破除妨碍城乡要素自由流动和平等交换的体制机制壁垒,促进各类要素更多向乡村流动,在乡村形成人才、土地、资金、产业、信息汇聚的良性循环,为乡村振兴注入新动能。

（四）健全农业转移人口市民化机制

有力有序有效深化户籍制度改革,放开放宽除个别超大城市外的城市落户限制。加快实现城镇基本公共服务常住人口全覆盖。以城市群为主体形态促进大中小城市和小城镇协调发展,增强中小城市人口承载力和吸引力。建立健全由政府、企业、个人共同参与的农业转移人口市民化成本分担机制,全面落实支持农业转移人口市民化的财政政策、城镇建设用地增加规模与吸纳农业转移人口落户数量挂钩政策,以及中央预算内投资安排向吸纳农业转移人口落户数量较多的城镇倾斜政策。维护进城落户农民土地承包权、宅基地使用权、集体收益分配权,支持引导其依法自愿有偿转让上述权益。提升城市包容性,推动农民工特别是新生代农民工融入城市。

（五）建立城市人才入乡激励机制

制定财政、金融、社会保障等激励政策,吸引各类人才返乡入乡创业。

鼓励原籍普通高校和职业院校毕业生、外出农民工及经商人员回乡创业兴业。推进大学生村干部与选调生工作衔接,鼓励引导高校毕业生到村任职、扎根基层、发挥作用。建立选派第一书记工作长效机制。建立城乡人才合作交流机制,探索通过岗编适度分离等多种方式,推进城市教科文卫体等工作人员定期服务乡村。推动职称评定、工资待遇等向乡村教师、医生倾斜,优化乡村教师、医生中高级岗位结构比例。引导规划、建筑、园林等设计人员入乡。允许农村集体经济组织探索人才加入机制,吸引人才、留住人才。

(六) 改革完善农村承包地制度

保持农村土地承包关系稳定并长久不变,落实第二轮土地承包到期后再延长 30 年政策。加快完成农村承包地确权登记颁证。完善农村承包地"三权分置"制度,在依法保护集体所有权和农户承包权前提下,平等保护并进一步放活土地经营权。健全土地流转规范管理制度,强化规模经营管理服务,允许土地经营权入股从事农业产业化经营。

(七) 稳慎改革农村宅基地制度

加快完成房地一体的宅基地使用权确权登记颁证。探索宅基地所有权、资格权、使用权"三权分置",落实宅基地集体所有权,保障宅基地农户资格权和农民房屋财产权,适度放活宅基地和农民房屋使用权。鼓励农村集体经济组织及其成员盘活利用闲置宅基地和闲置房屋。在符合规划、用途管制和尊重农民意愿前提下,允许县级政府优化村庄用地布局,有效利用乡村零星分散存量建设用地。推动各地制定省内统一的宅基地面积标准,探索对增量宅基地实行集约有奖、对存量宅基地实行退出有偿。

(八) 建立集体经营性建设用地入市制度

加快完成农村集体建设用地使用权确权登记颁证。按照国家统一部署,在符合国土空间规划、用途管制和依法取得前提下,允许农村集体经营性建设用地入市,允许就地入市或异地调整入市;允许村集体在农民自愿前提下,依法把有偿收回的闲置宅基地、废弃的集体公益性建设用地转变为集体经营性建设用地入市;推动城中村、城边村、村级工业园等可连片开发区域土地依法合规整治入市;推进集体经营性建设用地使用权和地上建筑物所有权房地一体、分割转让。完善农村土地征收制度,缩小征地范围,规范征地程序,维护被征地农民和农民集体权益。

(九)健全财政投入保障机制

鼓励各级财政支持城乡融合发展及相关平台和载体建设,发挥财政资金四两拨千斤作用,撬动更多社会资金投入。建立涉农资金统筹整合长效机制,提高资金配置效率。调整土地出让收入使用范围,提高农业农村投入比例。支持地方政府在债务风险可控前提下发行政府债券,用于城乡融合公益性项目。

(十)完善乡村金融服务体系

加强乡村信用环境建设,推动农村信用社和农商行回归本源,改革村镇银行培育发展模式,创新中小银行和地方银行金融产品提供机制,加大开发性和政策性金融支持力度。依法合规开展农村集体经营性建设用地使用权、农民房屋财产权、集体林权抵押融资,以及承包地经营权、集体资产股权等担保融资。实现已入市集体土地与国有土地在资本市场同地同权。建立健全农业信贷担保体系,鼓励有条件有需求的地区按市场化方式设立担保机构。加快完善农业保险制度,推动政策性保险扩面、增品、提标,降低农户生产经营风险。支持通过市场化方式设立城乡融合发展基金,引导社会资本培育一批国家城乡融合典型项目。完善农村金融风险防范处置机制。

(十一)建立工商资本入乡促进机制

深化“放管服”改革,强化法律规划政策指导和诚信建设,打造法治化便利化基层营商环境,稳定市场主体预期,引导工商资本为城乡融合发展提供资金、产业、技术等支持。完善融资贷款和配套设施建设补助等政策,鼓励工商资本投资适合产业化规模化集约化经营的农业领域。通过政府购买服务等方式,支持社会力量进入乡村生活性服务业。支持城市搭建城中村改造合作平台,探索在政府引导下工商资本与村集体合作共赢模式,发展壮大村级集体经济。建立工商资本租赁农地监管和风险防范机制,严守耕地保护红线,确保农地农用,防止农村集体产权和农民合法利益受到侵害。

(十二)建立科技成果入乡转化机制

健全涉农技术创新市场导向机制和产学研用合作机制,鼓励创建技术转移机构和技术服务网络,建立科研人员到乡村兼职和离岗创业制度,探索其在涉农企业技术入股、兼职兼薪机制。建立健全农业科研成果产权制度,赋予科研人员科技成果所有权。发挥政府引导推动作用,建立有利于涉农科研成果转化推广的激励机制与利益分享机制。探索公益性和经营性农技推广融合发展机制,允许农技人员通过提供增值服务合理取酬。

三、建立健全有利于城乡基本公共服务普惠共享的体制机制

推动公共服务向农村延伸、社会事业向农村覆盖,健全全民覆盖、普惠共享、城乡一体的基本公共服务体系,推进城乡基本公共服务标准统一、制度并轨。

(十三) 建立城乡教育资源均衡配置机制

优先发展农村教育事业,建立以城带乡、整体推进、城乡一体、均衡发展的义务教育发展机制。鼓励省级政府建立统筹规划、统一选拔的乡村教师补充机制,为乡村学校输送优秀高校毕业生。推动教师资源向乡村倾斜,通过稳步提高待遇等措施增强乡村教师岗位吸引力。实行义务教育学校教师"县管校聘",推行县域内校长教师交流轮岗和城乡教育联合体模式。完善教育信息化发展机制,推动优质教育资源城乡共享。多渠道增加乡村普惠性学前教育资源,推行城乡义务教育学校标准化建设,加强寄宿制学校建设。

(十四) 健全乡村医疗卫生服务体系

建立和完善相关政策制度,增加基层医务人员岗位吸引力,加强乡村医疗卫生人才队伍建设。改善乡镇卫生院和村卫生室条件,因地制宜建立完善医疗废物收集转运体系,提高慢性病、职业病、地方病和重大传染病防治能力,加强精神卫生工作,倡导优生优育。健全网络化服务运行机制,鼓励县医院与乡镇卫生院建立县域医共体,鼓励城市大医院与县医院建立对口帮扶、巡回医疗和远程医疗机制。全面建立分级诊疗制度,实行差别化医保支付政策。因地制宜建立完善全民健身服务体系。

（十五）健全城乡公共文化服务体系

统筹城乡公共文化设施布局、服务提供、队伍建设,推动文化资源重点向乡村倾斜,提高服务的覆盖面和适用性。推行公共文化服务参与式管理模式,建立城乡居民评价与反馈机制,引导居民参与公共文化服务项目规划、建设、管理和监督,推动服务项目与居民需求有效对接。支持乡村民间文化团体开展符合乡村特点的文化活动。推动公共文化服务社会化发展,鼓励社会力量参与。建立文化结对帮扶机制,推动文化工作者和志愿者等投身乡村文化建设。划定乡村建设的历史文化保护线,保护好农业遗迹、文物古迹、民族村寨、传统村落、传统建筑和灌溉工程遗产,推动非物质文化遗产活态传承。发挥风俗习惯、村规民约等优秀传统文化基因的重要作用。

（十六）完善城乡统一的社会保险制度

完善统一的城乡居民基本医疗保险、大病保险和基本养老保险制度。巩固医保全国异地就医联网直接结算。建立完善城乡居民基本养老保险待遇确定和基础养老金正常调整机制。做好社会保险关系转移接续工作,建立以国家政务服务平台为统一入口的社会保险公共服务平台。构建多层次农村养老保障体系,创新多元化照料服务模式。

（十七）统筹城乡社会救助体系

做好城乡社会救助兜底工作,织密兜牢困难群众基本生活安全网。推进低保制度城乡统筹,健全低保标准动态调整机制,确保动态管理下应保尽保。全面实施特困人员救助供养制度,提高托底保障能力和服务质量。做好困难农民重特大疾病救助工作。健全农村留守儿童和妇女、老年人关爱服务体系。健全困境儿童保障工作体系,完善残疾人福利制度和服务体系。改革人身损害赔偿制度,统一城乡居民赔偿标准。

（十八）建立健全乡村治理机制

建立健全党组织领导的自治、法治、德治相结合的乡村治理体系,发挥群众参与治理主体作用,增强乡村治理能力。强化农村基层党组织领导作用,全面推行村党组织书记通过法定程序担任村委会主任和村级集体经济组织、合作经济组织负责人,健全以财政投入为主的稳定的村级组织运转经费保障机制。加强农村新型经济组织和社会组织的党建工作,引导其坚持为农村服务。加强自治组织规范化制度化建设,健全村级议事协商制度。打造一门式办理、一站式服务、线上线下结合的村级综合服务平台,完善网格化管理体系和乡村便民服务体系。

四、建立健全有利于城乡基础设施一体化发展的体制机制

把公共基础设施建设重点放在乡村,坚持先建机制、后建工程,加快推动乡村基础设施提挡升级,实现城乡基础设施统一规划、统一建设、统一管护。

(十九) 建立城乡基础设施一体化规划机制

以市县域为整体,统筹规划城乡基础设施,统筹布局道路、供水、供电、信息、广播电视、防洪和垃圾污水处理等设施。统筹规划重要市政公用设施,推动向城市郊区乡村和规模较大中心镇延伸。推动城乡路网一体规划设计,畅通城乡交通运输连接,加快实现县乡村(户)道路联通、城乡道路客运一体化,完善道路安全防范措施。统筹规划城乡污染物收运处置体系,严防城市污染上山下乡,因地制宜统筹处理城乡垃圾污水,加快建立乡村生态环境保护和美丽乡村建设长效机制。加强城乡公共安全视频监控规划、建设和联网应用,统一技术规范、基础数据和数据开放标准。

(二十) 健全城乡基础设施一体化建设机制

明确乡村基础设施的公共产品定位,构建事权清晰、权责一致、中央支持、省级统筹、市县负责的城乡基础设施一体化建设机制。健全分级分类投入机制,对乡村道路、水利、渡口、公交和邮政等公益性强、经济性差的设施,建设投入以政府为主;对乡村供水、垃圾污水处理和农贸市场等有一定经济收益的设施,政府加大投入力度,积极引入社会资本,并引导农民投入;对乡村供电、电信和物流等经营性为主的设施,建设投入以企业为主。支持有条件的地方政府将城乡基础设施项目整体打包,实行一体化开发建设。

(二十一) 建立城乡基础设施一体化管护机制

合理确定城乡基础设施统一管护运行模式,健全有利于基础设施长期

发挥效益的体制机制。对城乡道路等公益性设施,管护和运行投入纳入一般公共财政预算。明确乡村基础设施产权归属,由产权所有者建立管护制度,落实管护责任。以政府购买服务等方式引入专业化企业,提高管护市场化程度。推进城市基础设施建设运营事业单位改革,建立独立核算、自主经营的企业化管理模式,更好行使城乡基础设施管护责任。

五、建立健全有利于乡村经济多元化发展的体制机制

围绕发展现代农业、培育新产业新业态,完善农企利益紧密联结机制,实现乡村经济多元化和农业全产业链发展。

(二十二) 完善农业支持保护制度

以市场需求为导向,深化农业供给侧结构性改革,走质量兴农之路,不断提高农业综合效益和竞争力。全面落实永久基本农田特殊保护制度,划定粮食生产功能区和重要农产品生产保护区,完善支持政策。按照增加总量、优化存量、提高效能的原则,强化高质量发展导向,加快构建农业补贴政策体系。发展多种形式农业适度规模经营,健全现代农业产业体系、生产体系、经营体系。完善支持农业机械化政策,推进农业机械化全程全面发展,加强面向小农户的社会化服务。完善农业绿色发展制度,推行农业清洁生产方式,健全耕地草原森林河流湖泊休养生息制度和轮作休耕制度。

(二十三) 建立新产业新业态培育机制

构建农村一二三产业融合发展体系,依托"互联网+"和"双创"推动农业生产经营模式转变,健全乡村旅游、休闲农业、民宿经济、农耕文化体验、健康养老等新业态培育机制,探索农产品个性化定制服务、会展农业和农业众筹等新模式,完善农村电子商务支持政策,实现城乡生产与消费多层次对接。适应居民消费升级趋势,制定便利市场准入、加强事中事后监管政策,制定相关标准,引导乡村新产业改善服务环境、提升品质。在年度新增建设用地计划指标中安排一定比例支持乡村新产业新业态发展,探索实行混合用地等方式。严格农业设施用地管理,满足合理需求。

（二十四）探索生态产品价值实现机制

牢固树立绿水青山就是金山银山的理念,建立政府主导、企业和社会各界参与、市场化运作、可持续的城乡生态产品价值实现机制。开展生态产品价值核算,通过政府对公共生态产品采购、生产者对自然资源约束性有偿使用、消费者对生态环境附加值付费、供需双方在生态产品交易市场中的权益交易等方式,构建更多运用经济杠杆进行生态保护和环境治理的市场体系。完善自然资源资产产权制度,维护参与者权益。完善自然资源价格形成机制,建立自然资源政府公示价格体系,推进自然资源资产抵押融资,增强市场活力。

（二十五）建立乡村文化保护利用机制

立足乡村文明,吸取城市文明及外来文化优秀成果,推动乡村优秀传统文化创造性转化、创新性发展。推动优秀农耕文化遗产保护与合理适度利用。建立地方和民族特色文化资源挖掘利用机制,发展特色文化产业。创新传统工艺振兴模式,发展特色工艺产品和品牌。健全文物保护单位和传统村落整体保护利用机制。鼓励乡村建筑文化传承创新,强化村庄建筑风貌规划管控。培育挖掘乡土文化本土人才,引导企业积极参与,显化乡村文化价值。

（二十六）搭建城乡产业协同发展平台

培育发展城乡产业协同发展先行区,推动城乡要素跨界配置和产业有机融合。把特色小镇作为城乡要素融合重要载体,打造集聚特色产业的创新创业生态圈。优化提升各类农业园区。完善小城镇联结城乡的功能,探索创新美丽乡村特色化差异化发展模式,盘活用好乡村资源资产。创建一批城乡融合典型项目,形成示范带动效应。

（二十七）健全城乡统筹规划制度

科学编制市县发展规划,强化城乡一体设计,统筹安排市县农田保护、生态涵养、城镇建设、村落分布等空间布局,统筹推进产业发展和基础设施、公共服务等建设,更好发挥规划对市县发展的指导约束作用。按照"多规合一"要求编制市县空间规划,实现土地利用规划、城乡规划等有机融合,确保"三区三线"在市县层面精准落地。加快培育乡村规划设计、项目建设运营等方面人才。综合考虑村庄演变规律、集聚特点和现状分布,鼓励有条件的地区因地制宜编制村庄规划。

六、建立健全有利于农民收入持续增长的体制机制

拓宽农民增收渠道,促进农民收入持续增长,持续缩小城乡居民生活水平差距。

（二十八）完善促进农民工资性收入增长环境

推动形成平等竞争、规范有序、城乡统一的劳动力市场,统筹推进农村劳动力转移就业和就地创业就业。规范招工用人制度,消除一切就业歧视,健全农民工劳动权益保护机制,落实农民工与城镇职工平等就业制度。健全城乡均等的公共就业创业服务制度,努力增加就业岗位和创业机会。提高新生代农民工职业技能培训的针对性和有效性,健全农民工输出输入地劳务对接机制。

（二十九）健全农民经营性收入增长机制

完善财税、信贷、保险、用地等政策,加强职业农民培训,培育发展新型农业经营主体。建立农产品优质优价正向激励机制,支持新型经营主体发展"三品一标"农产品、打造区域公用品牌,提高产品档次和附加值。引导龙头企业与农民共建农业产业化联合体,让农民分享加工销售环节收益。完善企业与农民利益联结机制,引导农户自愿以土地经营权等入股企业,通过利润返还、保底分红、股份合作等多种形式,拓宽农民增收渠道。促进小农户和现代农业发展有机衔接,突出抓好农民合作社和家庭农场两类农业经营主体发展,培育专业化市场化服务组织,帮助小农户节本增收。

（三十）建立农民财产性收入增长机制

以市场化改革为导向,深化农村集体产权制度改革,推动资源变资产、资金变股金、农民变股东。加快完成农村集体资产清产核资,把所有权确权到不同层级的农村集体经济组织成员集体。加快推进经营性资产股份合作

制改革,将农村集体经营性资产以股份或者份额形式量化到本集体成员。对财政资金投入农业农村形成的经营性资产,鼓励各地探索将其折股量化到集体经济组织成员。创新农村集体经济运行机制,探索混合经营等多种实现形式,确保集体资产保值增值和农民收益。完善农村集体产权权能,完善农民对集体资产股份占有、收益、有偿退出及担保、继承权。

(三十一) 强化农民转移性收入保障机制

履行好政府再分配调节职能,完善对农民直接补贴政策,健全生产者补贴制度,逐步扩大覆盖范围。在统筹整合涉农资金基础上,探索建立普惠性农民补贴长效机制。创新涉农财政性建设资金使用方式,支持符合条件的农业产业化规模化项目。

(三十二) 强化打赢脱贫攻坚战体制机制

坚持精准扶贫、精准脱贫,进一步完善中央统筹、省负总责、市县抓落实的工作机制,采取更加有力的举措、更加集中的支持、更加精细的工作,着力提高脱贫质量。改进帮扶方式方法,更多采用生产奖补、劳务补助、以工代赈等机制,推动贫困群众通过自己的辛勤劳动脱贫致富。对完全或部分丧失劳动能力的特殊贫困人口,综合实施保障性扶贫政策。聚焦深度贫困地区,以解决突出制约问题为重点,以重大扶贫工程和到村到户帮扶为抓手,加大政策倾斜和扶贫资金整合力度,着力改善发展条件,增强贫困农户发展能力。

七、组织保障

各地区各部门要统一思想,深刻认识建立健全城乡融合发展体制机制的重要意义,顺应经济社会发展规律,根据城乡关系发展特征,把握节奏、持续用力、久久为功,确保各项改革任务扎实有序推进。

(三十三) 加强党的领导

确保党在推动城乡融合发展中始终总揽全局、协调各方,做到"两个维护"。加强各级党组织的领导,充分发挥城乡基层党组织战斗堡垒作用,为城乡融合发展提供坚强政治保障。

（三十四）强化分工协作

国家发展改革委牵头建立城乡融合发展工作协同推进机制,明确分工、强化责任,加强统筹协调和跟踪督导。各有关部门要围绕人口、土地、财政、金融和产权等任务,制定细化配套改革措施。重大事项及时向党中央、国务院报告。

（三十五）压实地方责任

地方党委和政府要增强主体责任意识,当好改革促进派和实干家,结合本地实际制定细化可操作的城乡融合发展体制机制政策措施,整合力量、扭住关键、精准发力,以钉钉子精神抓好落实。

（三十六）注重试点引路

把试点作为重要改革方法,选择有一定基础的市县两级设立国家城乡融合发展试验区,支持制度改革和政策安排率先落地,先行先试、观照全局,及时总结提炼可复制的典型经验并加以宣传推广。

2.《国务院办公厅关于同意建立城镇化工作暨城乡融合发展工作部际联席会议制度的函》

（2019 年 7 月 15 日）

发展改革委:

你委关于调整建立城镇化工作暨城乡融合发展工作部际联席会议制度的请示收悉。经国务院同意,现函复如下:

国务院同意建立由发展改革委牵头的城镇化工作暨城乡融合发展工作部际联席会议制度,不再保留推进新型城镇化工作部际联席会议制度。联席会议不刻制印章,不正式行文,请按照党中央、国务院有关文件精神认真组织开展工作。

城镇化工作暨城乡融合发展工作部际联席会议制度

为贯彻落实《中共中央　国务院关于建立健全城乡融合发展体制机制和政策体系的意见》，加快推动城镇化高质量发展和城乡融合发展，经国务院同意，建立城镇化工作暨城乡融合发展工作部际联席会议（以下简称联席会议）制度。

一、主要职责

在党中央、国务院领导下，统筹协调城镇化和城乡融合发展工作，研究提出政策建议和年度重点工作安排，协同推进重点任务落实，协调解决工作中遇到的问题，加强会商沟通、信息共享、监测评估。完成党中央、国务院交办的其他事项。

二、成员单位

联席会议由发展改革委、中央统战部、中央政法委、中央编办、中央农办、教育部、科技部、公安部、民政部、财政部、人力资源社会保障部、自然资源部、生态环境部、住房城乡建设部、交通运输部、农业农村部、文化和旅游部、卫生健康委、人民银行、市场监管总局、统计局、医保局、银保监会、证监会、扶贫办、全国工商联、开发银行、农业发展银行等 28 个部门和单位组成，发展改革委为牵头单位。

联席会议由发展改革委主要负责同志担任召集人，发展改革委有关负责同志担任副召集人，其他成员单位有关负责同志为联席会议成员（名单附后）。联席会议成员因工作变动需要调整的，由所在单位提出，联席会议确定。联席会议可根据工作需要增加成员单位。

联席会议办公室设在发展改革委，承担联席会议日常工作。办公室主任由发展改革委有关负责同志兼任。联席会议设联络员，由各成员单位有关司局负责同志担任。

三、工作规则

联席会议根据工作需要召开会议,原则上每年召开一次全体会议,由召集人主持或委托副召集人主持。成员单位可根据工作需要提出召开会议的建议。会议可召集部分成员单位参加,也可邀请其他有关部门、地方和相关专家参加。在会议召开之前,可召开联络员会议,研究讨论联席会议议题和需提交联席会议议定的事项。联席会议以纪要形式明确会议议定事项,并印发有关方面。重大事项按程序向党中央、国务院请示报告。

四、工作要求

发展改革委要牵头做好联席会议各项工作,形成高效运行的工作机制;各成员单位要互通信息、密切配合、相互支持、形成合力,认真落实联席会议议定事项,将党中央、国务院决策部署落到实处。联席会议办公室要加强跟踪督促落实,及时向各成员单位通报情况。

城镇化工作暨城乡融合发展工作部际联席会议成员名单

召 集 人:	何立峰	发展改革委主任
副召集人:	胡祖才	发展改革委副主任
成　　员:	徐乐江	中央统战部副部长
	王洪祥	中央政法委副秘书长
	崔少鹏	中央编办副主任
	韩　俊	中央农办副主任、农业农村部副部长
	孙　尧	教育部副部长
	徐南平	科技部副部长
	孙力军	公安部副部长

唐承沛　　民政部副部长

余蔚平　　财政部副部长

汤　涛　　人力资源社会保障部副部长

赵　龙　　自然资源部副部长

赵英民　　生态环境部副部长

黄　艳　　住房城乡建设部副部长

王志清　　交通运输部党组成员、总规划师

李金早　　文化和旅游部副部长

于学军　　卫生健康委副主任

朱鹤新　　人民银行副行长

唐　军　　市场监管总局副局长

李晓超　　统计局副局长

陈金甫　　医保局副局长

祝树民　　银保监会副主席

方星海　　证监会副主席

欧青平　　扶贫办副主任

谢经荣　　全国工商联副主席

周清玉　　开发银行副行长

林　立　　农业发展银行副行长

3.《国家发展改革委关于培育发展现代化都市圈的指导意见》

（2019 年 2 月 19 日）

各省、自治区、直辖市人民政府，国务院有关部门，铁路总公司：

城市群是新型城镇化主体形态，是支撑全国经济增长、促进区域协调发展、参与国际竞争合作的重要平台。都市圈是城市群内部以超大特大城市或辐射带动功能强的大城市为中心、以 1 小时通勤圈为基本范围的城镇化空间形态。近年来，都市圈建设呈现较快发展态势，但城市间交通一体化水平不高、分工协作不够、低水平同质化竞争严重、协同发展体制机制不健全等问题依然突出。为加快培育发展现代化都市圈，经国务院同意，现提出以下意见。

一、总体要求

（一）指导思想

以习近平新时代中国特色社会主义思想为指导，全面贯彻党的十九大和十九届二中、三中全会精神，坚持和加强党的全面领导，坚持以人民为中心的发展思想，坚持稳中求进工作总基调，坚持新发展理念，坚持推动高质量发展，坚持以供给侧结构性改革为主线，坚持市场化改革、扩大高水平开放，以促进中心城市与周边城市（镇）同城化发展为方向，以创新体制机制为抓手，以推动统一市场建设、基础设施一体高效、公共服务共建共享、产业专业化分工协作、生态环境共保共治、城乡融合发展为重点，培育发展一批现代化都市圈，形成区域竞争新优势，为城市群高质量发展、经济转型升级提供重要支撑。

（二）基本原则

——坚持尊重规律、顺势而为。遵循城镇化发展规律，顺应产业升级、人口流动和空间演进趋势，充分考虑不同都市圈现有基础和发展潜力的差异性，科学确定都市圈功能定位、发展目标和实现路径，因地制宜推动都市圈建设。

——坚持深化改革、创新发展。以强化制度、政策和模式创新为引领，坚决破除制约各类资源要素自由流动和高效配置的体制机制障碍，科学构建都市圈协同发展机制，加快推进都市圈发展。

——坚持功能互补、共建共享。统筹都市圈整体利益和各城市比较优势，强化城市间专业化分工协作，促进城市功能互补、产业错位布局、基础设施和公共服务共建共享，在深化合作中实现互利共赢。

——坚持市场主导、政府引导。充分发挥市场配置资源的决定性作用，更好发挥政府在规划政策引领、空间开发管制、公共资源配置、体制机制改革等方面的作用，使都市圈建设成为市场主导、自然发展的过程，成为政府引导、高质量发展的过程。

——坚持统筹谋划、地方负责。统筹全国都市圈建设的总体方向、战略布局和制度安排，强化分类指导；因地制宜推进都市圈建设，避免一哄而上；尊重基层首创精神，鼓励先行先试，及时推广成功经验。

（三）主要目标

到 2022 年，都市圈同城化取得明显进展，基础设施一体化程度大幅提高，阻碍生产要素自由流动的行政壁垒和体制机制障碍基本消除，成本分担和利益共享机制更加完善，梯次形成若干空间结构清晰、城市功能互补、要素流动有序、产业分工协调、交通往来顺畅、公共服务均衡、环境和谐宜居的现代化都市圈。到 2035 年，现代化都市圈格局更加成熟，形成若干具有全球影响力的都市圈。

二、推进基础设施一体化

以增强都市圈基础设施连接性贯通性为重点，以推动一体化规划建设管护为抓手，织密网络、优化方式、畅通机制，加快构建都市圈公路和轨道交通网。

（四）畅通都市圈公路网

增加城市间公路通道，密切城际公路联系，加快构建高速公路、国省干线、县乡公路等都市圈多层次公路网。鼓励地方对高频次通行车辆实施高速公路收费优惠政策，加快推广 ETC 应用，推动取消高速公路省界收费站，提升都市圈内高速公路通勤效率。实施"断头路"畅通工程和"瓶颈路"拓宽工程，全面摸排都市圈内各类"断头路"和"瓶颈路"，加快打通"断头路"，提升都市圈路网联通程度，推进"瓶颈路"改造扩容，畅通交界地区公路联系，全面取缔跨行政区道路非法设置限高、限宽等路障设施。打造一体化公路客运网络，完善充电桩、加气站、公交站场等布局，支持毗邻城市

(镇)开行城际公交,加快推动近郊班线公交化。优化交界地区公交线网,促进与市域公交网络快速接驳。加快推进都市圈内城市间公交一卡互通、票制资费标准一致,健全运营补偿和结算机制,推动信息共享和监管协同。

（五）打造轨道上的都市圈

统筹考虑都市圈轨道交通网络布局,构建以轨道交通为骨干的通勤圈。在有条件地区编制都市圈轨道交通规划,推动干线铁路、城际铁路、市域(郊)铁路、城市轨道交通"四网融合"。探索都市圈中心城市轨道交通适当向周边城市(镇)延伸。统筹布局都市圈城际铁路线路和站点,完善城际铁路网络规划,有序推进城际铁路建设,充分利用普速铁路和高速铁路等提供城际列车服务。创新运输服务方式,提升城际铁路运输效率。大力发展都市圈市域(郊)铁路,通过既有铁路补强、局部线路改扩建、站房站台改造等方式,优先利用既有资源开行市域(郊)列车;有序新建市域(郊)铁路,将市域(郊)铁路运营纳入城市公共交通系统。探索都市圈轨道交通运营管理"一张网",推动中心城市、周边城市(镇)、新城新区等轨道交通有效衔接,加快实现便捷换乘,更好适应通勤需求。

（六）提升都市圈物流运行效率

打造"通道+枢纽+网络"的物流运行体系,推动物流资源优化配置。统筹布局货运场站、物流中心等,鼓励不同类型枢纽协同或合并建设,支持城市间合作共建物流枢纽。结合发展需要适当整合迁移或新建枢纽设施,完善既有物流设施枢纽功能,提高货物换装的便捷性、兼容性和安全性。畅通货运场站周边道路,补齐集疏运"最后一公里"短板。提高物流活动系统化组织水平。加强干支衔接和组织协同,大力发展多式联运,推动港口型枢纽统筹对接船期、港口装卸作业、堆存仓储安排和干线铁路运输计划;鼓励空港型枢纽开展陆空联运、铁空联运、空空中转。加强现代信息技术和智能化装备应用,实行多式联运"一单制"。

（七）统筹市政和信息网络建设

强化都市圈内市政基础设施协调布局,统筹垃圾处理厂、污水及污泥处理处置设施、变电站、危险品仓库等市政基础设施规划建设。推动供水、供电、供气、供热、排水等各类市政管网合理衔接，鼓励兼并重组、规模化市场化运营。完善都市圈信息网络一体化布局，推进第五代移动通信和新一代信息基础设施布局。探索取消都市圈内固定电话长途费，推动都市圈内通信业务异地办理和资费统一，持续推进网络提速降费。

三、强化城市间产业分工协作

以推动都市圈内各城市间专业化分工协作为导向，推动中心城市产业高端化发展，夯实中小城市制造业基础，促进城市功能互补、产业错位布局和特色化发展。

（八）促进城市功能互补

增强中心城市核心竞争力和辐射带动能力，推动超大特大城市非核心功能向周边城市（镇）疏解，推动中小城市依托多层次基础设施网络增强吸纳中心城市产业转移承接能力，构建大中小城市和小城镇特色鲜明、优势互补的发展格局。统筹整合都市圈内新区、园区等各类平台，支持建设一体化发展和承接产业转移示范区，推动创新链和产业链融合发展。鼓励建立联合招商、共同开发、利税共享的产业合作发展机制。

（九）推动中心城市产业高端化发展

加快推动中心城市集聚创新要素、提升经济密度、增强高端服务功能。通过关键共性技术攻关、公共创新平台建设等方式，加快制造业转型升级，重塑产业竞争新优势。以科技研发、工业设计、金融服务、文化创意、商务会展等为重点发展生产性服务业，推动服务业与制造业深度融合，形成以现代服务经济为主的产业结构。

（十）夯实中小城市制造业基础

充分利用中小城市土地、人力等综合成本低的优势，优化营商环境，积极承接中心城市产业转移，推动制造业规模化、特色化、集群化发展，形成以先进制造为主的产业结构。适度提高制造类企业集中的开发区配套用地比例,采取整体出让、集中开发等方式,推动生产制造和生活服务等功能适度混合。强化与中心城市公共服务连通共享,提高中小城市对工程师、技术工人、高校毕业生等人才的吸引力。

四、加快建设统一开放市场

以打破地域分割和行业垄断、清除市场壁垒为重点,加快清理废除妨碍统一市场和公平竞争的各种规定和做法,营造规则统一开放、标准互认、要素自由流动的市场环境。

（十一）加快人力资源市场一体化

放开放宽除个别超大城市外的城市落户限制,在具备条件的都市圈率先实现户籍准入年限同城化累积互认,加快消除城乡区域间户籍壁垒,统筹推进本地人口和外来人口市民化,促进人口有序流动、合理分布和社会融合。推动人力资源信息共享、公共就业服务平台共建。

（十二）推动技术市场一体化

支持联合建设科技资源共享服务平台,鼓励共建科技研发和转化基地。探索建立企业需求联合发布机制和财政支持科技成果共享机制。清理城市间因技术标准不统一形成的各种障碍。建立都市圈技术交易市场联盟,构建多层次知识产权交易市场体系。鼓励发展跨地区知识产权交易中介服务,支持金融机构开展知识产权质押融资、科技型中小企业履约保证保险等业务。推动科技创新券在城市间政策衔接、通兑通用。

（十三）推动金融服务一体化

加强金融基础设施、信息网络、服务平台一体化建设,鼓励金融机构在都市圈协同布局,探索银行分支机构在都市圈内跨行政区开展业务,加快实现存取款等金融服务同城化。强化金融监管合作和风险联防联控,建立金融风险联合处置机制,合力打击非法集资等金融违法活动。

（十四）统一市场准入标准

消除商事主体异地迁址变更登记隐形阻碍,探索"一照多址、一证多址"企业开办经营模式,加快取消具有相应资质的设计、施工企业异地备案手续,推动各类审批流程标准化和审批信息互联共享。建立都市圈市场监管协调机制,统一监管标准,推动执法协作及信息共享。加快完善都市圈信用体系,实施守信联合激励和失信联合惩戒。联合打击侵权假冒行为,探索建立食品药品联动实时监控平台,推进食品安全检验检测结果互认。

五、推进公共服务共建共享

以都市圈公共服务均衡普惠、整体提升为导向,统筹推动基本公共服务、社会保障、社会治理一体化发展,持续提高共建共享水平。

(十五) 促进优质公共服务资源共享

鼓励都市圈内开展多层次多模式合作办学办医,支持有条件的中小学和三级医院推进集团化办学办医,开展远程教学医疗和教师、医护人员异地交流,支持中心城市三级医院异地设置分支机构。在都市圈内率先实现与产业链相配套的中高职学校紧缺专业贯通招生。推动病历跨地区、跨机构互通共享,推动医学检验检查结果跨地区、跨机构互认。推动公共服务从按行政等级配置向按常住人口规模配置转变。允许镇区人口 10 万以上的特大镇按同等城市标准配置教育医疗资源,鼓励有条件的小城镇布局三级医院,降低与大中城市公共服务落差。增加健康、养老、家政等服务多元化供给,鼓励都市圈城市联建共建养老机构,加快城市设施适老化和无障碍改造。推动博物馆、剧院、体育场馆等共建共享。

(十六) 加快社会保障接轨衔接

建设涵盖各类社会保障信息的统一平台,加强都市圈异地居住退休人员养老保险信息交换,推广通过公安信息比对进行社会保险待遇资格认证模式,加快实现养老补贴跟着老人走。扩大异地就医直接结算联网定点医疗机构数量。鼓励有条件的中心城市与毗邻城市开展基本医疗保险异地门诊即时结算合作。加快推动都市圈医保目录和报销政策统筹衔接。推动工伤认定政策统一、结果互认。推动公共租赁住房保障范围常住人口全覆盖,提高住房公积金统筹层次,建立住房公积金异地信息交换和核查机制,推行住房公积金转移接续和异地贷款。

（十七）推动政务服务联通互认

全面取消没有法律法规规定的证明事项。除法律法规另有规定或涉密等外,政务服务事项全部纳入平台办理,全面实现同城化"一网通办"。进一步便利跨省市户口迁移网上审批,居民身份证、普通护照、机动车驾驶证异地申领,异地驾考和机动车异地年检、违章联网办理。建立健全民生档案异地查询联动机制。

（十八）健全跨行政区社会治理体系

完善突发公共事件联防联控、灾害事件预防处理和紧急救援等联动机制。加强交界地区城市管理联动,强化社区自治和服务功能,建立健全治安维稳、行政执法等协作机制,建立健全安全隐患排查和社区人居环境综合整治机制。建立重大工程项目选址协商机制,充分征求毗邻城市意见。积极利用信息技术手段,推动都市圈治理精细化。

六、强化生态环境共保共治

以推动都市圈生态环境协同共治、源头防治为重点,强化生态网络共建和环境联防联治,在一体化发展中实现生态环境质量同步提升,共建美丽都市圈。

（十九）构建绿色生态网络

严格保护跨行政区重要生态空间,加强中心城市生态用地维护与建设,编制实施都市圈生态环境管控方案,联合实施生态系统保护和修复工程。加强区域生态廊道、绿道衔接,促进林地绿地湿地建设、河湖水系疏浚和都市圈生态环境修复。

（二十）推动环境联防联治

以都市圈为单元制定城市空气质量达标时间表,强化工业源、移动源和生活源排放污染治理,实现核发机动车注册登记环保标准互认与车用燃料标准统一。加快消除都市圈内劣 V 类水质断面。全面开展生活垃圾分类，基本完成存量生活垃圾场治理任务。鼓励既有建筑节能化改造，城镇新建建筑 100% 落实强制性节能标准。将建设用地土壤环境管理要求纳入城市规划和供地管理。

（二十一）建立生态环境协同共治机制

加快生态环境监测网络一体化建设，协商建立都市圈大气污染、流域水污染、土壤污染、噪声污染综合防治和利益协调机制。探索生态保护性开发模式，建立生态产品价值实现机制、市场化生态补偿机制。

七、率先实现城乡融合发展

以促进城乡要素自由流动、平等交换和公共资源合理配置为重点，建立健全城乡融合发展体制机制，构筑功能一体、空间融合的城乡体系，在都市圈率先实现城乡融合发展。

（二十二）建立健全城乡融合发展体制机制

建立健全有利于城乡要素合理配置的体制机制，促进人才、资金、科技、信息等要素更多向乡村流动。建立健全有利于城乡基本公共服务普惠共享的体制机制，推动公共服务向农村延伸、社会事业向农村覆盖。建立健全有利于城乡基础设施一体化发展的体制机制，加快基础设施和市政公用设施向乡村延伸，推动乡村基础设施提挡升级。建立健全有利于乡村经济多元化发展的体制机制，促进农业全产业链发展。建立健全有利于农民收入持续增长的体制机制，持续缩小城乡居民生活水平差距。

（二十三）搭建城乡融合发展平台

在都市圈内培育建设联结城乡的功能平台，推动城乡要素跨界配置和产业有机融合发展。有序发展特色小城镇，实施特色小镇高质量发展工程，打造一批功能多样、产业集聚、设施完善的创新创业平台。优化提升现代农业产业园等园区，有序建设农村产业融合发展示范园，推动农业现代化。

八、构建都市圈一体化发展机制

加快构建都市圈协商合作、规划协调、政策协同、社会参与等机制,凝神聚力推进都市圈建设重点任务落地。

（二十四）创新协商合作机制

都市圈建设由相关地方负责统筹推进,建立城市间多层次合作协商机制。有条件的地方可以探索设立都市圈发展及重点领域协调推进机制,负责推动落实都市圈一体化发展重大事项。

（二十五）健全规划协调机制

围绕提升都市圈发展质量和现代化水平,探索编制都市圈发展规划或重点领域专项规划。强化都市圈规划与城市群规划、城市规划的有机衔接,确保协调配合、同向发力。国家发展改革委会同有关部门要加强对都市圈规划编制的统筹指导,研究制定支持都市圈建设的政策措施。

（二十六）强化政策协同机制

积极构建都市圈互利共赢的税收分享机制和征管协调机制,加强城市间税收优惠政策协调。鼓励社会资本参与都市圈建设与运营。允许都市圈内城乡建设用地增减挂钩节余指标跨地区调剂。健全都市圈商品房供应体系,强化城市间房地产市场调控政策协同。

（二十七）完善社会参与机制

都市圈规划编制实施和相关配套政策的出台,要广泛听取社会各界特别是利益相关方意见建议,主动接受社会监督,及时回应社会关切。鼓励智库参与都市圈建设决策咨询,建立健全第三方评估机制。加强舆论引导,创新宣传方式,营造有利于都市圈建设的氛围,增强都市圈内社会各方的认同感和积极性,汇聚形成共同参与和支持都市圈建设的强大合力。

城镇化是现代化的必由之路,是我国发展最大的潜力所在。建设现代化都市圈是推进新型城镇化的重要手段,既有利于优化人口和经济的空间结构,又有利于激活有效投资和潜在消费需求,增强内生发展动力。各地区各部门要统一思想认识、加强组织领导、强化责任意识,用改革的办法和创新的精神,积极培育发展现代化都市圈。

4.《国家发展改革委等 18 部委关于开展国家城乡融合发展试验区工作的通知》

（2019 年 12 月 19 日）

吉林省、江苏省、浙江省、福建省、江西省、山东省、河南省、广东省、重庆市、四川省、陕西省有关部门和单位:

为深入贯彻落实党的十九届四中全会精神和《中共中央　国务院关于建立健全城乡融合发展体制机制和政策体系的意见》,现将经城镇化工作暨城乡融合发展工作部际联席会议第一次会议审议通过的《国家城乡融合发展试验区改革方案》,以及各有关方面共同确定的国家城乡融合发展试验区名单印发你们,请认真贯彻执行。

国家城乡融合发展试验区改革方案

建立健全城乡融合发展体制机制和政策体系,走城乡融合发展之路,是现代化建设的应有之义。为深入贯彻落实党的十九届四中全会精神和《中共中央　国务院关于建立健全城乡融合发展体制机制和政策体系的意见》(以下简称《意见》),制定本改革方案。

一、总体要求

（一）指导思想

以习近平新时代中国特色社会主义思想为指导,深入贯彻落实党中央、国务院决策部署,把试点引路作为重要改革方法,推动国家城乡融合发展试验区坚持城乡融合发展正确方向，坚持农业农村优先发展，以缩小城乡发展差距和居民生活水平差距为目标，以协调推进乡村振兴战略和新型城镇化战略为抓手，以促进城乡生产要素双向自由流动和公共资源合理配置为关键，突出以工促农、以城带乡，破除制度弊端、补齐政策短板，率先建立起城乡融合发展体制机制和政策体系，为全国提供可复制可推广的典型经验。

（二）试验原则

——坚持中央统筹、地方为主。着眼于顶层设计与基层首创互促共进，有关部门要实事求是、扶优扶强，统筹考虑不同城市规模层级和区域"四大板块"，聚焦经济发达地区、都市圈地区和大城市郊区，确定试验区名单和试验任务；试验区要强化主体责任意识和主观能动性，大力推进体制机制破旧立新。

——坚持重点突破、强化协同。试验区既要各有侧重、扭住关键，从本地实际出发，兼顾改革基础和发展亟需，探索针对性原创性差异化的改革路径和方式；又要系统谋划、强化协同，推进各项改革相互配套，为城乡融合发展提供全方位制度供给。

——坚持守住底线、防范风险。试验区要采取积极稳妥的工作方式，确保封闭运行、风险可控，守住土地所有制性质不改变、耕地红线不突破、农民利益不受损的底线，守住生态保护红线，守住乡村文化根脉。各地区各有关部门要在试验区守住底线的前提下，宽容改革探索中出现的失误。

——坚持深度指导、总结推广。各有关部门既要加强对试验区的指导督促，强化培训、解放思想，确保改革见底见效，防止走样变形；又要加强对试验区改革的监测评估，及时总结推广典型经验，条件成熟时上升为全国性或区域性制度安排和政策设计，在更大范围内释放改革效应。

（三）试验目标

2022—2025年，试验区实现城乡生产要素双向自由流动的制度性通道基本打通，城乡有序流动的人口迁徙制度基本建立，城乡统一的建设用地市场全面形成，城乡普惠的金融服务体系基本建成，农村产权保护交易制度基本建立，农民持续增收体制机制更加完善，城乡发展差距和居民生活水平差距明显缩小。试验区的引领示范带动效应充分释放,形成一批可复制可推广的典型经验和体制机制改革措施。

二、试验任务

试验区要在全面贯彻落实《意见》基础上,聚焦以下方面深入探索、先行先试。

（一）建立城乡有序流动的人口迁徙制度

全面放开放宽除个别超大城市外的城市落户限制,健全农业转移人口市民化成本分担机制。建立人才加入乡村制度,允许符合条件的返乡就业创业人员在原籍地或就业创业地落户。

（二）建立进城落户农民依法自愿有偿转让退出农村权益制度

维护进城落户农民在农村的"三权",按照依法自愿有偿原则,在完成农村不动产确权登记颁证的前提下,探索其流转承包地经营权、宅基地和农民房屋使用权、集体收益分配权,或向农村集体经济组织退出承包地农户承包权、宅基地资格权、集体资产股权的具体办法。结合深化农村宅基地制度改革试点,探索宅基地"三权"分置制度。

（三）建立农村集体经营性建设用地入市制度

在符合国土空间规划、用途管制和依法取得、确权登记的前提下,推进集体经营性建设用地就地入市或异地调整入市,其使用权的出让及最高年限、转让、互换、出资、赠与、抵押等,参照同类用途的国有建设用地执行,把握好入市的规模与节奏。允许农民集体妥善处理产权和补偿关系后,依法收回农民自愿退出的闲置宅基地、废弃的集体公益性建设用地使用权,按照国土空间规划确定的经营性用途入市。推进集体经营性建设用地使用权和地上建筑物所有权房地一体、分割转让。建立集体经营性建设用地使用权转让、出租、抵押二级市场。

（四）完善农村产权抵押担保权能

推进农村集体经营性建设用地使用权、集体林权等抵押融资以及承包地经营权、集体资产股权等担保融资,在深化农村宅基地制度改革试点地区探索农民住房财产权、宅基地使用权抵押贷款,推进已入市集体经营性建设用地与国有建设用地在资本市场同地同权,健全农业信贷担保机构。

（五）建立科技成果入乡转化机制

推动高等院校和科研院所设立技术转移机构,按照国家有关规定,落实科研人员入乡兼职兼薪、离岗创业、技术入股政策,探索赋予科研人员科技成果所有权。探索公益性和经营性农技推广融合发展机制,允许农技人员通过提供增值服务合理取酬。

（六）搭建城中村改造合作平台

探索在政府引导下工商资本与农民集体合作共赢模式,统筹利用乡村资源资产、工商资本和金融资本,发展壮大集体经济。

（七）搭建城乡产业协同发展平台

在试验区内选择一批产业园区或功能区,率先打造城乡产业协同发展先行区。在先行区内重点优化提升特色小镇、特色小城镇、美丽乡村和各类农业园区,创建一批城乡融合发展典型项目,实现城乡生产要素的跨界流动和高效配置。

（八）建立生态产品价值实现机制

探索开展生态产品价值核算,完善自然资源价格形成机制,建立政府主导、企业和社会各界参与、可持续的城乡生态产品价值实现机制。

（九）建立城乡基础设施一体化发展体制机制

推动城乡基础设施统一规划、统一建设、统一管护,构建分级分类投入机制,建设市域（郊）铁路、乡村产业路旅游路、城乡垃圾污水一体处理体系和冷链物流设施等,明确投入主体和产权归属。

（十）建立城乡基本公共服务均等化发展体制机制

建立乡村教师和医务人员补充机制,实行义务教育学校教师"县管校聘",研究推动乡村医生"乡聘村用",通过稳步提高待遇等措施增强乡村岗位吸引力。建立城乡教育联合体和县域医共体。

（十一）健全农民持续增收体制机制

推进农村集体经营性资产股份合作制改革。加强现代农民职业培训，突出抓好农民合作社和家庭农场两类经营主体发展。推动农民工与城镇职工平等就业，健全农民工输出输入地劳务对接机制。

三、政策保障

各地区各有关部门要凝聚改革合力、加强政策协同，为试验区改革提供有力有效的激励性政策保障。

（一）实行改革授权

有关部门要针对涉及突破现有制度规定的重点改革事项，如允许符合条件的试验区开展深化农村宅基地制度改革试点、农村各类产权抵押担保融资等，通过有效路径和程序进行授权，积极创造有利条件，允许并深度指导试验区进行改革探索。

（二）加强财力保障

有关部门要在中央预算内投资中设立城乡融合发展专项资金，支持省级人民政府发行地方政府专项债券，用于试验区内符合条件的特色小镇等城乡融合发展典型项目，分担试验区改革的前期成本。试验区所在省级人民政府要通过财政转移支付支持试验区发展。

（三）加强金融支持

有关部门要优先支持试验区内符合条件企业发行城乡融合发展典型项目企业债券等公司信用类债券；利用城乡融合发展基金，重点引导社会资本培育一批国家城乡融合发展典型项目。有关金融机构要根据职能定位和业务范围，加大对试验区内符合条件企业的中长期贷款投放规模和力度，支持整体打包立项的城乡联动建设项目融资。

（四）加强政策集成

有关部门要在试验区开展国家农村产业融合发展示范园、农民专业合作社质量提升整县推进试点、民营企业下乡发展试点等；支持客流有需求、财力能支撑的试验区利用既有铁路资源开行市域（郊）列车，实施市域（郊）铁路新建项目；支持试验区内符合条件的涉农企业上市挂牌融资、村镇银行设立、村级综合服务平台建设、乡村教师生活补助提标、中等职业学校建设、"特岗计划"实施等。试验区所在省级人民政府在申报以上试点及全域土地综合整治试点时，要优先支持试验区；在分配新增建设用地指标时，要倾斜支持试验区。

四、试验方式

有关部门要明确试验区基本条件、科学选择试验对象，并建立监测评估工作机制。

（一）试验对象

试验区应具有较好的发展改革基础、较强的试验意愿和地方政策保障。应在前期已开展自发性改革探索工作，或已开展全国统筹城乡综合配套改革试验区、农村土地制度改革三项试点、农村改革试验区、农村"两权"抵押贷款试点、国家现代农业示范区、国家农村产业融合发展示范园、国家全域旅游示范区等工作。超大特大城市和Ⅰ型大城市试验范围为市郊的部分连片区县，Ⅱ型大城市和中小城市试验范围为全域。

（二）试验机制

国家发展改革委要会同城镇化工作暨城乡融合发展工作部际联席会议成员单位以及有关地区，按少而精原则确定试验区，并建立试验区监测评估机制，实行动态监测、年度评估、奖惩并举、有进有退。

五、组织实施

各地区各有关部门要高度重视、担起责任，纵横联动地推进试验区改革取得实质性突破。

（一）全面加强党的领导

确保党在试验区改革中始终总揽全局、协调各方，充分发挥城乡基层党组织的战斗堡垒作用,实现组织共建、资源共享、机制衔接、功能优化,为城乡融合发展提供坚强政治保证和组织保证。

（二）建立省部共担机制

国家发展改革委要依托城镇化工作暨城乡融合发展工作部际联席会议制度,统筹协调试验区重大事项。中央农办、农业农村部、公安部、自然资源部、财政部、教育部、卫生健康委、科技部、交通运输部、文化和旅游部、生态环境部、人民银行、银保监会、证监会、工商联、开发银行、农业发展银行等成员单位要分头抓好政策支持保障。试验区所在省级人民政府要成立省级城镇化工作暨城乡融合发展工作领导小组,省级有关部门和试验区所在的各地级及以上城市党委或政府主要负责同志参加,整合力量支持试验区改革探索,并以地方性法规等方式固化改革成果。

（三）强化试验区主体责任

省级城镇化工作暨城乡融合发展工作领导小组办公室(省级发展改革委)要指导试验区制定实施方案(含发展改革基础、试验措施、地方政策保障及城乡产业协同发展先行区等),经省级人民政府审核同意后,报备国家发展改革委。试验区所在的各地级及以上城市要分别成立由党委或政府主要负责同志任组长的城镇化工作暨城乡融合发展工作领导小组,将试验任务落实到事、责任到人,确保试验扎实落地。

国家城乡融合发展试验区名单

国家城乡融合发展试验区(11 个):浙江嘉湖片区、福建福州东部片区、广东广清接合片区、江苏宁锡常接合片区、山东济青局部片区、河南许昌、江西鹰潭、四川成都西部片区、重庆西部片区、陕西西咸接合片区、吉林长吉接合片区。

四大板块	试验区事项
东部地区 （5个）	**1. 浙江嘉湖片区** 试验范围:嘉兴市全域(南湖区、秀洲区、平湖市、海宁市、桐乡市、嘉善县、海盐县),湖州市全域(南浔区、吴兴区、德清县、长兴县、安吉县)。面积约10043平方公里。 试验重点:建立进城落户农民依法自愿有偿转让退出农村权益制度;建立农村集体经营性建设用地入市制度;搭建城乡产业协同发展平台;建立生态产品价值实现机制;建立城乡基本公共服务均等化发展体制机制。 **2. 福建福州东部片区** 试验范围:福州市仓山区、长乐区、马尾区、福清市、闽侯县、连江县、罗源县、平潭综合实验区、霞浦县。面积约8935平方公里。 试验重点:建立城乡有序流动的人口迁徙制度;搭建城中村改造合作平台;搭建城乡产业协同发展平台;建立生态产品价值实现机制;建立城乡基础设施一体化发展体制机制。 **3. 广东广清接合片区** 试验范围:广州市增城区、花都区、从化区,清远市清城区、清新区、佛冈县、英德市连樟样板区。面积约9978平方公里。 试验重点:建立城乡有序流动的人口迁徙制度;建立农村集体经营性建设用地入市制度;完善农村产权抵押担保权能;搭建城中村改造合作平台;搭建城乡产业协同发展平台。 **4. 江苏宁锡常接合片区** 试验范围:南京市溧水区、高淳区,宜兴市,常州市金坛区、溧阳市。面积约6361平方公里。 试验重点:建立农村集体经营性建设用地入市制度;建立科技成果入乡转化机制;搭建城乡产业协同发展平台;建立生态产品价值实现机制;健全农民持续增收体制机制。 **5. 山东济青局部片区** 试验范围:济南市历城区、长清区、市中区、章丘区、济南高新技术产业开发区,淄博市淄川区、博山区,青岛市即墨区、平度市、莱西市。面积约12846平方公里。 试验重点:建立进城落户农民依法自愿有偿转让退出农村权益制度;建立农村集体经营性建设用地入市制度;搭建城中村改造合作平台;搭建城乡产业协同发展平台;建立生态产品价值实现机制。
中部地区 （2个）	**6. 河南许昌** 试验范围:许昌市全域(魏都区、建安区、禹州市、长葛市、鄢陵县、襄城县)。面积约4979平方公里。 试验重点:建立农村集体经营性建设用地入市制度;完善农村产权抵押担保权能;建立科技成果入乡转化机制;搭建城乡产业协同发展平台;建立城乡基本公共服务均等化发展体制机制。

续表

四大板块	试验区事项
中部地区 (2个)	**7. 江西鹰潭** 试验范围:鹰潭市全域(月湖区、余江区、贵溪市)。面积约 3557 平方公里。 试验重点:建立农村集体经营性建设用地入市制度;完善农村产权抵押担保权能;建立城乡基础设施一体化发展体制机制;建立城乡基本公共服务均等化发展体制机制;健全农民持续增收体制机制。
西部地区 (3个)	**8. 四川成都西部片区** 试验范围:成都市温江区、郫都区、彭州市、都江堰市、崇州市、邛崃市、大邑县、蒲江县。面积约 7672 平方公里。 试验重点:建立城乡有序流动的人口迁徙制度;建立农村集体经营性建设用地入市制度;完善农村产权抵押担保权能;搭建城乡产业协同发展平台;建立生态产品价值实现机制。 **9. 重庆西部片区** 试验范围:重庆市荣昌区、潼南区、大足区、合川区、铜梁区、永川区、璧山区、江津区、巴南区。面积约 15323 平方公里。 试验重点:建立城乡有序流动的人口迁徙制度;建立进城落户农民依法自愿有偿转让退出农村权益制度;建立农村集体经营性建设用地入市制度;搭建城中村改造合作平台;搭建城乡产业协同发展平台。 **10. 陕西西咸接合片区** 试验范围:西安市高陵区、阎良区、西咸新区,富平县,咸阳市兴平市、武功县、三原县、杨凌农业高新技术产业示范区。面积约 4215 平方公里。 试验重点:建立进城落户农民依法自愿有偿转让退出农村权益制度;建立农村集体经营性建设用地入市制度;建立科技成果入乡转化机制;搭建城乡产业协同发展平台;建立城乡基础设施一体化发展体制机制。
东北地区 (1个)	**11. 吉林长吉接合片区** 试验范围:长春市九台区、双阳区、长春新区、净月高新技术产业开发区,吉林市中新食品区、船营区、昌邑区、丰满区、永吉县。面积约 11081 平方公里。 试验重点:建立进城落户农民依法自愿有偿转让退出农村权益制度;建立农村集体经营性建设用地入市制度;完善农村产权抵押担保权能;搭建城乡产业协同发展平台;健全农民持续增收体制机制。

5.《国家发展改革委　公安部　国务院扶贫办　农业
农村部关于加快促进有能力在城镇稳定就业生活的
农村贫困人口落户城镇的意见》

（2019 年 12 月 21 日）

各省、自治区、直辖市发展改革委、公安厅、扶贫办、农业农村厅：

《中共中央　国务院关于打赢脱贫攻坚战的决定》提出,输入地政府要
承担相应的帮扶责任,促进有能力在城镇稳定就业生活的农村贫困人口有
序实现市民化。“十三五”以来,大量农村贫困人口进城就业、落户城镇、实
现脱贫,但也存在进城常住的建档立卡农村贫困人口底数不清、部分城市政
策力度不足等问题。为加快促进应落尽落,提出如下意见。

一、总体要求

以习近平新时代中国特色社会主义思想为指导,深入贯彻落实《中共
中央　国务院关于打赢脱贫攻坚战的决定》,落实中央脱贫攻坚专项巡视
要求,以实施新型城镇化战略为依托,以尊重意愿、自主选择为原则,精准识
别进城常住的建档立卡农村贫困人口,因城施策降低落户门槛、提高落户便
利性,维护落户人口农村权益,为 2020 年如期打赢脱贫攻坚战、全面建成小
康社会提供支撑。

二、主要任务

（一）精准识别进城就业生活的建档立卡农村贫困人口

扶贫办会同公安部在建档立卡农村贫困人口中,识别出已落户和未落

户城镇的人口,并将信息录入全国扶贫开发信息系统。各省级扶贫、公安等有关部门在尚未落户城镇的本省份户籍农村贫困人口中,摸排统计进城人口及其流向,将信息录入全国扶贫开发信息系统;在此基础上,建立在本省份城镇常住的农村贫困人口名单。

（二）督促城区常住人口300万以下城市取消落户限制

各省级发展改革、公安等部门要严格落实此前印发的《2019年新型城镇化建设重点任务》,督促Ⅱ型大城市、中小城市和小城镇全面取消落户限制,彻底打通进城常住的农业转移人口特别是建档立卡农村贫困人口的落户通道。

（三）推动城区常住人口300万以上城市放宽落户条件

各省级发展改革、公安、扶贫等部门要加强指导,推动Ⅰ型大城市探索进城常住的建档立卡农村贫困人口应落尽落,鼓励其中有条件的城市探索取消落户限制;引导除个别超大城市外的其他超大特大城市在积分落户政策中,结合实际对农村贫困人口在本市落户给予帮扶,并区分不同类型城区制定差别化落户政策,探索推进郊区和新区取消落户限制。

（四）提高建档立卡农村贫困人口落户城镇的便利性

各省级发展改革、公安、扶贫等部门要引导各城市结合实际制定便利于农村贫困人口落户的措施,允许租赁房屋的常住人口在城市公共户口落户;探索在农村贫困人口集中区域特别是易地扶贫搬迁贫困人口集中的城镇安置区,实行进一步缩短办理时限、改进落户服务质量的有效措施;加强对农村贫困人口落户政策的宣传解读,切实解决信息不对称问题。

（五）维护进城落户建档立卡农村贫困人口的农村权益

各省级农业农村等部门要引导各市县维护其在农村的承包地、宅基地和集体资产等权益,不得强行要求其转让退出上述权益或将此作为落户的前置条件,使农村贫困人口安心放心落户;按照依法自愿有偿原则,在完成农村不动产确权登记颁证的前提下,探索其流转承包地经营权、宅基地使用权、集体收益分配权,或向农村集体经济组织退出承包地农户承包权、宅基地资格权、集体资产股权的具体办法。

三、保障措施

（六）压实地方责任

省级有关部门要强化责任意识，切实做好指导引导、政策激励和督促落实工作。市县政府要担起主体责任，切实做好各项落实性工作，确保取得实质性成效。

（七）实行奖优惩劣

国家发展改革委会同公安部、扶贫办、农业农村部等有关部门开展动态监测，对地方取得的典型经验和突出成效，以适当方式予以总结推广；对落实不到位、工作进展差的地方，予以约谈通报。

6.《国家发展改革委办公厅关于推广第二批国家新型城镇化综合试点等地区经验的通知》

（2019 年 6 月 25 日）

各省、自治区、直辖市及计划单列市、新疆生产建设兵团发展改革委：

城镇化是现代化的必由之路，是培育强大国内市场、应对中美经贸摩擦的重要措施，也是乡村振兴和区域协调发展的强力支撑。为有力有序有效实施党中央、国务院印发的《国家新型城镇化规划（2014—2020 年）》，2014年起国家发展改革委会同有关部门设定三批国家新型城镇化综合试点。为深入贯彻落实习近平新时代中国特色社会主义思想和党的十九大精神，在全国范围内释放试点示范效应，2018 年国家发展改革委总结推广了第一批试点经验，现将第二批试点等地区经验推广至各地区借鉴。

一、加快农业转移人口市民化

各地区按照尊重意愿和自主选择原则，以农业转移人口为重点，加快落实《推动 1 亿非户籍人口在城市落户方案》，并努力推动暂未落户城镇的常住人口平等享有基本公共服务。

（一）进一步放开放宽城市落户限制

天津拓宽农业转移人口及其他外来务工经商人员落户通道，提高居住年限指标在积分落户中的权重，将夫妻和子女投靠落户条件分别降低至结婚 3 年、本人居住满 5 年。广东广州为城市公共服务特殊艰苦岗位人员单列落户指标，允许合同制消防员和保洁员等直接落户；深圳将人才落户条件降至大专、"中专+中级职称"、紧缺工种高级工等，2018 年落户 51 万人；东莞取消积分落户制度，允许持有居住证、参加城镇社保分别满 5 年的外来人口及其配偶子女落户。

（二）改善城镇基本公共服务保障

四川成都、江苏海门、贵州玉屏组建义务教育阶段名校集团，统筹协调集团内部资源，大幅增加学位供给。广东深圳允许持有居住证、参加城镇社保分别满 1 年的外来人口随迁子女入读公办学校，将 55% 的公办学校学位提供给 50 万名随迁子女。北京大兴区利用 300 亩农村集体建设用地建设共有产权住宅，天津中北镇建成可容纳 1 万人的公寓，在外来人口集中区加强住房保障。四川眉山将重点外来人群纳入住房公积金缴存范围，允许缴满半年后申请住房公积金贷款，累计发放超过 10 亿元。重庆、浙江德清推动城乡福利并轨，梳理出 33 项依附于户口、城乡有别的居民福利政策，投入财政资金消除福利差距，已实现 20 项左右福利城乡无差别。

（三）推进农民工市民化效率变革

福建永安、山东邹城设立城市社区集体户或企业集体户，解决无房外来人口无处落户难题。江苏推行居住证在全省范围内一证通用，避免外来人口重复申报领证。四川成都设立 100 多个公安一站式落户服务办证点，山东开通省内跨地域户口迁移网上一站式办理业务，方便外来人口落户城市。广东佛山南海区允许 7 个镇（街道）的外来常住人口选举进入社区党支部和居委会。

（四）引导农民自愿有偿退出农村合法权益

江苏常州武进区引导 1000 多农户退出宅基地，给予每亩宅基地几十万元补偿费,并整合利用腾退宅基地和碎片化集体建设用地。贵州湄潭探索出农户承包权退出路径,累计退出农村承包地近400亩,为200多农户支付1000多万元补偿费用。宁夏平罗分别探索农民全部或部分权益的退出方式,允许退出部分权益的农民继续保留农村集体经济组织成员身份。山西泽州允许村集体自行将城乡建设用地增减挂钩指标,以货币出让或指标入股等方式与用地机构交易。

二、加快推动城市高质量发展

各地区持续提升城市可持续发展能力,努力建设宜业宜居、富有特色、充满活力的现代城市。

（五）提高中心城市辐射带动力

上海松江牵头打造G60科创走廊,实现九城市营业执照和工业产品生产许可证一网通办,助推科技协同创新和产业协作发展。四川成都加强与16个市州的产业合作,将明星企业推介给兄弟城市,探索研发在成都、转化在市州、总部在成都、基地在市州的合作方式。江苏南京与周边城市共建制造业产业链及高新技术研究院,引导企业合理转移;推动城市间合作办学就医,在其他城市设立分校分院。

（六）提高城市精细化治理水平

四川成都实行多中心和组团式的空间布局,建设若干个产业生态圈和15分钟社区生活圈,强化街道的社会治理职能,提高产城融合水平和居民生活品质。贵州贵安新区实行行政审批一章审批、一网审管、一单规范,以及政务服务一号申请、一窗受理、一网通办,提升为企业和居民服务的效率。广东佛山狮山镇取得省市区镇四级事权同办权限,承办市级和区级行政审批事项分别达100多项、2700多项,将建设项目审批时间缩短2/3。

（七）打造城市产业升级新支点

湖南长沙优化营商环境,将28项审批权限下放至产业园区管委会,提高为企服务效率、激发产业发展活力。河北高碑店引入企业共建工业设计创新工坊,与高校合作成立设计师联盟,产生几十项省著名商标和名牌。浙江德清地理信息小镇、杭州梦想小镇、山东济南中欧装备制造小镇分别发展地理信息、双创和装备制造产业,成为高效率低成本多功能的创业园。福建宁德锂电新能源小镇、江苏镇江句容绿色新能源小镇、黑龙江大庆赛车小镇分别发展新能源和赛车产业,成为新兴产业集聚发展的新引擎。浙江诸暨袜艺小镇、广东深圳大浪时尚小镇、佛山禅城陶谷小镇、吉林长春红旗智能小镇分别改造提升纺织、陶瓷和汽车产业,开辟出传统产业转型升级的新路径。

（八）创新金融服务实体经济方式

江苏常州武进区推动已入市农村集体经营性建设用地在资本市场与城市国有建设用地同地同权,为乡镇企业股改上市和抵押融资提供助力。浙江台州提供200多项个性化金融产品,缓解小微企业融资难题。江苏江阴设立混合所有制的中小企业转贷基金,已为中小企业提供6亿元的过桥资金。福建永安国企联合4个园区设立"园区贷",为园区内企业贷款提供担保,帮助企业办理长期贷款超过10亿元。江苏苏州引入保险资金参与城市建设项目,在医疗设备、公共交通车辆和污水处理设备等方面开展融资租赁业务。

三、加快推进城乡融合发展

各地区建立健全城乡融合发展体制机制和政策体系,推进城乡要素自由流动、平等交换和公共资源合理配置,重塑新型城乡关系。

（九）探索外来人才入乡发展机制

贵州湄潭探索外来人才加入农村集体经济组织的路径,金花村在组建农民旅游合作社时,允许长期就业居住的外来人才与本村户籍人口享受同等待遇,以每户不超过1万元资金入股并获得分红;核桃坝村探索"评估集体资产价值—确定新增成员权价格—有偿落户—分配集体资产"的外来人才加入方式,实现1700多名外来农民有偿租用茶园并有偿使用宅基地建房定居。重庆推动建筑师、规划师、工程师"三师入乡",为乡村发展与建设提供技术支撑。

（十）推动农村集体经营性建设用地入市

广东佛山南海区探索国有土地与集体土地混合出让、产业用地与住宅用地混合出让、出让与流转混合入市，增强村级工业园改造动力，本区70%的建设用地供应来源于存量集体经营性建设用地。广西北流探索出整块用地直接入市、零星用地整理入市、城中村腾出入市等多种方式。贵州湄潭探索推进集体经营性建设用地使用权和地上建筑物所有权房地一体、分割转让。海南文昌允许村集体有偿收回农户自愿退出的宅基地，并转变为集体经营性建设用地入市。

（十一）完善乡村金融服务体系

贵州湄潭在推行乡村信用评级基础上为农户提供小额信用贷款，并科学设计农村资产抵押贷款程序，开展集体经营性建设用地使用权、农民房屋财产权抵押融资以及承包地经营权、集体资产股权等担保融资。浙江湖州扩大政策性农业保险范围，探索出长兴杨梅采摘期降雨指数保险、安吉毛竹收购价格指数保险等险种。江苏沛县建立农村金融风险防范处置机制，由政府专项风险基金代偿金融机构不良贷款损失，并由县级土地流转公司对抵押物进行处置。

（十二）搭建城乡产业协同发展平台

浙江德清莫干山镇建成150多家高端民宿，年接待游客几十万人次，发展形成特色小城镇。山东威海、诸城、济南章丘区和吉林梨树推动农村"三变"改革，四川成都战旗村探索"就地入市+乡村旅游"，促进农村一二三产业融合发展，打造形成美丽乡村。广西平果在镇区创办农民工创业园，引导农村贫困人口就业创业。江苏苏州苏绣小镇、江西大余丫山小镇、安徽合肥三瓜公社小镇、天津西青杨柳青文旅小镇、云南曲靖麒麟职教小镇、吉林安图矿泉水小镇分别发展刺绣、运动休闲、乡村电商、年画、产教融合和矿泉水产业，成为承载农业转移人口进城就业的新空间、城乡产业协同发展的新支点。

第二批试点任务基本完成，后续要围绕建立健全城乡融合发展体制机制和政策体系,继续探索实践和改革创新。第三批试点要对标先进、学习典型,创造性运用好经验好做法,确保改革任务顺利完成。各省级发展改革委要发挥统筹协调作用,加强对本行政区域内试点地区的指导督促。国家发展改革委将继续协同有关部门,推动改革事项和政策安排率先在试点地区落地生效,并持续提炼典型经验,推广形成全国性制度设计,扎实推动城镇化高质量发展和城乡融合发展。

7.《国家发展改革委关于印发〈2020 年新型城镇化建设和城乡融合发展重点任务〉的通知》

(2020 年 4 月 3 日)

中央和国家机关有关部门、直属机构,各省、自治区、直辖市及计划单列市、新疆生产建设兵团发展改革委,全国工商联,中国国家铁路集团有限公司、国家开发银行、中国农业发展银行:

经城镇化工作暨城乡融合发展工作部际联席会议成员单位共同确定并报告国务院,现将《2020 年新型城镇化建设和城乡融合发展重点任务》印发你们,请认真贯彻执行。

2020 年新型城镇化建设和城乡融合发展重点任务

2020 年是全面建成小康社会和"十三五"规划收官之年,也是为"十四五"发展打好基础的关键之年。为深入贯彻落实习近平总书记关于统筹推进新冠肺炎疫情防控和经济社会发展工作的重要指示精神,贯彻落实中央经济工作会议精神和党中央、国务院印发的《国家新型城镇化规划(2014—2020 年)》《关于建立健全城乡融合发展体制机制和政策体系的意见》,现提出以下任务。

一、总体要求

以习近平新时代中国特色社会主义思想为指导,全面贯彻党的十九大和十九届二中、三中、四中全会精神,坚持稳中求进工作总基调,坚持新发展理念,加快实施以促进人的城镇化为核心、提高质量为导向的新型城镇化战略,提高农业转移人口市民化质量,增强中心城市和城市群综合承载、资源优化配置能力,推进以县城为重要载体的新型城镇化建设,促进大中小城市和小城镇协调发展,提升城市治理水平,推进城乡融合发展,实现 1 亿非户籍人口在城市落户目标和国家新型城镇化规划圆满收官,为全面建成小康社会提供有力支撑。

二、提高农业转移人口市民化质量

以深化改革户籍制度和基本公共服务提供机制为路径,打破阻碍劳动力自由流动的不合理壁垒,促进人力资源优化配置。

(一) 督促城区常住人口 300 万以下城市全面取消落户限制

督促Ⅱ型大城市和中小城市(含设区市和县级市)坚决贯彻《中共中央办公厅　国务院办公厅关于促进劳动力和人才社会性流动体制机制改革的意见》,全面取消落户限制,进一步促进劳动力和人才社会性流动(公安部、国家发展改革委、省级有关部门等负责)。

(二) 推动城区常住人口 300 万以上城市基本取消重点人群落户限制

督促除个别超大城市外的其他超大特大城市和Ⅰ型大城市坚持存量优先原则,取消进城就业生活 5 年以上和举家迁徙的农业转移人口、在城镇稳定就业生活的新生代农民工、农村学生升学和参军进城的人口等重点人群落户限制。推动Ⅰ型大城市探索进城常住的建档立卡农村贫困人口应落尽落。鼓励有条件的Ⅰ型大城市全面取消落户限制、超大特大城市取消郊区新区落户限制(公安部、国家发展改革委、省级有关部门等负责)。

（三）促进农业转移人口等非户籍人口在城市便捷落户

鼓励各城市政府简化户籍迁移手续,加强落户政策宣传,开通线上申请审核系统,大幅提高落户便利性。推动超大特大城市和Ⅰ型大城市改进积分落户政策,确保社保缴纳年限和居住年限分数占主要比例(公安部、国家发展改革委、省级有关部门等负责)。

（四）推动城镇基本公共服务覆盖未落户常住人口

出台国家基本公共服务标准。提高居住证发证量和含金量,推动未落户常住人口逐步享有与户籍人口同等的城镇基本公共服务。运用信息化手段建设便捷高效的公共服务平台,加快养老保险全国统筹进度,完善基本医疗保险跨省异地就医医疗费用直接结算制度,做好社会保险关系转移接续,方便人口流动。增加学位供给,健全以居住证为主要依据的随迁子女入学入园政策,使其在流入地享有普惠性学前教育。以解决新市民住房问题为主要出发点,完善住房保障体系(发展改革委、财政部、公安部、人力资源社会保障部、卫生健康委、教育部、住房城乡建设部、市场监管总局、医保局、省级有关部门等负责)。

（五）大力提升农业转移人口就业能力

深入实施新生代农民工职业技能提升计划,加强对新生代农民工等农业转移人口的职业技能培训。支持企业特别是规模以上企业或吸纳农民工较多企业开展岗前培训、新型学徒制培训和岗位技能提升培训,并按规定给予培训补贴(人力资源社会保障部、教育部、财政部、省级有关部门等负责)。

（六）加大"人地钱挂钩"配套政策的激励力度

提高城市政府吸纳农业转移人口落户积极性,加大农业转移人口市民化奖励资金支持力度,加大新增建设用地计划指标与吸纳落户数量挂钩力度。维护进城落户农民土地承包权、宅基地使用权、集体收益分配权,不得强行要求其转让上述权益或将此作为落户前置条件;按照依法自愿有偿原则,探索其转让上述权益的具体办法。探索利用大数据技术建立各城市城区常住人口等的常态化统计机制,为政策制定提供支撑(财政部、自然资源部、农业农村部、发展改革委、统计局、省级有关部门等负责)。

三、优化城镇化空间格局

完善和落实主体功能区战略,发挥各地区比较优势,增强经济发展优势区域承载能力,构建大中小城市和小城镇协调发展的城镇化空间格局,形成高质量发展的动力系统。

(七)加快发展重点城市群

加快实施京津冀协同发展、长三角区域一体化发展、粤港澳大湾区建设、长江经济带发展、黄河流域生态保护和高质量发展战略。全面实施城市群发展规划,推动哈长、长江中游、中原、北部湾城市群建设取得阶段性进展,支持关中平原城市群规划实施联席会议制度落地生效,推动兰州—西宁、呼包鄂榆等城市群健全一体化发展工作机制,促进天山北坡、滇中等边疆城市群及山东半岛、黔中等省内城市群发展(发展改革委、自然资源部、住房城乡建设部、工业和信息化部、交通运输部、生态环境部、省级有关部门等负责)。

(八)编制成渝地区双城经济圈建设规划纲要

加快推进规划编制实施,促进重庆市、四川省通力协作,加大成渝地区发展统筹力度,发挥中心城市带动作用,加强交通、产业、环保、民生政策对接,共同建设具有全球影响力的科技创新中心,加快培育形成新动力源(发展改革委、重庆市和四川省有关部门等负责)。

(九)大力推进都市圈同城化建设

深入实施《关于培育发展现代化都市圈的指导意见》,建立中心城市牵头的协调推进机制,支持南京、西安、福州等都市圈编制实施发展规划。以轨道交通为重点健全都市圈交通基础设施,有序规划建设城际铁路和市域(郊)铁路,推进中心城市轨道交通向周边城镇合理延伸,实施"断头路"畅通工程和"瓶颈路"拓宽工程。支持重点都市圈编制多层次轨道交通规划(发展改革委、自然资源部、住房城乡建设部、工业和信息化部、交通运输部、生态环境部、国铁集团、省级有关部门等负责)。

(十)提升中心城市能级和核心竞争力

优化发展直辖市、省会城市、计划单列市、重要节点城市等中心城市,强化用地等要素保障,优化重大生产力布局。完善部分中心城市市辖区规模结构和管辖范围,解决发展空间严重不足问题(发展改革委、自然资源部、住房城乡建设部、工业和信息化部、民政部、省级有关部门等负责)。

(十一) 推进县城新型城镇化建设

明确发展目标和建设任务,加大要素保障力度和政策扶持力度,抓紧补上新冠肺炎疫情发生后暴露出来的短板弱项,推进环境卫生设施提级扩能、市政公用设施提挡升级、公共服务设施提标扩面、产业配套设施提质增效(发展改革委、财政部、住房城乡建设部、省级有关部门等负责)。

(十二) 规范发展特色小镇和特色小城镇

强化底线约束,严格节约集约利用土地、严守生态保护红线、严防地方政府债务风险、严控"房地产化"倾向,进一步深化淘汰整改。强化政策激励,加强用地和财政建设性资金保障,鼓励省级政府通过下达新增建设用地计划指标、设立省级专项资金等方式择优支持,在有条件区域培育一批示范性的精品特色小镇和特色小城镇。强化正面引导,制定特色小镇发展导则,挖掘推广第二轮全国特色小镇典型经验(发展改革委、自然资源部、财政部、住房城乡建设部、体育总局、林草局、省级有关部门等负责)。

(十三) 推进边境地区新型城镇化建设

在边境地区推进潜力型城镇以产聚人、战略支点型城镇以城聚产,打造以内陆邻近的大中城市为辐射源、边境县级市及地级市市辖区为枢纽、边境口岸和小城镇为节点、边境特色小镇为散点的边境一线城镇廊带。推进兴边富民行动,改善边境一线城镇基础设施和公共服务,建设沿边抵边公路。实施守边固边工程(发展改革委、财政部、住房城乡建设部、自然资源部、交通运输部、省级有关部门等负责)。

(十四) 推进大型搬迁安置区新型城镇化建设

顺应大型搬迁安置区转向新型城镇化建设新阶段的发展要求,加快推进搬迁人口市民化进程,强化产业就业支撑,帮助搬迁人口尽快解决稳定发展问题,适应新环境、融入新社区(发展改革委、省级有关部门等负责)。

(十五) 优化行政区划设置

统筹新生城市培育和收缩型城市瘦身强体,按程序推进具备条件的非县级政府驻地特大镇设市,有序推进"县改市""县改区""市改区",稳妥调减收缩型城市市辖区,审慎研究调整收缩型县(市)。全面完成各省(区、市)设镇设街道标准制定工作,合理推进"乡改镇""乡(镇)改街道"和乡镇撤并(民政部、发展改革委、省级有关部门等负责)。

四、提升城市综合承载能力

着眼于增强人口经济承载和资源优化配置等核心功能,健全城市可持续发展体制机制,提升城市发展质量。

(十六)补齐城市公共卫生短板

改革完善疾病预防控制体系,健全公共卫生重大风险研判、评估、决策、防控协同机制,完善重大疫情预警、救治和应急处置机制,强化重要物资储备,推动城市群、都市圈内城市建立联防联控机制。整治城市环境卫生死角,建立严格检疫、定点屠宰、冷鲜上市的畜禽产品供应体系,健全污水收集处理和生活垃圾分类处理设施(卫生健康委、发展改革委、应急管理部、工业和信息化部、住房城乡建设部、省级有关部门等负责)。

(十七)改善城市公用设施

健全城市路网系统,完善公交专用道、非机动车和行人交通系统、行人过街设施。完善市政管网和排水防涝设施。健全停车场、智能快件箱、社区菜市场等便民设施。扩大普惠性养老、幼儿园和托育服务供给。实施全民健康保障工程、全民健身提升工程、智慧广电公共服务工程(住房城乡建设部、发展改革委、教育部、民政部、卫生健康委、商务部、体育总局、广电总局、省级有关部门等负责)。

(十八)实施新型智慧城市行动

完善城市数字化管理平台和感知系统,打通社区末端、织密数据网格,整合卫生健康、公共安全、应急管理、交通运输等领域信息系统和数据资源,深化政务服务"一网通办"、城市运行"一网统管",支撑城市健康高效运行和突发事件快速智能响应(发展改革委、卫生健康委、公安部、住房城乡建设部、应急管理部、交通运输部、省级有关部门等负责)。

(十九) 加快推进城市更新

改造一批老旧小区,完善基础设施和公共服务配套,引导发展社区便民服务。改造一批老旧厂区,通过活化利用工业遗产和发展工业旅游等方式,将"工业锈带"改造为"生活秀带"、双创空间、新型产业空间和文化旅游场地。改造一批老旧街区,引导商业步行街、文化街、古城古街打造市民消费升级载体,因地制宜发展新型文旅商业消费聚集区。改造一批城中村,探索在政府引导下工商资本与农民集体合作共赢模式。开展城市更新改造试点,提升城市品质和人居环境质量(住房城乡建设部、发展改革委、民政部、自然资源部、商务部、文化和旅游部、工业和信息化部、农业农村部、省级有关部门等负责)。

(二十) 改革建设用地计划管理方式

推动建设用地资源向中心城市和重点城市群倾斜。鼓励盘活低效存量建设用地,控制人均城市建设用地面积。修改土地管理法实施条例并完善配套制度,分步实现城乡建设用地指标使用更多由省级政府负责,将由国务院行使的农用地转为建设用地审批权以及永久基本农田、永久基本农田以外的耕地超过 35 公顷、其他土地超过 70 公顷的土地征收审批权,授权省级政府或委托试点地区的省级政府实施。探索建立全国性的建设用地、补充耕地指标跨区域交易机制(发展改革委、自然资源部、省级有关部门等负责)。

(二十一) 改革城市投融资机制

在防范化解地方政府债务风险、合理处置存量债务的前提下,完善与新型城镇化建设相匹配的投融资工具。支持符合条件企业发行企业债券,用于新型城镇化建设项目、城乡融合典型项目、特色小镇和特色小城镇建设项目等。鼓励开发性政策性金融机构按照市场化原则和职能定位,对投资运营上述项目的企业进行综合授信,加大中长期贷款投放规模和力度(人民银行、银保监会、财政部、发展改革委、开发银行、农业发展银行、省级有关部门等负责)。

（二十二）改进城市治理方式

推动城市政府向服务型转变、治理方式向精细化转型、配套资源向街道社区下沉。加强和创新社区治理，引导社会组织、社会工作者和志愿者等参与，大幅提高城市社区综合服务设施覆盖率。提高国土空间规划水平，顺应城市发展逻辑和文化传承，落实适用、经济、绿色、美观的新时期建筑方针，加强建筑设计和城市风貌管理，提高城市绿色建筑占新建建筑比重（民政部、住房城乡建设部、发展改革委、自然资源部、省级有关部门等负责）。

五、加快推进城乡融合发展

突出以城带乡、以工促农，健全城乡融合发展体制机制，促进城乡生产要素双向自由流动和公共资源合理配置。

（二十三）加快推进国家城乡融合发展试验区改革探索

指导试验区分别制定实施方案。推动试验区在健全城乡人口迁徙制度、完善农村产权抵押担保权能、搭建城乡产业协同发展平台等方面先行先试，引导县级土地储备公司和融资平台公司参与相关农村产权流转及抵押，加快探索行之有效的改革发展路径（发展改革委、公安部、自然资源部、人民银行、有关省级部门等负责）。

（二十四）全面推开农村集体经营性建设用地直接入市

出台农村集体经营性建设用地入市指导意见。允许农民集体妥善处理产权和补偿关系后，依法收回农民自愿退出的闲置宅基地、废弃的集体公益性建设用地使用权，按照国土空间规划确定的经营性用途入市。启动新一轮农村宅基地制度改革试点（自然资源部、农业农村部、住房城乡建设部、省级有关部门等负责）。

（二十五）加快引导工商资本入乡发展

开展工商资本入乡发展试点。发挥中央预算内投资和国家城乡融合发展基金作用，支持引导工商资本和金融资本入乡发展。培育一批城乡融合典型项目，形成承载城乡要素跨界配置的有效载体，在长江流域开展生态产品价值实现机制试点。允许符合条件的入乡就业创业人员在原籍地或就业创业地落户并依法享有相关权益(中央统战部、全国工商联、发展改革委、人民银行、公安部、农业农村部、省级有关部门等负责)。

(二十六)促进城乡公共设施联动发展

推进实施城乡统筹的污水垃圾收集处理、城乡联结的冷链物流、城乡农贸市场一体化改造、城乡道路客运一体化发展、城乡公共文化设施一体化布局、市政供水供气供热向城郊村延伸、乡村旅游路产业路等城乡联动建设项目,加快发展城乡教育联合体和县域医共体(发展改革委、住房城乡建设部、教育部、卫生健康委、文化和旅游部、省级有关部门等负责)。

六、组织实施

(二十七)强化部际协同

国家发展改革委依托城镇化工作暨城乡融合发展工作部际联席会议制度,强化统筹协调和指导督促,并总结推广第三批国家新型城镇化综合试点等典型经验。各有关部门要细化制定具体措施,调动本系统力量扎实推进。

(二十八)压实地方责任

省级发展改革委要牵头会同省级其他有关部门,结合实际做好组织调度和任务分解。市县级政府要将各项任务落实到事,确保任务落地生效。

统　　筹:李春生
策划编辑:郑海燕
责任编辑:郑海燕　张　燕　孟　雪　李甜甜
封面设计:林芝玉
责任校对:苏小昭

图书在版编目(CIP)数据

国家新型城镇化报告.2019/国家发展和改革委员会 编;何立峰 主编. ——
北京:人民出版社,2020.5
ISBN 978 - 7 - 01 - 022035 - 2

Ⅰ.①国…　Ⅱ.①国…　②何…　Ⅲ.①城市化-研究报告-中国-2019
　Ⅳ.①F299.21

中国版本图书馆 CIP 数据核字(2020)第 063156 号

国家新型城镇化报告(2019)

GUOJIA XINXING CHENGZHENHUA BAOGAO (2019)

国家发展和改革委员会　编

何立峰　主编　胡祖才　副主编

人民出版社 出版发行
(100706　北京市东城区隆福寺街 99 号)

北京盛通印刷股份有限公司印刷　新华书店经销

2020 年 5 月第 1 版　2020 年 5 月北京第 1 次印刷
开本:710 毫米×1000 毫米 1/16　印张:21
字数:322 千字

ISBN 978 - 7 - 01 - 022035 - 2　定价:90.00 元

邮购地址 100706　北京市东城区隆福寺街 99 号
人民东方图书销售中心　电话 (010)65250042　65289539

版权所有·侵权必究
凡购买本社图书,如有印制质量问题,我社负责调换。
服务电话:(010)65250042